Schriftenreihe Band 706

Paul Collier

Die unterste Milliarde

Warum die ärmsten Länder scheitern und was man dagegen tun kann

Aus dem Englischen von
Rita Seuß und Martin Richter

bpb:
Bundeszentrale für politische Bildung

Paul Collier ist Professor für Ökonomie und Direktor des Centre for the Study of African Economics an der Universität Oxford. Zuvor war er Leiter der Forschungsabteilung der Weltbank.

Originaltitel:
The Bottom Billion.
Why the poorest countries are failing and what can be done about it
Oxford University Press, New York

Die Kapitel 1-6 wurden von Rita Seuß,
die Kapitel 7-11 von Martin Richter übersetzt.

Bonn 2008
Lizenzausgabe für die Bundeszentrale für politische Bildung
Adenauerallee 86, 53113 Bonn

Umschlaggestaltung: Michael Rechl, Kassel
Umschlagfoto: © picture-alliance / dpa-Bildarchiv.
Flüchtlingslager in Khartoum, Sudan.

Satz: Janß GmbH, Pfungstadt

Druck und Bindung: Ebner & Spiegel, Ulm

ISBN 978-3-89331-870-4

www.bpb.de

Für Karl Hellenschmidt,
der mir beigebracht hat,
wie man denkt

Inhalt

Rüstungsausgaben? Oder: In welchem Umfang fließt Kapital aus dem afrikanischen Kontinent ab? Wie würden Sie, der Leser, vorgehen, um Antworten auf solche Fragen finden? Etwa die Armeen sämtlicher Dritte-Welt-Länder fragen, woher ihr Geld stammt? Oder bei den Schweizer Banken anklopfen und bitten, ihre afrikanischen Konten offenzulegen? Es gibt noch einen anderen Weg, den Weg der Statistiken. Statistiken widerlegen die grob gerasterten Bilder, die uns oft glauben machen, wir wüssten über die Welt Bescheid. Bei Rebellion zum Beispiel denken wir sofort an Che Guevara, der als Poster an den Wänden der Studentenbuden meiner Generation allgegenwärtig war. Das Poster ersetzte eigenständiges Denken. Unsere Vorstellungen über die Probleme der ärmsten Länder sind geprägt von solchen Bildern – Bildern von edlen Rebellen, hungernden Kindern, herzlosen Unternehmern, betrügerischen Politikern. Diese Bilder nehmen unser Denken in Beschlag – und auch das Denken der Politiker, die tun, was wir von ihnen verlangen. Ich möchte die Leser von diesen Bildern wegführen, einige werde ich ganz zertrümmern. Mein Werkzeug dafür sind statistische Daten.

Bei meinen statistischen Analysen stand mir ein Team junger Mitarbeiter zur Seite, mit denen der Leser auf den folgenden Seiten Bekanntschaft machen wird. Eine von ihnen, Anke Hoeffler, hat einen bedeutenden Anteil an diesem Buch. Wir arbeiten seit zehn Jahren zusammen, ein eingespieltes Duo, bei dem ich die Rolle des ewig nervigen Professors spiele, während Anke sich nicht aus der Ruhe bringen lässt und unbeirrt weitermacht. Wenn man an Morse und Lewis aus der berühmten englischen Krimiserie denkt, liegt man gar nicht so falsch. Wie bei diesen beiden Fernsehhelden gibt es auch in unserer Forschung viele Fehlstarts. Doch obwohl ich, wie Morse, in Oxford lebe, arbeite ich, anders als er, mit einem internationalen Team. Wie man vielleicht schon erraten hat, kommt Anke aus Deutschland. Zu meiner Arbeitsgruppe gehören aber auch Måns aus Schweden und Lisa aus Frankreich. Steve ist irischstämmiger Amerikaner, Cathy Afroamerikanerin, Victor kommt aus Sierra Leone und Phil aus Australien. Das sind nur einige aus einer langen Liste, aber es reicht wohl, um eine Vorstellung zu vermitteln. Allen meinen Mitarbeitern gemeinsam ist eine geduldige, gewissenhafte Beharrlichkeit und die Intelligenz, die man braucht, um sich komplexe Fertigkeiten anzueignen. Ohne sie gäbe es dieses Buch nicht, denn es gäbe keine Ergebnisse, auf die ich mich stützen könnte. Das vorliegende Buch ist das große Bild, das sich ergibt, wenn man alle Punkte miteinander verbindet. Aber jeder dieser Punkte ist eine Geschichte für sich. Es ist zwar kein Buch über wissenschaftliche Forschungsmethoden, aber ich hoffe, der Leser bekommt einen Begriff von der modernen wissenschaftlichen Arbeitsweise und eine Ahnung von dem elektrisierenden Gefühl, wenn man eine schwierige Frage gelöst hat.

Teil 1

WORUM ES GEHT

Kapitel 1

Zurückgefallen und zerfallen: Die unterste Milliarde

Die Dritte Welt ist kleiner geworden. Vierzig Jahre lang stand in der Entwicklungspolitik die reiche Welt mit einer Milliarde Menschen einer armen Welt mit fünf Milliarden Menschen gegenüber. Die Millenniums-Entwicklungsziele der Vereinten Nationen, die den Entwicklungsfortschritt bis 2015 definieren, sind symptomatisch für dieses Denken. Aber 2015 wird sich zeigen, dass dieses Entwicklungskonzept überholt ist. Denn die meisten dieser fünf Milliarden, rund 80 Prozent, leben in Ländern, die sich tatsächlich entwickeln, oft mit erstaunlicher Geschwindigkeit. Die eigentliche Herausforderung der Entwicklungspolitik besteht darin, dass eine Gruppe von Ländern am untersten Rand immer weiter zurückfällt und oft regelrecht zerfällt.

Diese Länder ganz unten gehören zwar zur Welt des 21. Jahrhunderts, aber ihre Lebenswirklichkeit ist die des 14. Jahrhunderts: Bürgerkrieg, Seuchen, Analphabetismus. Die meisten dieser Länder liegen in Afrika und Zentralasien, ein paar wenige in anderen Regionen. Noch in den neunziger Jahren, rückblickend das goldene Jahrzehnt zwischen dem Ende des Kalten Kriegs und dem 11. September 2001, gingen die Einkommen in den Ländern dieser Gruppe um 5 Prozent zurück. Wir müssen uns daran gewöhnen, das vertraute Zahlenverhältnis auf den Kopf zu stellen: insgesamt fünf Milliarden Menschen leben heute bereits im Wohlstand oder sind auf dem Weg dorthin, eine Milliarde fällt immer weiter zurück.

Dieses Problem geht nicht nur die eine Milliarde Menschen an, die unter den Bedingungen des 14. Jahrhunderts leben und sterben. Es geht uns alle an. Die Welt des 21. Jahrhunderts mit ihrem materiellen Wohlstand, ihren globalen Verkehrsströmen und wirtschaftlichen Vernetzungen wird von diesen großen Inseln des Chaos in Zukunft immer weniger unberührt bleiben. Und das Problem drängt schon jetzt. Je weiter sich diese eine Milliarde von einer zunehmend komplexeren Weltwirtschaft abkoppelt, desto schwieriger wird es, sie noch zu integrieren.

Und doch wird dieses Problem geleugnet – von denen, die das Geschäft der Entwicklung betreiben, wie auch von denen, die für den entsprechenden Medienrummel sorgen. Das Geschäft der Entwicklungshilfe wird von den Entwicklungsagenturen und von Unternehmen besorgt, die für deren Projekte die Verträge bekommen. Sie werden gegen diese Eine-Milliarde-These mit der Beharrlichkeit bürokratischer Apparate kämpfen, die ihre Existenz gefährdet sehen, denn sie sind damit zufrieden, wie es ist. Allein die althergebrachte Lesart von den fünf Milliarden, die der Entwicklungshilfe bedürfen, verschafft ihnen die Legitimation, überall zu sein – überall, nur nicht bei der untersten Milliarde. Denn dort, ganz unten, geht es harsch zu. Die Entwicklungsagenturen haben Schwierigkeiten, Mitarbeiter in den Tschad oder nach Laos zu beordern; die glanzvollen Posten sind Länder wie Brasilien und China. In jedem größeren Land mit einem mittleren Einkommen unterhält die Weltbank ein großes Büro, in der Zentralafrikanischen Republik hat sie keinen einzigen Vertreter. Es ist also kaum zu erwarten, dass diejenigen, die das Geschäft der Entwicklungshilfe betreiben, freiwillig umdenken.

Der mediale Entwicklungshilferummel wird von Rockstars, Prominenten und Nichtregierungsorganisationen besorgt. Zu ihrer Ehrenrettung muss gesagt werden, dass sie tatsächlich die Not jener ärmsten einen Milliarde im Blick haben. Dank dieses Rummels steht Afrika heute auf der Agenda der G8. Aber kein Medienspektakel ohne Slogans, Bilder und starke Emotionen, und deshalb klingen die Botschaften zwangsläufig simpel. Die Not der untersten Milliarde eignet sich bestens zum plumpen Moralisieren, einer Lösung des Problems ist dies bedauerlicherweise nicht dienlich. Dafür bedarf es konzertierter Maßnahmen, von denen einige unserem spontanen Gefühl zuwiderlaufen. Um eine solche Agenda zu formulieren, muss man seine Augen und Ohren den Bildern und Tönen verschließen, die ans Herz gehen, aber bisweilen den Verstand nicht erreichen.

Und die Regierungen dieser ärmsten Länder? Die herrschenden Bedingungen bringen Extreme hervor. Einige dieser politischen Führer sind Psychopathen, die sich den Weg an die Macht freigeschossen haben, andere sind Halunken, die sich die Macht mit Geld erkauft haben, wieder andere gehören zu den Wagemutigen, die trotz aller

Widrigkeiten ihr Land in eine bessere Zukunft führen wollen. Selbst das Bild eines modernen Staates, das die politischen Führer dieser Länder in der Öffentlichkeit abzugeben bemüht sind, ist oft nur Fassade; als würden sie vom Drehbuch ablesen. Sie sitzen an internationalen Verhandlungstischen wie der Welthandelsorganisation, aber sie haben nichts zu verhandeln. Sie bleiben auf ihren Plätzen, selbst wenn in ihrem Land der GAU längst stattgefunden hat. Die Regierung Somalias blieb auf der internationalen Bühne noch jahrelang offiziell «vertreten», obwohl Somalia selbst längst keine funktionierende Regierung mehr hatte. Man darf also nicht erwarten, dass sich die Regierungen dieser untersten Milliarde zusammenschließen und einen Strategieplan erarbeiten. Schurken die einen, Helden die anderen, und einige sind nur noch als Phantome existent. Damit unsere Welt auch in Zukunft bewohnbar ist, müssen die Helden ihren Kampf gewinnen. Aber die Schurken verfügen über die Gewehre und das Geld, und bisher haben sie stets die Oberhand behalten. Und das wird auch so bleiben, solange wir unser Grundkonzept nicht radikal ändern.

Alle Gesellschaften waren einmal arm. Den meisten gelingt es heute, einen Weg aus dieser Armut zu finden. Warum nicht allen? Die Antwort lautet: Entwicklungsfallen. Armut wird nicht zwangsläufig zur Falle, sonst wären wir alle heute noch arm. Man könnte sich den Entwicklungsprozess bildlich veranschaulichen: In den modernen globalisierten Gesellschaften gibt es phantastische Aufstiegsleitern. Aber es gibt auch Rutschen, und einige Gesellschaften sind auf diese abschüssige Bahn geraten. Die Länder ganz unten bilden zwar eine unglückliche Minderheit, aber sie rutschen immer weiter ab.

Entwicklungsfallen und die Länder, die in ihnen gefangen sind

Nehmen wir an, das Land, in dem Sie leben, ist bettelarm, es herrscht wirtschaftliche Stagnation, und nur wenige Menschen haben eine Schulbildung. Es ist gar nicht so schwer, sich das vorzustellen, wir brauchen nur an unsere Vorfahren zu denken. Durch harte Arbeit, Sparsamkeit und Intelligenz kann mit der Zeit jede Gesellschaft der Armut entkommen, es sei denn, sie steckt in einer Falle. Über solche Fallen, die Fortschritt verhindern, wird in akademischen Kreisen gern debattiert, und der Graben der divergenten Standpunkte verläuft, kaum verwunderlich, zwischen Rechten und Linken. Die Rechten neigen dazu, die Existenz solcher Entwicklungsfallen rundweg zu leugnen und zu behaupten, jedes Land, das eine gute Wirtschaftspolitik betreibe, könne die Armut überwinden. Die Linken wiederum neigen dazu, den globalen Kapitalismus für die Armutsfalle verantwortlich zu machen.

Das Konzept der Entwicklungsfalle ist nicht neu, in jüngster Zeit wurde es mit den Arbeiten des Ökonomen Jeffrey Sachs in Verbindung gebracht. Sachs' Forschungsschwerpunkt bildet die Frage nach den Auswirkungen von Malaria und anderen Krankheiten. Malaria hält ein Land in der Armut fest. Der potentielle Markt eines armen Landes wiederum ist für Pharmaunternehmen nicht attraktiv genug, um riesige Geldsummen in die Forschung und Entwicklung eines Impfstoffs zu investieren. Dieses Buch handelt von vier Fallen, die bisher weniger Beachtung fanden: die Konfliktfalle, die Ressourcenfalle, die Falle eines Landes ohne Zugang zum Meer und umgeben von schlechten Nachbarn und die Falle der schlechten Regierungsführung in einem kleinen Land. Wie so viele heute aufstrebende Entwicklungsländer sind auch die Länder, um die es in diesem Buch geht, arm. Was sie indes von den erfolgreichen unterscheidet ist, dass sie aus diesen Fallen nicht herausfinden. Tatsächlich aber gibt es Wege aus diesen Fallen, und im Laufe der Jahre konnten sich einige Länder aus ihnen befreien und haben begonnen aufzuholen. In jüngster Zeit allerdings ist dieser Aufholprozess ins Stocken geraten. Die Länder, die sich erst im Laufe der letzten zehn Jahre aus den Fallen befreit haben, sehen sich mit einer neuen Schwierigkeit konfrontiert: Der Weltmarkt ist heute neuen Wettbewerbern gegenüber sehr viel feindseliger eingestellt als noch in den achtziger Jahren. Die Länder, die erst in jüngster Zeit ihren Fallen entkommen sind, haben womöglich den Zug verpasst und befinden sich jetzt in einer Art Zwischenzustand, einer Schwebe, in der das Wachstum durch äußere Faktoren behindert wird; darauf werde ich bei der Erörterung der Globalisierung näher eingehen. Als sich Mauritius in den achtziger Jahren aus den Fallen befreite, schoss das Pro-Kopf-Einkommen steil nach oben und erreichte ein mittleres Niveau. Als das benachbarte Madagaskar es zwanzig Jahre später endlich auch schaffte, den Fallen zu entkommen, sprang der Entwicklungsmotor nicht an.

Die meisten Länder tappen nicht in die Fallen, von denen in diesem Buch die Rede ist. Der Rest mit einer Gesamtbevölkerung von rund einer Milliarde sitzt darin fest. Ein paar grundsätzliche begriffliche Differenzierungen vorab: Eine der Fallen ist der fehlende Zugang zum Meer, obwohl die Charakterisierung eines Landes als Binnenstaat allein nicht ausreicht, damit daraus eine Falle wird. Aber wann ist ein Land ein Binnenstaat? Man möchte meinen, ein Blick in den Atlas genügt. Aber wie steht es beispielsweise mit einem Land wie Zaire, das sich nach der verheerenden Herrschaft Präsident Mobutus verständlicherweise in Demokratische Republik Kongo umbenannt hat? Es ist realiter ein Binnenstaat, obwohl es über einen winzigen Küstenstreifen verfügt. Und ein Land wie der Sudan wiederum hat zwar eine nennenswerte Küste, der Großteil seiner Bevölkerung aber lebt fernab im Landesinnern.

Bei der Definition dieser Fallen musste ich manchmal etwas willkürlich verfahren, um den Preis, dass gewisse Grauzonen entstanden. Die meisten Entwicklungsländer sind unverkennbar auf dem Weg zum Erfolg. Einige steuern unverkennbar auf ein schwarzes Loch zu. Bei anderen lässt sich die Entwicklung nicht genau einschätzen. Vielleicht ist Papua-Neuguinea ein aufstrebendes Land. Ich hoffe es, und entsprechend habe ich es klassifiziert. Es gibt jedoch Experten, die darüber nur fassungslos den Kopf schütteln. Ermessensentscheidungen sind immer angreifbar. Aber damit ist noch lange nicht die zugrunde liegende These in Frage gestellt: dass es nämlich ein schwarzes Loch gibt, und dass viele Länder auf dieses schwarze Loch zusteuern und nicht auf dem Weg zum Erfolg sind. Im Laufe dieses Buches werden wir solchen Ermessensentscheidungen noch öfter begegnen. Gehen Sie aber vorerst getrost davon aus, dass ich die argumentativen Entscheidungslinien so gezogen habe, dass sie Angriffen standhalten.

Entsprechend meinen Definitionen lebten im Jahr 2006 rund 980 Millionen Menschen in solchen Fallen-Ländern. Da deren Bevölkerung stetig wächst, wird diese Zahl zu dem Zeitpunkt, da Sie dieses Buch lesen, auf rund eine Milliarde gestiegen sein. 70 Prozent dieser Menschen leben in Afrika, und die meisten Afrikaner leben in Ländern, die in der einen oder anderen dieser Fallen feststecken. Afrika ist somit der Kontinent, auf dem sich diese Probleme bündeln. Das hat der Rest der Welt inzwischen erkannt. Man denke nur daran, wie Kommissionen zur internationalen Entwicklungspolitik im Laufe der

Zeit ihren Schwerpunkt verlagert haben. Die erste größere Entwicklungshilfekommission wurde 1970 unter Vorsitz eines ehemaligen kanadischen Ministerpräsidenten einberufen. Im Brennpunkt der Pearson-Kommission standen globale Entwicklungsprobleme. 1980 folgte eine Kommission unter Leitung eines ehemaligen deutschen Bundeskanzlers. Die Brandt-Kommission hatte dieselbe globale Perspektive. 2005, als der britische Premierminister Tony Blair beschloss, eine Entwicklungshilfekommission zu gründen, hatte sich der Fokus bereits auf Afrika verengt: Es war eine Kommission für *Afrika*, nicht für Entwicklungspolitik. 2006 beschloss der deutsche Bundespräsident Horst Köhler, eine eigene derartige Initiative ins Leben zu rufen. Um Tony Blair nicht zu kopieren und ein Jahr nach ihm schon wieder eine Kommission für Afrika zu gründen, nannte Köhler seine Initiative ein «Forum», dennoch war es ein Forum für *Afrika*. In Wirklichkeit aber ist Afrika nicht gleichbedeutend mit der Dritten Welt. Südafrika zum Beispiel zählt nicht zur untersten Milliarde – es befindet sich ganz klar nicht in der verzweifelten Lage des Tschad. Umgekehrt hat ein Großteil der Binnenstaaten Zentralasiens irritierend viele Ähnlichkeiten mit dem Tschad. Die Länder der untersten Milliarde bilden also keine einheitliche Gruppe, die man unter einem einfachen geographischen Kürzel fassen könnte. Ein geographisches Kürzel wäre allenfalls «Afrika +», wobei das «+» für Länder wie Haiti, Bolivien, die zentralasiatischen Staaten, Laos, Kambodscha, den Jemen, Birma und Nordkorea steht. Sie alle stecken immer noch in einer Entwicklungsfalle fest oder haben sich viel zu spät daraus befreit.

Nach meiner Definition fallen achtundfünfzig Länder in diese Kategorie, und sie alle haben eines gemeinsam: Sie sind klein. Die Gesamtzahl der Menschen, die in diesen Ländern leben, ist geringer als die Bevölkerung Indiens oder Chinas. Und weil ihr Pro-Kopf-Einkommen sehr niedrig ist, ist das Einkommen eines solchen Landes eine zu vernachlässigende Größe. Die meisten Städte der reichen Welt verfügen über ein höheres Einkommen. Da kein Land gern einer solchen Gruppe zugerechnet werden möchte und weil Stigmatisierung den Misserfolg gleichsam vorprogrammiert, verzichte ich hier auf eine Liste dieser Länder. Bei der Erörterung der Entwicklungsfallen werde ich aber zahlreiche Beispiele nennen.

Wie geht es diesen Ländern der untersten Milliarde? Betrachten wir zunächst, wie die Menschen leben oder vielmehr sterben. Die durchschnittliche Lebenserwartung dieser untersten Milliarde beträgt fünfzig Jahre, in den anderen Entwicklungsländern sind es siebenundsechzig Jahre. Die Kindersterblichkeit – der Anteil der Kinder, die vor Vollendung des fünften Lebensjahres sterben – beträgt 14 Prozent, in den anderen Entwicklungsländern sind es 4 Prozent. Der Anteil der Kinder mit chronischer Mangelernährung beträgt in den Ländern der untersten Milliarde 36 Prozent gegenüber 20 Prozent in den anderen Entwicklungsländern.

Die Bedeutung des Wachstums für die Entwicklung

Gab es diese Kluft zwischen der untersten Milliarde und den übrigen Entwicklungsländern schon immer, oder hat sie sich erst mit den Entwicklungsfallen aufgetan? Um diese Frage zu beantworten, müssen wir die statistischen Daten, mit deren Hilfe in der Vergangenheit die als «Entwicklungsländer» definierten Staaten beschrieben wurden, aufschlüsseln. Ein hypothetisches Beispiel: Prosperia hat eine große Wirtschaft mit 10 Prozent Wachstum, aber nur eine kleine Bevölkerung. Katastrophia hat eine kleine Wirtschaft mit 10 Prozent Minuswachstum, aber eine große Bevölkerung. Der gängige Ansatz – den beispielsweise der Internationale Währungsfonds in seinem *World Economic Outlook* verfolgt – besteht darin, aus den Daten zur Größe einer Volkswirtschaft einen Durchschnittswert zu ermitteln. Diesem Ansatz entsprechend treibt die große, boomende Wirtschaft von Prosperia den Durchschnittswert nach oben, so dass beide Länder im Aggregat als «aufstrebend» klassifiziert werden. Das Problem dabei ist, dass die wirtschaftliche Entwicklung auf Grundlage der durchschnittlichen Einkommenseinheit beschrieben wird, nicht auf Grundlage des durchschnittlichen Einwohners. Die meisten Einkommenseinheiten hat Prosperia, aber die meisten Menschen leben in Katastrophia. Um zu ermitteln, wie der durchschnittliche Einwohner in den Ländern der untersten Milliarde lebt, müssen wir mit Zahlen arbeiten, denen nicht das Einkommen eines Landes, sondern dessen Bevölkerung zugrunde liegt. Macht das einen Unterschied? Ja, und zwar dann, wenn die Diskrepanz zwischen den ärmsten Ländern und den übrigen sehr groß ist. Das ist die These dieses Buches. Denn errechnet man Durchschnittswerte anhand des Einkommens, fallen die ärmsten Länder durch den

Rost. Die konkreten Lebensumstände ihrer Bevölkerung zählen nicht viel, eben weil die Leute arm sind. Ihr Einkommen ist eine zu vernachlässigende Größe.

Und was ergeben die korrekten Durchschnittswerte? Die Entwicklungsländer, die nicht zur untersten Milliarde gehören – also die mittleren vier Milliarden – verzeichnen ein kontinuierlich wachsendes Pro-Kopf-Einkommen. In Zehnjahreszeiträumen gerechnet, betrug das jährliche Wachstum in den siebziger Jahren 2,5 Prozent – eine hoffnungsvolle, aber keineswegs spektakuläre Entwicklung. In den achtziger und neunziger Jahren stieg die Wachstumsrate auf 4 Prozent und zu Beginn des 21. Jahrhunderts auf über 4,5 Prozent pro Jahr. Diese Wachstumsraten klingen vielleicht nicht sensationell, aber sie sind historisch ohne Beispiel. In diesen Ländern werden die Kinder ein grundlegend anderes Leben führen als ihre Eltern. Selbst wenn die Bevölkerung immer noch arm ist, keimt in diesen Gesellschaften Hoffnung auf: die Zeit ist auf ihrer Seite.

Und wie steht es mit der untersten Milliarde? Betrachten wir auch hier Zehnjahreszeiträume. In den siebziger Jahren stieg ihr Pro-Kopf-Einkommen um 0,5 Prozent jährlich. Absolut betrachtet, ist das eine leichte Verbesserung, aber dieses Wachstum war praktisch kaum spürbar. Angesichts der starken Schwankungen der individuellen Einkommen in diesen Ländern wurde die leichte Aufwärtstendenz des Gesamtwachstums aufgehoben. Das Grundgefühl solcher Gesellschaften war die Angst, den Anschluss zu verlieren, und nicht Hoffnung, die sich aus gesamtgesellschaftlichem Fortschritt speist. In den achtziger Jahren aber schnitt diese untere Milliarde noch sehr viel schlechter ab, der *Wachstumsrückgang* betrug 0,4 Prozent jährlich. Absolut betrachtet, waren diese Länder Ende der achtziger Jahre wieder da, wo sie 1970 gewesen waren. Wer über diesen ganzen zwanzigjährigen Zeitraum hinweg in einem dieser Länder lebte, kannte nur die Erfahrung individueller Instabilität: einigen ging es besser, einigen schlechter. Es gab keinen Grund zu allgemeiner, die ganze Gesellschaft erfassende Hoffnung. Dann kamen die neunziger Jahre. Sie gelten heute als das goldene Jahrzehnt zwischen dem Ende des Kalten Kriegs und dem 11. September 2001 – das Jahrzehnt boomender Märkte ohne ein Wölkchen am Horizont. Für die unterste Milliarde war es keine goldene Zeit. Ihr absoluter Wachstumsrückgang beschleunigte sich auf 0,5 Prozent jährlich. Am Ende des Jahrtausends waren sie noch ärmer als noch 1970.

Ist dieses deprimierende Abschneiden womöglich nur ein Artefakt der Daten? Meiner Ansicht nach ganz im Gegenteil: das eigentliche Problem, unter dem die Erhebung wirtschaftlicher Daten in den ärmsten Ländern leidet, ist doch, dass deren wirtschaftlicher Niedergang unterschätzt wurde. Für die Länder, die tatsächlich zerfallen sind, existieren keine brauchbaren Daten. Schätzungen zum wirtschaftlichen Niedergang dieser Länder in den neunziger Jahren lassen unberücksichtigt, was sich beispielsweise in Somalia oder in Afghanistan abgespielt hat. Und diese Länder unberücksichtigt zu lassen, kommt der Behauptung gleich, ihre Entwicklung entspräche exakt dem Durchschnitt der ausgewerteten Gruppe. Und ich wäre, gelinde gesagt, überrascht, wenn das stimmen sollte. In den ersten vier Jahren dieses Jahrzehnts stieg das Wachstum der untersten Milliarde um etwa 1,7 Prozent – ein Wert immer noch weit unterhalb der Wachstumsrate der übrigen Entwicklungsländer, absolut betrachtet jedoch eine deutliche Verbesserung. Diese positive Entwicklung beruht jedoch wahrscheinlich auf Kurzzeiteffekten, ausgelöst durch die Entdeckung von Rohstoffen, die die unterste Milliarde exportiert, und die aktuell hohen Rohstoffpreise auf dem Weltmarkt. Bezüglich wirtschaftlicher Entwicklung ist der Shootingstar unter den Ländern der ärmsten Milliarde Äquatorialguinea. Vor der Küste dieses kleinen Landes, in dem Putsch und Korruption an der Tagesordnung sind, wurde kürzlich Erdöl entdeckt, das nun die wichtigste Einnahmequelle darstellt. Selbst wenn man in diesen neuesten Zahlen einen Hoffnungsschimmer sähe – was meines Erachtens eine Fehlinterpretation wäre –, fällt die höchste Wachstumsrate der untersten Milliarde immer noch sehr viel geringer aus als die niedrigste Wachstumsrate der übrigen Entwicklungsländer. Die Ärmsten der Armen sinken auf das Niveau von 1970 zurück.

Was bedeuten nun diese beiden Wachstumsraten im Vergleich? In den siebziger Jahren vergrößerte sich die Kluft zwischen der untersten Milliarde und den übrigen Entwicklungsländern um jährlich 2 Prozent. Damit war selbst damals das Hauptmerkmal der Gesellschaften der untersten Milliarde der wirtschaftliche Rückschritt, nicht die Aufwärtsentwicklung. Aber es kam noch schlimmer. In den achtziger Jahren vergrößerte sich diese Kluft auf 4,4 Prozent und in den neunziger Jahren sogar auf erstaunliche 5 Prozent jährlich. Im Verlauf dieser drei Jahrzehnte fiel also die unterste Milliarde massiv und immer schneller immer weiter zurück. Selbst geringe Unterschiede in der durchschnittlichen Wachstumsrate, sofern sie über Jahre und Jahrzehnte konstant bleiben, summieren sich und führen schließlich zu enormen Diskrepanzen im Lebensstandard. Diese Wachstumsdiskrepanz hat die meisten Länder der untersten Milliarde bereits heute ins globale Abseits gedrängt.

Das war nicht immer so. Bevor die Globalisierung Ländern wie China und Indien gigantische Wachstumschancen bescherte, waren sie ärmer als viele der Länder, die heute in den Entwicklungsfallen feststecken. Aber China und Indien konnten sich rechtzeitig befreien, um die globalen Märkte zu erobern. Anderen, bis dahin keineswegs so armen Ländern gelang dies nicht. In den vergangenen zwei Jahrzehnten entstand so ein verwirrendes Bild. Einige ursprünglich arme Länder wachsen stetig, weshalb es den Anschein hat, als gäbe es nicht wirklich ein Problem: die ärmste eine Milliarde scheint genauso schnell zu wachsen wie der Rest. In den kommenden zwei Jahrzehnten aber wird das wahre Ausmaß des Problems zutage treten, weil die Länder, die Stagnation oder wirtschaftlichen Niedergang nicht überwinden können, noch weiter zurückfallen. Der durchschnittliche Bewohner eines dieser Länder verfügt heute nur über etwa ein Fünftel des Einkommens, das der durchschnittliche Bewohner eines der anderen Entwicklungsländer hat, und diese Kluft vergrößert sich zusehends. Man stelle sich vor, diese eine Milliarde säße in einem Zug, der langsam einen Hügel hinunterrollt. Im Jahr 2050 wird die Kluft der wirtschaftlichen Entwicklung nicht mehr zwischen einer Milliarde Menschen in den reichen Ländern und fünf Milliarden in den Entwicklungsländern verlaufen, sondern zwischen der in den Fallen festsitzenden einen Milliarde und dem Rest der Menschheit.

Bisher habe ich das Problem der untersten Milliarde anhand von Wachstumsraten zu verdeutlichen versucht: die Wachstumsrate dieser Länder war, absolut betrachtet, negativ, im Vergleich gesehen blieb sie massiv hinter den übrigen Entwicklungsländern zurück. Heute wird von Beseitigung der Armut und von der Umsetzung der anderen Millenniums-Entwicklungsziele gesprochen, nicht von Wachstumsraten. Viele, denen die Entwicklungspolitik am Herzen liegt, sprechen lieber über die Schulbildung von Mädchen als über wirtschaftliches Wachstum. Ich begrüße dieses Engagement für die Schulbildung von Mädchen und alle anderen Ziele. Das Unbehagen, wenn es um Wachstum geht, teile ich jedoch nicht. Während meiner Zeit als Direktor der Forschungsabteilung der Weltbank trug eine der umstrittensten Veröffentlichungen den Titel «Wachstum ist gut für die Armen». Einige NGOs (Nichtregierungsorganisationen) reagierten regelrecht allergisch, und dies war das einzige Mal in fünf Jahren, dass der Präsident der Weltbank, Jim Wolfensohn, mich anrief und mir seine Bedenken mitteilte. Doch das zentrale Problem der untersten Milliarde ist ja gerade ihr fehlendes Wachstum. Ihm muss unsere Aufmerksamkeit gelten, und diesen Mangel zu beheben muss die wichtigste Herausforderung künftiger Entwicklungspolitik sein. Damit die reiche Welt mit ihren Strategien das Wachstum dieser Gesellschaften stärker fördern kann, brauchen wir den Einsatz all jener, denen die Armen dieser Welt am Herzen liegen. Und die, denen es wirklich um die Sache geht, werden sich mit Wachstum beschäftigen müssen.

Ich sage nicht, dass uns gleichgültig sein sollte, auf welche Art und Weise eine Volkswirtschaft wächst. Vom Wachstum Äquatorialguineas beispielsweise profitiert nur eine Handvoll seiner Bewohner, aber das ist die Ausnahme. Normalerweise kommt das Wachstum eines Landes der breiten Bevölkerung zugute. Die übertriebenen Vorbehalte von Entwicklungspolitikern gegenüber dem Faktor Wachstum lassen sich schon daran ablesen, wie dieser Begriff heutzutage gewöhnlich eingekleidet wird. In aktuellen Strategiepapieren taucht «Wachstum» fast ausnahmslos in Kombination mit «nachhaltig» und «für die Armen» auf. Doch in den allermeisten Fällen besteht das Problem der untersten Milliarde nicht darin, dass sie das *falsche*, sondern dass sie *überhaupt kein* Wachstum haben. Dieses Misstrauen gegenüber dem Wachstum hat das strategische Denken regelrecht unterminiert. Einmal konsultierte mich einer der weltweit führenden Bankenexperten, den man gebeten hatte, ein Land der untersten Milliarde zu beraten. Er brauchte einen stichhaltigen Beleg dafür, dass eine Bankenreform den Ärmsten in diesem Land unmittelbar helfen würde, weil er das Gefühl hatte, dass man seinen Rat sonst nicht annehmen würde. Die ungleich stichhaltigere Aussage, dass nämlich eine Beschleunigung des Wirtschaftswachstums vonnöten sei, würde, so glaubte er, niemanden überzeugen. Das Wachstum in den Ländern der untersten Milliarde anzukurbeln wird ohnehin schwer genug werden, auch ohne derartige Komplizierungen.

Wir werden die Armut erst dann überwinden, wenn in den Ländern der untersten Milliarde ein Wachstumsprozess in Gang kommt, und das wird nicht geschehen, wenn man aus jedem dieser Länder ein neues Kuba macht. Kuba ist ein stagnierendes, egalitäres Land mit niedrigem Einkommen und guten Sozialleistungen. Wenn also die unterste Milliarde Kuba nacheifern würde, würde das ihre Probleme lösen? Ich glaube, die große Mehrheit der Menschen, die in diesen ärmsten Ländern – und übrigens auch in Kuba – lebt, würde dies als fortgesetztes Scheitern ansehen. Nach meiner Überzeugung bedeutet Entwicklungspolitik, den Menschen die Hoffnung zu geben, dass ihre Kinder in einer Gesellschaft leben werden, die mit dem Rest der Welt Schritt halten kann. Nimmt man ihnen diese Hoffnung, werden die Klügeren von ihnen all ihre Kraft darauf verwenden, ihrer Gesellschaft zu entfliehen, statt sie voranzubringen; eine Million Kubaner haben dies bereits getan. Um diesen Aufholprozess zu schaffen, brauchen die Länder, die heute das Schlusslicht bilden, radikal steigende Wachstumsraten. Die lange Phase ihrer Stagnation lässt ahnen, dass dies nicht leicht werden wird. Was können wir tun, außer uns Sorgen zu machen?

Guter Wille allein reicht nicht: die Probleme anpacken, auch wenn sie kompliziert sind

Das Problem der untersten Milliarde ist ernst, aber lösbar. Es sollte uns weit weniger entmutigen als das, was die Menschheit im 20. Jahrhundert in ihrem Kampf gegen Krankheiten, Faschismus und Kommunismus zu bewältigen hatte. Aber es ist kompliziert, wie die meisten schwierigen Probleme. Die Veränderung muss aus den Gesellschaften dieser untersten Milliarde selbst kommen, doch wir können mit unseren Maßnahmen dazu beitragen, dass die Aussicht auf Erfolg wächst und damit auch der Anreiz für diese Länder, die Probleme anzupacken.

Wir brauchen eine Vielzahl politischer Instrumente, um die Länder der untersten Milliarde zu ermutigen, Schritte zur Veränderung zu unternehmen. Bisher haben wir diese Instrumente nur unzureichend genutzt, ihr Einsatz könnte also verbessert werden. Die größte Herausforderung besteht darin, dass eine strategische Lösung der Kooperation verschiedener Regierungsbehörden bedarf, die nicht immer zur Zusammenarbeit bereit sind. Die Entwicklungspolitik ist in der Regel Sache der Entwicklungsministerien, die in der Hackordnung fast aller Regierungen ganz unten stehen. Das US-Verteidigungsministerium nimmt keine Ratschläge von der US-Entwicklungsbehörde (USAID) an, und das britische Handels- und Wirtschaftsministerium hört nicht auf das britische Entwicklungsministerium. Für eine kohärente Entwicklungspolitik brauchen wir aber einen ressortübergreifenden Ansatz. Um dieses hohe Maß an Koordination zu erreichen, müssen sich die Regierungschefs selbst des Problems annehmen. Und weil der Erfolg nicht nur davon abhängt, was die Vereinigten Staaten oder irgendein einzelnes anderes Land tut, müssen die Regierungen der wichtigsten Staaten gemeinsam handeln.

Das einzige Forum, bei dem die Regierungschefs der führenden Staaten regelmäßig zusammenkommen, ist der G8-Gipfel. Die Probleme der untersten Milliarde sind als Thema der G8 ideal, aber es müssen alle verfügbaren politischen Maßnahmen ausgeschöpft werden. Und das bedeutet, über die Agenda von Gleneagles 2005 hinauszugehen, die eine Verdoppelung der Entwicklungshilfe versprochen hat. Afrika stand beim G8-Gipfel in Deutschland 2007 auf der Tagesordnung und wird erneut ein Schwerpunkt des nächsten Gipfels in Japan sein. Und «Afrika +» sollte auf der G8-Agenda bleiben, bis sich die unterste Milliarde vollständig aus den Fallen befreit hat. Dieses Buch entwirft für die G8 eine wirksame Strategie.

Teil 2

DIE FALLEN

Kapitel 2
Die Konfliktfalle

In jeder Gesellschaft gibt es Konflikte, das gehört zum Wesen der Politik. Das Problem der untersten Milliarde ist nicht der politische Konflikt an sich, sondern die Form, in der er ausgetragen wird. Einige dieser Länder blicken auf eine lange Geschichte gewalttätiger innerer Auseinandersetzungen zurück, sei es eine anhaltende Periode der Gewalt (ein Bürgerkrieg), sei es eine kurzzeitige Episode (ein Putsch). Diese beiden Formen des politischen Konflikts sind kostspielig und können sich wiederholen. Sie können ein Land in Armut gefangenhalten.

Bürgerkrieg

73 Prozent der Menschen in den Ländern der untersten Milliarde haben in jüngster Zeit einen Bürgerkrieg erlebt oder sind aktuell in einen verstrickt. Viele Länder haben zu irgendeinem Zeitpunkt ihrer Geschichte einen Bürgerkrieg erlebt – die Vereinigten Staaten im 19., Russland Anfang des 20. und Großbritannien im 17. Jahrhundert. Doch wie diese Beispiele zeigen, muss ein Bürgerkrieg nicht zwangsläufig zur Falle werden. Der amerikanische, russische und englische Bürgerkrieg war zwar grausam, aber die Konflikte endeten recht schnell und wiederholten sich nicht. Für Länder mit niedrigem Einkommen jedoch ist die Gefahr, dass ein Krieg zur Falle wird, ungleich größer. Das entdeckte ich in meiner Zusammenarbeit mit Anke Hoeffler, meiner ehemaligen Doktorandin und jetzigen Kollegin. In Ankes Doktorarbeit ging es um Wachstumsquellen, damals ein beliebtes Thema der Wirtschaftswissenschaften. Einer der Faktoren, die bekanntermaßen Wachstum verhindern, ist Krieg. Während ich über Ankes Arbeit nachdachte, kam mir der Gedanke, dass es doch interessant wäre, die Frage einmal umzudrehen. Statt das Wachstum eines

Landes in Abhängigkeit von Krieg und Frieden zu untersuchen, könnten wir fragen, ob und in welcher Weise die Anfälligkeit eines Landes für Gewaltkonflikte von seinem wirtschaftlichen Wachstum abhing.

Ursachen von Bürgerkriegen

Wodurch werden Bürgerkriege verursacht? Rebellenbewegungen rechtfertigen ihren Kampf gewöhnlich mit einem ganzen Katalog von Missständen: politische Unterdrückung, Ausbeutung, fehlende Partizipation. Das ist das Lieblingsthema politisch motivierter Wissenschaftler, die die Rebellen oft zu Helden verklären. Ich habe gelernt, diesem Gerede von Missständen zu misstrauen und als reinen Selbstzweck anzusehen. Die Ursachen für einen Bürgerkrieg zu ermitteln ist ein schwieriges Unterfangen. Schließlich sind sich die Historiker nicht einmal einig, was den Ersten Weltkrieg ausgelöst hat. Die meisten Kriege haben mehrere Ursachen: politische Akteure, Hass, Fehler. Wir wählten einen statistischen Ansatz und betrachteten ein ganzes Spektrum möglicher Ursachen: soziale, politische, geographische und wirtschaftliche.

Der erste und grundlegende Schritt einer statistischen Analyse besteht darin, sich brauchbare Daten zu beschaffen. An der Universität Michigan, seit vielen Jahren ein Zentrum für Datensätze zu derartigen politischen Fragestellungen, fanden wir eine umfassende Liste zu Bürgerkriegen. Laut der Definition, die dieser Liste zugrunde liegt, ist Bürgerkrieg ein innerer Konflikt mit einem Minimum von 1000 Todesopfern, von denen jeweils mindestens 5 Prozent auf das Konto einer der beiden Konfliktparteien gehen. (Wenn man Kriterien verwendet, die andere definiert haben, unterliegt man wenigstens nicht der Versuchung, die Definitionen so hinzubiegen, dass sie den erwarteten Ergebnissen entsprechen.) Die Zahl von 1000 Bürgerkriegstoten mag willkürlich erscheinen, aber irgendwo muss man schließlich die Grenze ziehen. Denn zwischen einem lokal beschränkten Konflikt mit einem niedrigen Gewaltpotential, bei dem, sagen wir, fünfzig Menschen ums Leben kommen, und einem Krieg mit Tausenden von Toten gibt es einen großen Unterschied. Diese Liste zu Bürgerkriegen nun verglichen wir mit einer Fülle sozioökonomischer Daten, gegliedert nach Ländern und Jahren, um diejenigen Faktoren zu ermitteln, die

die Wahrscheinlichkeit eines Bürgerkriegs in einem bestimmten Land für die kommenden fünf Jahre erhöhen bzw. verringern können.

Unsere Arbeit wurde ausgesprochen kontrovers diskutiert, nicht zuletzt deshalb, weil es in der Regel gerade die politisch engagierten Wissenschaftler sind, die sich mit Konfliktforschung beschäftigen. Und diese Leute sympathisieren mit den Rebellenbewegungen, sofern sie nur vorgeben, den Kampf gegen akute Missstände zu führen, auch wenn sie dabei mit extremen Mitteln gegen – das mag sein – verabscheuungswürdige Regime vorgehen. Diese Wissenschaftler empfinden die statistische Untersuchung der Frage, ob es zwischen objektiven sozialen Missständen und Ungerechtigkeiten und der Tendenz zur Rebellion einen Zusammenhang gibt, schon fast als Beleidigung, weil sie von vorneherein *wissen*, dass es einen solchen Zusammenhang gibt. Zugegeben, gelegentlich haben wir absichtlich ein wenig Öl ins Feuer gegossen. Einem unserer Aufsätze gaben wir den Titel «Greed and Grievance» (Gier und Leid), einem anderen «Doing Well out of War» (Vom Krieg gut leben), um anzudeuten, dass die Motive von Rebellen möglicherweise so wenig heroisch sind wie diejenigen der Regierung, gegen die sie kämpfen. In weniger politisierten akademischen Kreisen jedoch wurde unsere Arbeit ernstgenommen und oft zitiert. Wir erreichten die Sphäre der Politik – ich wurde zu einem Vortrag vor der UN-Generalversammlung eingeladen –, und die Medien berichteten.

Man hat uns auch aufgefordert, anhand unseres Modells vorherzusagen, wo die nächsten Bürgerkriege stattfinden werden; offenbar interessierte sich die CIA dafür. Aber so dumm waren wir nicht. Man hätte unsere Prognosen für eine Vorverurteilung bestimmter Länder verwenden können und damit genau denen geschadet, denen ich helfen wollte. Auch hätten unsere Prognosen womöglich den Misserfolg dieser Länder gleichsam vorprogrammiert. Aber auch grundsätzlich gilt: unser Modell ist ungeeignet, Prognosen zu treffen. Ich kann zwar die typischen strukturellen Faktoren benennen, die den Ausbruch eines Bürgerkriegs wahrscheinlicher werden lassen, sowie – was viel interessanter sein kann – diejenigen Faktoren, die eher zu vernachlässigen sind. Daraus ergibt sich dann zwar ein Grundmuster der am meisten gefährdeten Länder, aber wir können nicht prognostizieren, ob es im nächsten Jahr in Sierra Leone erneut zu einem Bürgerkrieg kommt oder nicht. Das hängt von einer Vielzahl kurzfristiger Ereignisse ab.

Einen ersten Zusammenhang stellten wir fest zwischen dem Bürgerkriegsrisiko und dem Einkommensniveau des jeweiligen Landes. Die Wahrscheinlichkeit eines Bürgerkriegs ist in Ländern mit niedrigem Pro-Kopf-Einkommen sehr viel höher. Geht das Pro-Kopf-Einkommen eines Landes um die Hälfte zurück, steigt dessen Bürgerkriegsrisiko auf das Doppelte. Man könnte fragen, ob wir nicht Ursache und Wirkung verwechseln – Krieg ist es doch, der ein Land arm macht und nicht umgekehrt; Armut macht doch ein Land nicht anfällig für Krieg? Tatsächlich ist beides zugleich richtig: Im Bürgerkrieg sinkt das Einkommen, gleichzeitig steigt bei niedrigem Einkommen die Gefahr eines Bürgerkriegs. Der deutlichste Beleg dafür ergibt sich aus der Kolonialzeit, als in vielen Ländern eine jahrzehntelang erzwungene Friedensperiode herrschte. Das fast zeitgleiche Ende des Kolonialismus in vielen Ländern mit sehr unterschiedlichen Einkommensniveaus war wie ein natürliches Experiment, anhand dessen man die Auswirkung des Einkommens auf die Entstehung von Bürgerkriegen untersuchen konnte.

Der Zusammenhang zwischen niedrigem Einkommen und Bürgerkrieg mag als eine Selbstverständlichkeit erscheinen. Man muss nur die Zeitung aufschlagen, um zu sehen, dass die Länder, in denen es Gewaltkonflikte gibt, mit hoher Wahrscheinlichkeit arm sind. Aber nicht alle Konfliktforscher gründen ihre Arbeiten auf empirische Daten. Manche Sozialwissenschaftler, besonders die politisch engagierten, wissen genau, wonach sie suchen, und das finden sie dann auch.

Was macht ein Land sonst noch anfällig für einen Bürgerkrieg? Nun, geringes Wachstum oder, schlimmer noch, wirtschaftliche Stagnation oder rückläufiges Wachstum. Um einen Näherungswert zu geben: In einem typischen Land mit niedrigem Einkommen beträgt das Bürgerkriegsrisiko rund 14 Prozent, über einen Zeitraum von fünf Jahren betrachtet. Jeder Prozentpunkt mehr Wachstum verringert dieses Risiko um einen Prozentpunkt. Wenn also ein Land um 3 Prozentpunkte wächst, sinkt das Risiko von 14 auf 11 Prozent. Wenn die Wirtschaft um 3 Prozentpunkte schrumpft, steigt das Risiko auf 17 Prozent. Auch an dieser Stelle könnte man fragen, ob wir nicht Ursache und Wirkung verwechseln: ob es nicht die *Erwartung* eines Bürgerkriegs ist, die den wirtschaftlichen Niedergang verursacht. Liegt ein Bürgerkrieg in der Luft, ziehen sich die Investoren zurück, und die Wirtschaft schrumpft. Könnte es, so der Einwand, nicht sein, dass es zwar den Anschein hat, als verursache rückläufiges Wachstum einen Bürgerkrieg, dass es aber in Wirklichkeit die Erwartung eines Bürgerkriegs ist, die dieses negative Wachstum verursacht?

Der Einwand lässt sich entkräften, wenn wir eine Variable genauer betrachten, die zwar das Wachstum beeinflusst, aber in keinem unmittelbaren Zusammenhang mit einem Bürgerkrieg steht, und wenn wir prüfen, ob die Auswirkungen dieser Variablen einen Bürgerkrieg mehr oder weniger wahrscheinlich machen. In einkommensschwachen Ländern kann zwar ein Witterungsschock (zu viel oder zu wenig Regen) das wirtschaftliche Wachstum beeinflussen, aber nicht unmittelbar das Bürgerkriegsrisiko. Potentielle Rebellen sagen nicht: «Es regnet, blasen wir den Aufstand ab.» Die Auswirkungen derartiger Wetterunbilden auf das Wachstum sind also über jeden Zweifel erhaben: die Erwartung eines Bürgerkriegs spielt hier keine Rolle. Trotzdem erhöht ein durch einen Witterungsschock ausgelöster wirtschaftlicher Rückschlag die Wahrscheinlichkeit eines Bürgerkriegs.

Wenn also niedriges Einkommen und geringes Wachstum ein Land für einen Bürgerkrieg anfällig machen, so ist es doch vernünftig, sich zu fragen, warum dies so ist. Es gibt mehrere Erklärungsmöglichkeiten. Meine Erklärung ist, dass niedriges Pro-Kopf-Einkommen Armut und geringes Wachstum Hoffnungslosigkeit bedeutet. Junge Männer, die in hoffnungsloser Armut leben, sind für eine Rebellenarmee billig zu haben. Das Leben selbst ist nicht viel wert, und sich einer Rebellenbewegung anzuschließen, eröffnet ihnen zumindest eine geringe Chance auf Reichtum. Im Jahr 2002 entführte eine kleine Rebellengruppe auf den Philippinen ausländische Touristen. Eine Französin, die unter den Entführten war, schilderte später, wie sie den Brief mit den Forderungen der Entführer an die Behörden formulierte. «Was soll ich schreiben?», fragte sie. «Eine Million Dollar pro Tourist.» Das war es, was die Rebellen verlangten. Die Frau schrieb das auf, und dann fragte sie: «Sonst noch etwas?» Eine lange Pause, dann eine politische Forderung: «Die Absetzung des Bürgermeisters von Jolo.» Und zuletzt noch: «Zwei Taucheruhren.» Das war die Liste der «absolut gerechtfertigten» Missstände dieser Rebellengruppe.

Touristen zu entführen war zwar bedauerlich, aber unumgänglich, um soziale Gerechtigkeit durchzusetzen. Die Vereinigten Staaten lehnten es ab, die amerikanische Geisel freizukaufen, die europäischen Regierungen kamen den Geldforderungen der Entführer nach; der libysche Staatschef Muammar al-Gaddafi fungierte als Vermittler. Die Folge war ein starker Zustrom junger Männer zu den Rebellengruppen. Diese Art der Rekrutierung hat große Ähnlichkeit mit dem Eintritt in eine Drogengang in den Vereinigten Staaten. Eine berühmt gewordene Studie über eine solche Gang in Chicago konnte zeigen, dass die jungen Männer sich deshalb der Gang anschlossen und bereit waren, mehr oder weniger umsonst irgendwelche Dienste zu leisten, weil es eine – wenn auch geringe – Chance auf das große Geld gab, sofern es ihnen nur gelang, in der Hierarchie der Gang aufzusteigen.

In einem Land mit einer schwachen Wirtschaft ist oft auch der Staat schwach, und somit sind Aufstände nicht allzu schwer zu organisieren. Der Rebellenführer Laurent Kabila, der mit seinen Truppen durch Zaire zog, um die Staatsgewalt an sich zu reißen, erklärte einem Journalisten, in Zaire sei Rebellion eine einfache Sache: Man brauche lediglich 10 000 Dollar und ein Satellitentelefon. Das klang nach effekthascherischer Übertreibung, doch dann fuhr er fort: In Zaire seien die Menschen so arm, dass man sich mit 10 000 Dollar eine kleine Armee aufbauen könne. Und das Satellitentelefon? Nun, das bringt uns zum dritten und letzten wirtschaftlichen Risikofaktor eines Bürgerkriegs: den Rohstoffen eines Landes.

Die Abhängigkeit eines Landes von Rohstoffexporten – Erdöl, Diamanten etc. – erhöht das Bürgerkriegsrisiko beträchtlich. Deshalb brauchte Kabila ein Satellitentelefon: um mit den Förderfirmen Abmachungen zu treffen. Als Kabila die Hauptstadt Kinshasa erreichte, hatte er Verträge im Volumen von angeblich 500 Millionen Dollar in der Tasche. Dass internationale Konzerne Rebellenbewegungen massiv mit Geld unterstützten, um im Fall ihres Sieges Konzessionen zur Rohstoffförderung zu erhalten, ist mehrfach geschehen. Auf diese Weise kam offenbar auch Denis Sassou-Nguesso, der gegenwärtige Präsident der Republik Kongo (nicht zu verwechseln mit der Demokratischen Republik Kongo, dem ehemaligen Zaire) an die Macht. Die natürlichen Ressourcen eines Landes helfen also, Gewaltkonflikte zu finanzieren, ja, ihretwegen werden manchmal sogar solche Kriege entfesselt. Ein Beispiel sind die sogenannten Konflikt- oder Blutdiamanten, laut UN-Definition «Rohdiamanten, deren Abbaugebiete von Gruppen kontrolliert werden, welche gegen eine rechtmäßige und völkerrechtlich anerkannte Regierung opponieren. Diese Diamanten werden von den Rebellen verkauft, um regimefeindliche militärische

Aktionen zu finanzieren.» Die Nichtregierungsorganisation Global Witness hat auf diese Verflechtungen aufmerksam gemacht, mit großem Erfolg. Nach Jahren des Leugnens war der weltgrößte Diamantenproduzent De Beers zu weitreichenden Maßnahmen bereit, um das Problem zu bekämpfen, und wurde damit zu so etwas wie einem Vorzeigeunternehmen.

Niedriges Einkommen, geringes Wachstum und die Abhängigkeit von Primärgütern also machen ein Land anfällig für Bürgerkriege. Aber sind das tatsächlich die *wahren* Ursachen? Immer wieder höre ich den Ausdruck «root causes», «tiefere Ursachen». Er kursiert auf vielen Konferenzen zum Thema Konfliktforschung, zu denen auch ich eingeladen werde. Weiß man aber einmal, womit sich der Referent beschäftigt, lässt sich überraschend oft vorhersagen, was für ihn die «tiefere Ursache» sein wird. Ist sein Thema die Einkommensungleichheit, geht er davon aus, dass den Rebellen daran gelegen ist, sie zu bekämpfen. Ist es das Thema «politische Grundrechte», setzt er voraus, dass die Rebellen Kämpfer für Demokratie sind. Waren die Urgroßeltern eines Referenten politische Flüchtlinge, wird er davon ausgehen, dass die Enkel und Urenkel der im Land Gebliebenen heute noch in gleicher Weise unterdrückt werden. Teils als Reaktion darauf bedienen sich die Rebellengruppen eben der Sprache, die man benutzt, um solche Missstände anzuprangern, und machen ihre Sympathisanten gewissermaßen zu Mitstreitern, die am liebsten selbst patronengurtbehangen auf die Barrikaden gehen würden. Nur ist bedauerlicherweise den Beteuerungen der Rebellen, es gehe ihnen um soziale Gerechtigkeit, schlichtweg nicht zu trauen. Was sollen sie schließlich anderes sagen?

Zuwendungen von Diaspora-Gemeinschaften, von den im Ausland lebenden Landsleuten, sind für Rebellengruppen eine wichtige Finanzierungsquelle. Die Rebellen haben also gelernt, die Öffentlichkeit zu manipulieren. Die IRA erhielt Geld von irischstämmigen Amerikanern, und nicht nur Geld. Offensichtlich stammten einige Gewehre der IRA aus den Beständen der Bostoner Polizei (die Anschläge vom 11. September 2001 haben dem allerdings ein Ende gesetzt, als die Amerikaner erkannten, was Terrorismus wirklich bedeutet). Die Tamilischen Tiger erhielten Geld von den Tamilen in Kanada; die Bombe, die 1996 in Sri Lankas Hauptstadt Colombo 1400 Menschen tötete oder verwundete, wurde mit Geld von einem kanadischen

Bankkonto finanziert. Albaner in EU-Ländern finanzierten die Kosovo-Befreiungsarmee UCK, eine Gruppe, die von manchen europäischen Politikern für eine unbescholtene politische Bewegung gehalten wurde, bevor sie die Chance bekam zu morden. Die am besten organisierte Diaspora-Bewegung überhaupt war die Eritreische Volksbefreiungsfront EPLF. Dreißig Jahre lang finanzierte die Diaspora den Krieg, der 1992 gewonnen wurde. Eritrea ist heute ein unabhängiger Staat. Aber hat der Krieg tatsächlich die Befreiung des eritreischen Volkes gebracht? Im September 2001, nach einem sinnlosen Krieg mit Äthiopien, richtete das halbe eritreische Kabinett an Präsident Isaias Afwerki ein Schreiben, in dem es ihn aufforderte, seinen autokratischen Regierungsstil zu überdenken. Er dachte nach und sperrte sie alle ein. Dann verordnete er die Einberufung der Jugend Eritreas zum Wehrdienst. Äthiopien schritt zur Demobilisierung, Eritrea nicht. Die Jugend Eritreas versieht ihren Dienst in der Armee nicht nur, um das Land gegen Äthiopien, sondern auch, um den Präsidenten gegen Proteste zu schützen. Viele junge Eritreer haben das Land inzwischen verlassen. Während ich diese Zeilen schreibe, weist die Regierung Eritreas internationale Friedensbeobachter aus, vermutlich um den Krieg wiederaufzunehmen. Haben sich für eine solche Art Befreiung dreißig Jahre Bürgerkrieg wirklich gelohnt? Ganz nebenbei wurde Äthiopien vom Meer abgeschnitten. (In Kapitel 4 sehen wir, wozu dies führt.)

Man könnte sagen, die Rebellenbewegungen hätten eben gute PR-Arbeit geleistet und die Missstände als Waffe benutzt; ihre Erbitterung sei immerhin begründet. In einigen Fällen gewiss, denn es gibt wirklich miserable Regime. Aber trifft es generell zu, dass wohlbegründete Unzufriedenheit zu Rebellion führt? Das lässt sich sehr viel weniger gut belegen, als man annehmen könnte. Nehmen wir die Unterdrückung der politischen Grundrechte.

Politikwissenschaftler haben hierzu Analysen durchgeführt, die über lange Zeiträume hinweg Jahr für Jahr jede einzelne Regierung untersuchen. Das Ergebnis: es besteht grundsätzlich kein Zusammenhang zwischen politischer Unterdrückung und dem Bürgerkriegsrisiko. Betrachten wir zum Beispiel die wirtschaftliche oder politische Diskriminierung einer ethnischen Minderheit. Jim Fearon und David Laitin, Politikwissenschaftler in Stanford, haben mehr als zweihundert verschiedene ethnische Minderheiten weltweit untersucht. Sie fanden keinen Zusammenhang zwischen der politischen Unterdrückung einer Gruppe und dem Risiko eines Bürgerkriegs. Wenn ethnische Minderheiten rebellieren, dann unabhängig davon, ob sie diskriminiert werden oder nicht. Fearon und Laitin untersuchten weiterhin den Faktor Hass zwischen verschiedenen Gruppen und entdeckten erneut keinen Zusammenhang mit dem Bürgerkriegsrisiko. Anke Hoeffler und ich analysierten die Auswirkungen von Einkommensungleichheit und fanden zu unserer Überraschung keinen Zusammenhang. Wir untersuchten die Kolonialgeschichte der einzelnen Länder. Auch hier galt: Egal, welches Land einstmals als Kolonialmacht aufgetreten war, egal auch, wie lange ein Gebiet bereits entkolonialisiert war, mit dem Bürgerkriegsrisiko hatte es nichts zu tun. Ich fing sogar an, die scheinbar unanfechtbare Vorstellung anzuzweifeln, dass jeder aktuelle Konflikt historische Wurzeln hat. Es stimmt natürlich, in so gut wie allen heutigen Konfliktgebieten wurden in ferner Vergangenheit bereits Konflikte ausgetragen. Alle, die heutzutage gegen irgendjemanden kämpfen, führen gern die Geschichte im Mund, nicht selten, um den Konflikt so richtig anzuheizen. Das heißt aber noch lange nicht, dass alte Konflikte immer die Ursache für Konflikte in der Gegenwart sind und dass es die Geschichte ist, die uns in die Konfliktfalle einsperrt. Die meisten Regionen, in denen heute Frieden herrscht, wurden früher einmal von Bürgerkriegen heimgesucht. Viel öfter allerdings kommt es zu Konflikten, weil schmutzige Politiker es verstehen, die wirtschaftlichen Zustände für ihre eigenen Zwecke zu instrumentalisieren und Hass zu schüren.

Ich möchte nicht zu weit gehen, ebenso wenig aber möchte ich Nachsicht gegen Regierungen üben, die ihre Bevölkerung diskriminieren und unterdrücken. Echte Missstände sollten beseitigt werden, ob sie nun eine Rebellion auslösen oder nicht, doch allzu oft werden sie eben nicht beseitigt. Missstände allerorten sind vielmehr traurige Realität. Rebellen finden immer einen Grund zur Klage, und wenn nicht, wird ihnen schon etwas einfallen. Die wirklich Benachteiligten dagegen sind oft gar nicht in der Lage zu rebellieren. Sie leiden still. Die denkbar schlimmste ethnische Diskriminierung der Menschheitsgeschichte fand nach der normannischen Eroberung Englands statt. Die Normannen, eine kleine Gruppe gewalttätiger französischsprachiger Wikinger, töteten die englische Elite, rissen den gesamten Landbesitz an sich und behandelten die eingeborene Bevölkerung, die

98 Prozent ausmachte, zweihundert Jahre lang als Leibeigene. In dieser Zeit kam es immer wieder zu Bürgerkriegen. Aber keiner dieser Bürgerkriege war eine Rebellion englischer Leibeigener gegen die normannischen Herren. Alle Bürgerkriege waren Auseinandersetzungen zwischen verschiedenen Gruppen normannischer Barone, die noch mehr Ressourcen an sich reißen wollten.

Ein eklatanter Missstand ist für eine Rebellenbewegung so wertvoll wie das Image für ein Unternehmen. Manchmal gelingt es uns trotzdem, dieses Image zu durchschauen. In Fidschi beispielsweise verschob sich mit der indischen Einwanderung das Bevölkerungsgleichgewicht, bis schließlich die besser ausgebildeten und wohlhabenderen Inder zu einer kleinen Mehrheit wurden. 1999 wählten sie den indischstämmigen Mahendra Chaudhry zum Premierminister des Landes. Fidschi ist der weltgrößte Mahagoni-Exporteur, und als Chaudhrys Regierung an die Macht kam, beschloss sie, die staatlichen Mahagoni-Plantagen einer internationalen Verwaltung zu unterstellen. Zu den Bietern gehörten die britische Commonwealth Development Corporation, eine gemeinnützige Organisation mit viel Erfahrung in Entwicklungsländern, und ein US-amerikanisches Privatunternehmen. Wie es üblich ist, engagierten beide Bewerber einheimische Geschäftsleute zu ihrer Unterstützung, und nach einem harten Wettstreit erhielt die Commonwealth Development Corporation den Zuschlag. Einen Monat später begann der fidschianische Rebellenführer George Speight, zufällig der Geschäftsmann, den das US-Unternehmen als Berater angeheuert hatte, einen bewaffneten Kampf gegen die neue Regierung. Speights Slogan «Fidschi den Fidschianern» war ein ausgesprochen emotionaler Schlachtruf. Aber war Speights einziges Motiv tatsächlich die soziale Gerechtigkeit? Der Slogan «Gebt den Mahagoni-Vertrag den Amerikanern» verbot sich offensichtlich als zündender Schlachtruf im Namen der Unterdrückten.

Ein anderes Beispiel. Sierra Leone ist ein armes, elendes Land, das laut dem Human Development Index der Vereinten Nationen, der Lebenserwartung, Bildungsgrad und Einkommen berechnet, auf dem letzten Platz rangiert. Die Bewohner von Sierra Leone haben also allen Grund zur Unzufriedenheit. Der Rebellenführer Foday Sankoh hätte es beinahe geschafft, den Jackpot zu knacken und an die Macht zu kommen – seine Streitmacht war im Vergleich zu den Regierungstruppen so stark, dass man ihm erstaunlich großzügige

Waffenstillstandsbedingungen anbot, unter anderem den Posten des Vizepräsidenten. Aber Sankoh lehnte ab. Der zweitwichtigste Posten im Staat war nicht das, was er anstrebte. Er machte unmissverständlich deutlich, dass er das Ressort leiten wollte, das die lukrativen Diamantkonzessionen Sierra Leones vergab. Und Sankohs Rebellion war nicht gerade das, was man einen heldenhaften bewaffneten Kampf nennt. Seine Soldaten waren vorwiegend drogensüchtige Kids, leicht zu kontrollieren und ohne moralische Skrupel. Ihre bevorzugte Strategie war der Terror gegen die Zivilbevölkerung. Bei ihren Überfällen hackten sie den Dorfbewohnern, auch Kindern, Hände und Füße ab.

Eine weitere Illusion ist die Vorstellung, Bürgerkriege seien die Folge ethnischer Auseinandersetzungen. Das könnte man zwar meinen, wenn man die Zeitungen studiert, aber ich habe gelernt, es zu bezweifeln. Die meisten Gesellschaften, in denen Frieden herrscht, bestehen aus mehr als nur einer ethnischen Gruppe. Und Somalia, eines der wenigen einkommensschwachen Länder, das ethnisch völlig homogen ist, wurde von einem blutigen Bürgerkrieg heimgesucht, auf den der totale Kollaps des Staates folgte. Statistisch gesehen, gibt es kaum Belege für einen Zusammenhang zwischen ethnischer Vielfalt und der Anfälligkeit für einen Bürgerkrieg. Einen jedoch fanden wir: Gesellschaften mit einer ethnischen Gruppe, die neben anderen, zahlenmäßig ebenfalls starken Gruppen die Bevölkerungsmehrheit bildet – wir sprechen von «ethnischer Dominanz» – sind stärker gefährdet. Beispiele sind Ruanda und Burundi, wo zwischen den Hutu und den Tutsi ein blutiger Konflikt ausbrach, oder auch der Irak, der zwischen Sunniten, Schiiten und Kurden geteilt ist. Die Mehrheitsgruppe in solchen Ländern könnte ihren Einfluss ausweiten wollen. Oder, die andere Möglichkeit, die Minderheitsgruppen misstrauen der herrschenden Mehrheit, fühlen sich nicht ausreichend geschützt und drängen selbst an die Macht, um der Unterdrückung durch die Mehrheit zuvorzukommen. Die meisten Gesellschaften der untersten Milliarde sind jedoch ethnisch zu vielgestaltig, als dass eine Gruppe derart dominant sein könnte. Die verschiedenen ethnischen Gruppen mögen heftige Aversionen gegeneinander hegen und einander lautstark beschuldigen. Aber zwischen Aversionen und Bürgerkriegszuständen besteht ein himmelweiter Unterschied.

Was macht ein Land sonst noch anfällig für einen Bürgerkrieg?

Die Geographie spielt eine gewisse Rolle. Ein großes Land mit einer an den Rändern verstreut lebenden Bevölkerung wie die Demokratische Republik Kongo (ehemals Zaire) oder ein Land mit viel gebirgigem Terrain wie Nepal hat ein größeres Risiko als ein flaches, dicht besiedeltes kleines Land, das einer Rebellenarmee weniger gute Rückzugsmöglichkeiten bietet.

Warum dauern Bürgerkriege so lange?

Soviel zu den Ursachen von Bürgerkriegen. Was aber geschieht, sobald ein Bürgerkrieg ausgebrochen ist? Entscheidend ist hier wohl die Frage, was den Ausschlag für das Ende eines Bürgerkriegs gibt, doch das ist nicht immer leicht zu ermessen. Oft endet der Konflikt, flammt aber später wieder auf. Handelt es sich in diesem Fall um einen einzigen ununterbrochenen Bürgerkrieg oder um zwei Kriege mit einem brüchigen Frieden dazwischen? Darauf gibt es keine richtige oder falsche Antwort. Es ist eine Ermessensfrage, und aus diesem Grund haben wir auch hier Kriterien verwendet, die von anderen definiert wurden; damit ist eine unvoreingenommene Beurteilung der Daten gewährleistet.

Auch hier spielt das Einkommen eine Rolle. Je niedriger das Einkommen eines Landes bei Ausbruch eines Bürgerkriegs war, desto länger dauerte dieser Krieg. Er dauerte tendenziell auch dann länger, wenn der Wert wichtiger Exportgüter des Landes stieg. Vielleicht deshalb, weil in dem Fall der Krieg leichter finanziert werden konnte. Der letzte Krieg um die Rohstoffe eines Landes fand in Angola statt. Er wurde zwischen der mit Diamanten finanzierten Rebellengruppe UNITA (Nationalunion für die vollständige Unabhängigkeit Angolas) und der mit Öl finanzierten MPLA (Volksbewegung für die Befreiung Angolas) der Regierung geführt. Der Kriegsverlauf spiegelte im Wesentlichen den Stand des Weltmarktpreises von Erdöl bzw. Diamanten wider. Der UNITA-Führer Jonas Savimbi verstärkte immer dann den Druck, wenn ihm die Diamanten große Gewinne einbrachten und der Ölpreis ein Rekordtief erreichte. Sein Unglück begann, als der Ölpreis nach oben kletterte und ihm im Zuge internationaler Maßnahmen der Zugang zum Weltmarkt für Diamanten versperrt wurde. Mehr dazu in Teil 4.

Bürgerkriege sind extrem zählebig. Ein Krieg zwischen zwei Ländern dauert, schlimm genug, im Durchschnitt etwa sechs Monate. In sechs Monaten lässt sich eine Menge Unheil anrichten. Ein Bürgerkrieg aber dauert im Durchschnitt mehr als zehnmal so lang, in extrem armen Ländern sogar noch länger. Manchmal wird er zur Normalität. Auf beiden Seiten kristallisieren sich Interessen heraus, die den Bürgerkrieg als Nährboden brauchen. Angesichts der gigantischen Kosten, die ein solcher Krieg verursacht, sollte es, müsste man meinen, doch möglich sein, eine Übereinkunft zu erzielen, von der alle Konfliktparteien profitieren. Aber oft setzen die Rebellen lieber den Kampf fort, statt sich von einem Friedensvertrag ködern zu lassen, den die Regierung anschließend nicht einhält.

Nachdem Anke Hoeffler und ich also untersucht hatten, warum Bürgerkriege geführt werden und wie lange sie dauern, stellten wir uns die Frage, was geschah, wenn sie zu Ende waren. Wie schon bemerkt, bedeutet das Ende eines Krieges nicht immer auch das Ende des Konflikts. Ist ein Konflikt aber vorbei, besteht eine besorgniserregend hohe Wahrscheinlichkeit, dass er erneut ausbricht. Darüber hinaus erhöht ein Bürgerkrieg die Wahrscheinlichkeit eines Rückfalls um nahezu das Doppelte. Nur rund die Hälfte der Länder, die einen Bürgerkrieg hinter sich haben, schaffen es, zehn Jahre ohne einen neuen Krieg zu überstehen. In einkommensschwachen Ländern ist das Rückfallrisiko ungleich höher.

Regierungen von Staaten, die gerade einen Bürgerkrieg überstanden haben, sind sich dieser Gefahr bewusst. Und deshalb halten sie ihre Rüstungsausgaben auf einem abnorm hohen Niveau. In dem Jahrzehnt nach einem Bürgerkrieg ist das Militär eines solchen Landes für den Krieg, nicht für den Frieden gerüstet. Um eine Vorstellung zu bekommen: ein Bürgerkrieg lässt das Militärbudget eines Landes fast auf das Doppelte steigen. Die Rüstungsausgaben in dem Jahrzehnt nach dem Krieg sind nur etwa ein Zehntel niedriger als während des Krieges. Regierungen, die sich einem so hohen Bürgerkriegsrisiko gegenüber sehen, kann man wegen hoher Rüstungsausgaben kaum einen Vorwurf machen – aber funktioniert diese Strategie? Darauf werde ich in Teil 4 zurückkommen, wo ich Lösungsmöglichkeiten erörtere, und besonders in Kapitel 9, wo es um Militärstrategien zur Friedenssicherung geht.

Die Kosten eines Bürgerkriegs

Schließlich zogen wir die, wenn man so will, Bilanz eines Bürgerkriegs: seine Kosten und seine Hinterlassenschaft. Bürgerkrieg ist Entwicklung im Rückwärtsgang. Er schadet nicht nur dem Land selbst, sondern auch seinen Nachbarn. Betrachten wir zunächst das Land, das von einem Bürgerkrieg heimgesucht wird. Ein Bürgerkrieg lässt die Wirtschaft um rund 2,3 Prozent jährlich schrumpfen. Nach sieben Jahren – die durchschnittliche Dauer eines Bürgerkriegs – ist also das Land um rund 15 Prozent ärmer als zuvor. Freilich ist Krieg sehr viel schlimmer, als es eine längere Phase wirtschaftlicher Rezession jemals sein kann. Menschen werden getötet. Die meisten Menschen, die in einem Bürgerkrieg ums Leben kommen, sterben aber nicht im eigentlichen Kampfgeschehen, sondern erliegen Krankheiten. Kriege verursachen Flüchtlingsströme. Und im Gefolge großer Bevölkerungsbewegungen kommt es zu Epidemien, wenn das öffentliche Gesundheitssystem zusammengebrochen ist. Bei ihrer Analyse von Bürgerkriegen, Flüchtlingsströmen und der Ausbreitung von Malaria kam die spanische Wissenschaftlerin Marta Reynol-Querol zu einem überraschenden Ergebnis: die bürgerkriegsbedingten Flüchtlingsströme führten zu einem starken Anstieg von Krankheiten in den Ländern, wo die Flüchtlinge Zuflucht fanden. Die Zahl der Erkrankten übersteigt bei weitem die der Flüchtlinge. Offenbar sind die Flüchtlinge unterwegs Krankheitserregern ausgesetzt, gegen die sie keine Abwehrkräfte entwickelt haben, und in der Folge kommt es zu einer signifikanten Ausbreitung dieser Krankheiten auch unter den Einheimischen.

Ökonomische Schäden und Krankheiten – beide wirken sehr lange nach. Sie enden nicht, wenn die Kämpfe aufhören. Etwa die Hälfte der Kosten eines Bürgerkriegs fallen erst an, wenn der Krieg vorbei ist. Gewiss, eine Rebellion hat sich gelohnt, wenn mit ihrem Sieg eine Zeit der sozialen Gerechtigkeit anbricht, aber wann ist das schon der Fall. Die politische Bilanz eines Bürgerkriegs ist nicht selten genauso ernüchternd wie seine wirtschaftliche: die politischen Grundrechte werden mit Füßen getreten. Rebellion ist folglich alles andere als ein Königsweg, um in einem Land einen positiven Wandel in Gang zu setzen. Rebellenführer, die behaupten, sie hätten einen Bürgerkrieg zum

Wohle ihres Landes begonnen, täuschen meist sich selbst oder die anderen oder beide. Anfang der neunziger Jahre hatte Jonas Savimbi aus den von der UNITA kontrollierten Diamantminen Angolas ein Vermögen von schätzungsweise vier Milliarden Dollar angehäuft. Nachdem er die Präsidentschaftswahl verloren hatte, pflegte er nicht etwa einen aufwendigen Lebensstil, sondern investierte das Geld uneigennützig in eine Wiederaufnahme des Bürgerkriegs.

Den Anhängern dieser Führer, den Fußsoldaten der Rebellion, bleibt oft gar keine andere Wahl, als sich der Bewegung anzuschließen. Ich erwähnte bereits Foday Sankohs Vorliebe für die Rekrutierung drogenabhängiger Kinder und Jugendlicher. Die Lord's Resistance Army (Widerstandsarmee des Herrn, LRA), die die Errichtung eines Gemeinwesens auf der Grundlage der Zehn Gebote anstrebt, rekrutiert neue Mitglieder, indem ihre Soldaten eine abgelegene Schule umstellen und dann das Gebäude in Brand stecken. Die Jungen, die aus der brennenden Schule herausrennen, haben die Wahl, entweder erschossen zu werden, oder sich der Bewegung anzuschließen. Wer sich der Bewegung anschließt, muss in seinem Heimatdistrikt eine Gräueltat begehen, beispielsweise eine alte Frau vergewaltigen, wodurch es den Jungen schwer gemacht wird, nach Hause zurückzukehren. Diese Form der Rekrutierung ist gar nicht so ungewöhnlich, wie man meinen könnte. Wenn eine maoistische Rebellengruppe in Nepal in einen Bezirk vordringt, laufen die jungen Männer lieber weg, als sich ihr anzuschließen. Offenbar fürchten auch sie die Zwangsrekrutierung. Heute wissen wir, dass die Rekrutierung für den Langen Marsch der chinesischen Revolution – Stoff für revolutionäre Legendenbildung zweier Generationen westlicher Romantiker – mit dem Gewehr im Anschlag erfolgte. Die Soldaten waren keine ideologischen Bannerträger der Revolution, sondern verängstigte Bauern. Nach Beginn der russischen Revolution brach die Regierung schnell zusammen; zurück blieben die Rote und die Weiße Armee – Rebellen, die von dem lebten, was das Land hergab. Vier Millionen desertierten trotz der schweren Strafe, die sie zu gewärtigen hatten, sollte man sie aufspüren. Interessanterweise schwankte die Zahl der Deserteure. Im Sommer waren es sehr viel mehr als im harten russischen Winter. Warum? Die Rekruten waren Bauern, und im Sommer, wenn sie sich um ihre Ernte kümmern mussten, kam es sie einfach zu teuer, ihre Felder zu verlassen und zu kämpfen; im Winter war das egal. Wirtschaftliche Opportunitäten sind also ausschlaggebend dafür, wie gut eine Rebellenarmee ihre Streitkräfte halten kann.

Heute beginnen Wissenschaftler, die Rekrutierung von Rebellen mittels Feldstudien gründlicher zu untersuchen. Jeremy Weinstein, Professor für Politikwissenschaft in Stanford, beschäftigte sich mit der ehemaligen Rebellengruppe RENAMO (Nationaler Widerstand Mosambiks) und mit der RUF (Revolutionäre Vereinigte Front), einer besonders gewalttätigen Gruppe in Sierra Leone. Eines der Resultate, zu denen Weinstein gelangte, ist so bedeutsam wie deprimierend: Die ursprünglichen Motive einer Rebellengruppe erodieren zusehends. Stellen Sie sich vor, Sie wären ein Rebellenführer und wollten eine Bewegung im Kampf für soziale Gerechtigkeit aufbauen. Sie haben Gewehre gekauft oder von einer befreundeten ausländischen Regierung erhalten, die Unruhe schüren möchte. Jetzt brauchen Sie Mitkämpfer. Junge Männer kommen in Ihr Hauptquartier im Busch und bieten ihre Dienste an. Sollen Sie sie aufnehmen? Einige dieser Freiwilligen sind, wie Sie selbst, beseelt vom Kampf für soziale Gerechtigkeit, anderen gefällt einfach nur die Vorstellung, mit einem Gewehr im Anschlag herumzulaufen. Psychologischen Untersuchungen zufolge sind durchschnittlich 3 Prozent einer Bevölkerung psychopathisch veranlagt, Sie können also sicher sein, dass einige Ihrer Rekruten Psychopathen sind. Andere wiederum lockt die Aussicht auf Macht und einen Haufen Geld, so unrealistisch sie auch sein mag. Schließlich haben sie nichts zu verlieren. Die winzigste Chance auf ein besseres Leben als siegreicher Rebell scheint noch groß genug, um ergriffen zu werden; die Aussicht zu sterben ist schließlich auch nicht viel erschreckender als die Aussicht auf ein Leben in bitterstem Elend. Weinsteins Untersuchung ergab, dass es die vorhandenen wertvollen Rohstoffe sind – Erdöl, Diamanten oder auch Drogen –, die so manchen jungen Mann locken. Es ist die Aussicht auf Reichtum und nicht die Mission der sozialen Gerechtigkeit, die ihn dazu bewegt, sich den Aufständischen anzuschließen. Ein idealistischer Rebellenführer wird diese Leute nur sehr schwer herausfiltern können. Er kann zwar jeden abweisen, der nicht die richtigen Slogans parat hat. Aber schnell werden alle gelernt haben, sie nachzuplappern. Und mit der Zeit verschiebt sich die Zusammensetzung der Rebellengruppe. Die Idealisten werden weniger, die Zahl der Opportunisten und Sadisten steigt.

Eine bedeutende Rebellion findet derzeit im ölreichen Nigerdelta

Nigerias statt. Im Rahmen einer kürzlich durchgeführten Erhebung unter 1500 Bewohnern der Region wollte der nigerianische Doktorand Aderoju Oyefusi herausfinden, wer sich an dieser Rebellion beteiligt. Das Nigerdelta ist das ideale Terrain für Rebellenlegenden, denn es verfügt über vier entscheidende Ingredienzien: Ölgesellschaften (Gier), Zerstörung der Umwelt (Schändung), militärische Intervention der Regierung (Unterdrückung) und ein toter Held, der Aktivist Ken Saro-Wiwa, der 1995 von der nigerianischen Regierung gehängt wurde (Unantastbarkeit). Aderoju wollte wissen, ob Einheimische, die sich den gewalttätigen Gruppen anschlossen, auch das stärkste Bewusstsein von den Missständen besitzen. Er befragte die Leute nach ihrer Unzufriedenheit mit den Zuständen und klassifizierte sie dementsprechend. Erstaunlicherweise zeigte sich, dass bei denen, die sich über die Missstände empörten, die Wahrscheinlichkeit, sich dem gewaltsamen Widerstand anzuschließen, nicht größer war als bei denen, denen eine solche Empörung fremd war. Was also sind die Kriterien, die Menschen zum Mittel der politischen Gewalt greifen lassen? Die drei Hauptgründe waren Jugend, mangelnde schulische Bildung und familiäre Ungebundenheit. Es fällt schwer, diese Kriterien mit dem Bild einer politischen Avantgarde von Kämpfern für soziale Gerechtigkeit in Einklang zu bringen.

Und wo entstehen bevorzugt solche gewalttätigen Gruppen? Man könnte meinen, dort, wo die soziale Not am größten ist. Schließlich kommt der aus den Ölvorkommen erzielte Reichtum nicht der Bevölkerung zugute, sondern fließt in die Taschen der Ölgesellschaften und der Politiker. Doch Aderoju konnte in seiner Studie keinen Zusammenhang zwischen dem Lebensstandard eines Distrikts und der Tendenz zu politischer Gewalt feststellen. Gewalt flammte vielmehr in den Distrikten auf, wo es Ölquellen gab. Jetzt müsste man schlussfolgern: Ölkonzerne zerstören die Umwelt, deshalb der Widerstand. Wenn das tatsächlich die Erklärung wäre, stünden wir vor einem weiteren Rätsel: Denn obwohl das Risiko eines Gewaltkonflikts stark zunimmt, wenn in dem Gebiet mindestens eine Ölquelle vorhanden ist, sinkt es, wenn dort zwei Ölquellen sprudeln. Bei zwanzig Ölquellen ist es noch niedriger. Das ist merkwürdig, denn die Umweltschäden nehmen doch gewiss proportional zur Anzahl der Ölquellen zu. Für mich deutet dieses Ergebnis mehr auf Schutzgelderpressung hin als auf gewalttätige Proteste gegen die Zerstörung der Umwelt. Wo keine

Ölquelle vorhanden ist, besteht keine Möglichkeit zur Erpressung, folglich gibt es keinen gewalttätigen Protest. Bei einer Ölquelle werden Schutzgelder erpresst, aber je mehr Ölquellen vorhanden sind, desto mehr neigt die Ölgesellschaft dazu, zu zahlen und sich Frieden zu erkaufen.

Ich will diese Ergebnisse nicht überbewerten, denn die Unruhen im Nigerdelta begannen als berechtigter Protest der Bewohner gegen die Umweltzerstörung in einer Region, die nur den Schaden zu tragen hat, ohne auch nur im Geringsten von den Öleinnahmen zu profitieren. Doch mittlerweile hat sich die Situation gewandelt. Jetzt ist viel Geld vorhanden, das die nigerianische Bundesregierung in die Deltaregion leitet, und die Ölgesellschaften zahlen verzweifelt Schutzgeld. Lösegeldzahlungen zum Freikauf entführter Arbeiter sind fast an der Tagesordnung. In der Region selbst kämpfen Lokalpolitiker darum, das viele Geld unter ihre Kontrolle zu bringen, und am Rand dieses politökonomischen Schacherns werden regelmäßig gewalttätige Proteste inszeniert. Innerhalb von zehn Jahren ist aus der Empörung über Missstände die reine Gier geworden.

Zurück zu den Kosten eines Gewaltkonflikts. Einen Großteil dieser Kosten müssen die Nachbarländer tragen. Krankheiten machen nicht an Landesgrenzen halt, und auch der wirtschaftliche Kollaps ist grenzübergreifend. Da die meisten Länder an mehrere Nachbarstaaten angrenzen, sind die Gesamtkosten, die diese Nachbarn zu tragen haben, nicht selten höher als die Kosten, die das vom Krieg betroffene Land selbst zu tragen hat. Und die Kosten beschränken sich nicht auf die Region. 95 Prozent der weltweit produzierten harten Drogen zum Beispiel stammen aus Unruhegebieten. Die Erklärung dafür ist einfach: Im Zuge eines Gewaltkonflikts entgleitet ein Gebiet leicht der Regierungskontrolle und wird damit zum idealen Operationsfeld für illegale Aktivitäten. Aus diesem Grund wählte sich Osama bin Laden Afghanistan als Stützpunkt. Länder, in denen ein Bürgerkrieg herrscht, haben also in Sachen grenzüberschreitende Kriminalität und internationaler Terrorismus einen komparativen Vorteil. Auch Aids verbreitete sich wahrscheinlich im Zuge eines afrikanischen Bürgerkriegs. Massenvergewaltigungen und massenhafte Bevölkerungsbewegungen boten ideale Bedingungen für die Ausbreitung sexuell übertragbarer Krankheiten. Infolgedessen sind Kriege in den Ländern der untersten Milliarde auch unser Problem.

Alles in allem kostet ein typischer Bürgerkrieg das Land und seine Nachbarn etwa 64 Milliarden Dollar. In den vergangenen Jahrzehnten brachen jedes Jahr zwei neue Bürgerkriege aus, die globalen Kosten beliefen sich also auf über 100 Milliarden Dollar jährlich, doppelt so viel wie das globale Entwicklungshilfebudget. Das ist freilich nur eine geschätzte Zahl, auch wenn wir mit diesen Schätzungen extrem vorsichtig waren. Dennoch, diese Art der Kostenanalyse kann hilfreich sein, ist sie doch ein wichtiger Schritt zur Bewertung des Nutzens von Interventionen. Wie wir in Teil 4 sehen werden, gibt es eine Vielzahl effektiver Interventionen zur Verringerung des Bürgerkriegsrisikos eines Landes. Zwar ist es unmöglich, in jedem einzelnen Fall den Nutzen genau zu berechnen, aber mit Hilfe von Varianten unseres Modells lassen sich Aussagen darüber treffen, wie stark eine bestimmte Intervention das Durchschnittsrisiko und damit die durchschnittliche Häufigkeit von Bürgerkriegen weltweit senken kann. Verknüpft man diesen Wert – die Reduktion der Bürgerkriegshäufigkeit – mit unseren Schätzungen der Kosten eines Krieges, lässt sich daraus der Nutzen der Intervention ableiten. Durch Verknüpfung dieses Nutzens mit den Kosten der Intervention wiederum gelangen wir zur Kosten-Nutzen-Analyse.

Die Kosten-Nutzen-Analyse ist die Grundlage, auf der Regierungen ihre Entscheidungen über die öffentlichen Ausgaben treffen. Wenn es uns gelingt, Interventionen zur Senkung des Bürgerkriegsrisikos in dieses Verfahren zur Entscheidung über den Staatshaushalt zu integrieren, könnten wir dem politischen Wunschdenken ein Ende setzen – dieser Spiegelfechterei, auf die Politiker ausweichen, wenn sie nicht von harten Fakten gebremst werden. Das ist letztlich die Agenda von Teil 4.

Die Konfliktfalle

Kommen wir nun zu dem Aspekt des Bürgerkriegs, der für die These dieses Buches von zentraler Bedeutung ist: Bürgerkrieg ist eine Falle. Angenommen, ein Land, das soeben unabhängig geworden ist, weist jene drei ökonomischen Merkmale auf, die global gesehen ein Land anfällig machen für Bürgerkrieg: niedriges Einkommen, geringes Wirtschaftswachstum und Abhängigkeit von Rohstoffexporten. Dann spielt es russisches Roulette. Und das ist keineswegs eine leere Metapher. Die Wahrscheinlichkeit, dass in einem Land der untersten Milliarde innerhalb von fünf Jahren ein Bürgerkrieg ausbricht, beträgt nahezu eins zu sechs, genau wie beim russischen Roulette. Vielleicht hat das Land Glück und findet einen Weg aus der Gefahrenzone, bevor die Falle zuschnappt. Wirtschaftliches Wachstum ist gleichbedeutend mit Risikominimierung. Im Durchschnitt gesehen sinkt mit steigendem Einkommen auch das Konfliktrisiko. Dadurch wiederum wird eine Diversifizierung der bisher auf Rohstoffe beschränkten Exporte des Landes erleichtert, wodurch das Risiko noch weiter sinkt. Viele Länder haben nicht dieses Glück. Angenommen, aus irgendeinem Grund bleibt das Wachstum gering. (In den folgenden Kapiteln werde ich die Frage erörtern, warum in den ärmsten Ländern das Wachstum ausgeblieben ist.) Dann dauert womöglich die Friedenszeit nicht lange genug, um das Risiko zu mindern, dass die tödliche Kugel abgefeuert wird und das Land in einen neuen Bürgerkrieg schlittert. Und genau das geschah immer wieder: in den glücklosen Ländern brach schon kurz nach Erlangung der Unabhängigkeit ein Krieg aus, beispielsweise in Nigeria. Andere erlebten lange Jahre des Friedens, bevor es zum Krieg kam, beispielsweise die Elfenbeinküste, die schließlich durch einen Putsch destabilisiert wurde, oder Nepal, wo die Maoisten gegen eine Königsfamilie antraten, die einander mörderisch bekämpfte. Alle diese Länder lebten gefährlich. Miserable politische Akteure kombiniert mit einer fehlerhaften Politik – in wirtschaftlich erfolgreicheren Ländern undenkbar – lassen die Situation eskalieren, und es kommt zur Rebellion. Soll man die politischen Akteure und die Fehler ruhig als «Ursachen» bezeichnen. Meines Erachtens ist es für derart fragile Gesellschaften noch schwieriger, diesen Gefahren aus dem Weg zu gehen, als ihre Wirtschaft zu entwickeln. Eine saubere Politik angesichts der allgemeinen Gefährdung der Gesellschaft einzufordern ist zwar aller Ehren wert, aber vielleicht wäre es einfacher, Maßnahmen gegen diese Fragilität zu treffen – mit anderen Worten, die Wirtschaft des Landes zu entwickeln. In Teil 4 geht es um die Frage, wie wir dabei helfen können.

Hat ein Krieg erst einmal begonnen, zehrt der wirtschaftliche Schaden das in Friedenszeiten erreichte Wachstum rasch auf. Schlimmer noch, auch das Risiko für weitere Kriege steigt explosionsartig. Das negative Erbe eines Bürgerkriegs ist das organisierte Morden, und sich davon zu befreien ist für ein Land schwierig, denn Gewalt und

Erpressung haben sich für die Täter als profitabel erwiesen. Sie töten, um sich ihren Lebensunterhalt zu sichern. Was sollten sie mit all den Gewehren sonst auch machen? Phil Killicoat, einer meiner Studenten, recherchiert derzeit, wie viel eine Kalaschnikow rund um den Globus Jahr für Jahr kostete – schließlich ist die Kalaschnikow *die* Waffe für einen Rebellen, der etwas auf sich hält. Eine solche Datensammlung könnte einen wertvollen Beitrag zur Konfliktforschung leisten. Doch die Datengewinnung ist keine leichte Aufgabe, deshalb hat sich auch bisher noch niemand darangemacht, aber mein Student ist findig. Folgendes Bild zeichnet sich ab: während eines Krieges werden Gewehre billig, weil über offizielle und inoffizielle Kanäle so viele Waffen importiert werden, dass ein Teil davon auf dem Schwarzmarkt verschoben wird. Das Vermächtnis eines Bürgerkriegs sind billige Kalaschnikows.

Anke Hoeffler und ich untersuchten die Kriminalitätsrate in Gesellschaften nach einem Gewaltkonflikt. Kriminalität ist eines der Phänomene, die nur sehr unzureichend untersucht sind: die Definition des Phänomens und der Prozentanteil der nicht gemeldeten Gewaltverbrechen sind von Land zu Land extrem unterschiedlich. Aus diesem Grund legten wir die Mordrate als alleinige Messgröße fest. Mord ist das am besten definierte und wohl auch am umfassendsten dokumentierte Gewaltverbrechen. Unsere Entdeckung: politischer Frieden führt nicht automatisch zu sozialem Frieden. Mit dem Ende der politischen Kämpfe kommt es zu einer Eskalation von Morden, die vermutlich Teil einer allgemeinen Zunahme von Gewaltverbrechen sind. Nach all den Gräueltaten und angesichts der von Misstrauen und gegenseitigen Schuldzuweisungen vergifteten Atmosphäre überrascht es nicht, dass für ein typisches Land, das einen Gewaltkonflikt hinter sich hat, die Chancen auf zehn Jahre Frieden fünfzig zu fünfzig stehen. Tatsächlich sind rund die Hälfte aller Bürgerkriege Rückfälle.

Ausgehend von ihrer aktuellen Wachstumsrate wird beispielsweise die Demokratische Republik Kongo (ehemals Zaire) fünfzig Jahre Frieden brauchen, nur um erneut das Einkommensniveau des Jahres 1960 zu erreichen. Mit dem niedrigen Einkommen, dem geringen Wachstum, der Abhängigkeit von Primärgütern und einer Geschichte voller Bürgerkriege stehen die Chancen auf fünfzig fortlaufende Friedensjahre jedoch nicht sonderlich hoch. Mag es sich noch so oft umbenennen, dieses Land wird sich aus der Konfliktfalle nicht befreien können, wenn wir ihm nicht dabei helfen.

Armut, wirtschaftliche Stagnation, Abhängigkeit von Rohstoffexporten – kommen Ihnen diese Merkmale bekannt vor? Richtig, es sind die Grundmerkmale der Länder der ärmsten Milliarde. Zwar stecken nicht alle diese Länder in der Konfliktfalle fest, aber alle sind anfällig dafür. Hier haben wir praktisch die Grundbausteine für ein System der Wechselwirkungen: das Risiko eines Gewaltkonflikts differiert je nach den wirtschaftlichen Bedingungen des Landes, und die wirtschaftlichen Bedingungen werden ihrerseits von Gewaltkonflikten beeinflusst. Anhand dieses Modells der Wechselwirkungen lässt sich die Wahrscheinlichkeit für den Ausbruch eines Konflikts in stilisierter Form prognostizieren. Zusammen mit Harvard Hegre, einem jungen norwegischen Politikwissenschaftler, erstellte ich ein solches System. Wir ließen unsere modellhafte Welt im Jahr 1960 beginnen, und es gab drei verschiedene Gruppen von Staaten: die reichen, die Länder der ärmsten Milliarde und die Entwicklungsländer. Sodann untersuchten wir, wie viele Länder Gewaltkonflikten zum Opfer fallen. Unsere Prognosen basierten auf den Risikofaktoren, die Anke Hoeffler und ich erarbeitet hatten, sowie auf Näherungswerten zur Wachstumsentwicklung, extrapoliert aus den Erfahrungen der vergangenen vierzig Jahre. Wir projizierten die Häufigkeit von Konflikten bis ins Jahr 2020 und – mit viel Phantasie – sogar bis ins Jahr 2050. Das Bürgerkriegsrisiko der reichen Länder, so zeigte sich, ist so minimal, dass selbst über einen so langen Zeitraum hinweg die Gefahr gleich Null ist. Einige Entwicklungsländer schlittern vielleicht in einen Bürgerkrieg und geraten eine Zeitlang aus der Bahn – Beispiele sind Kolumbien und der Libanon, die zwar nicht zur untersten Milliarde zählen, aber aus irgendeinem Grund Pech hatten. Dennoch, die Mehrzahl der Länder, in denen ein Bürgerkrieg ausbricht, gehört zu denen der untersten Milliarde. Sie erleben periodische Friedenszeiten, fallen aber immer wieder in einen Bürgerkrieg zurück. Unser Modell eignet sich nicht zur Prognose künftiger Konflikte, doch die sich aus diesem Modell ergebende Vorhersage zur Häufigkeit von Konflikten weltweit ergibt eine niederschmetternde Bilanz. Im Jahr 2020 ist die Welt sehr viel reicher als heute, im Jahr 2050 ist sie sagenhaft reich. Die meisten Länder haben sich bis zu diesem Zeitpunkt entwickelt, die Häufigkeit von Bürgerkriegen ist trotzdem nur geringfügig zurückgegangen, da die meisten dieser Kriege in den Ländern der untersten Milliarde stattfinden, deren Wachstum sehr gering ist. Unser Modell quantifiziert die düsteren Folgen scheiternden Wirtschaftswachstums in den Ländern der untersten Milliarde, die in einem Kreislauf der Armut, Stagnation und Gewalt gefangen sind.

Staatsstreiche

Rebellion ist in den Ländern der untersten Milliarde nicht die einzige Form des gewalttätigen, illegalen Widerstands gegen die Regierung. Viele Regierungen sind weit mehr durch Putsch bedroht als durch Rebellion. Man könnte meinen, Staatsstreiche gehörten der Vergangenheit an. Bei einem Staatsstreich denkt man heute meist an einen lateinamerikanischen General der sechziger Jahre. Dieses Bild ist gar nicht einmal so falsch, denn Putsche sind weitgehend aus der Mode gekommen und finden in Ländern außerhalb der untersten Milliarde heute nur noch selten statt. Aber in diesen Ländern sind sie in deprimierender Weise nach wie vor an der Tagesordnung. Von Dezember 2006 zurückgerechnet, war der letzte erfolgreiche Putsch gerade einmal zwei Wochen alt, er fand in Fidschi statt. Ein Staatsstreich wirkt sich nicht so verheerend aus wie ein Bürgerkrieg. In Anlehnung an eine bekannte Zeitungsschlagzeile anlässlich eines Erdbebens könnte hier die Überschrift gelautet haben: «Kleiner Staatsstreich in Fidschi, nur wenige Tote.» Aber ein Putsch ist kein besonders guter Weg, um einen Regierungswechsel herbeizuführen. Die sich in einem Putsch manifestierende politische Instabilität ist der wirtschaftlichen Entwicklung des Landes bekanntermaßen abträglich. Was sind die Ursachen für einen Putsch?

Wir stützten uns auf die Daten eines amerikanischen Politikwissenschaftlers, der Tausende von Zeitungsberichten durchforstet hatte, um eine Liste aller fehlgeschlagenen bzw. erfolgreichen Putschversuche in Afrika zu erstellen, über die berichtet wurde. Darüber hinaus standen uns Daten zu sämtlichen erfolgreichen Putschversuchen in anderen Teilen der Welt zur Verfügung. Bei unserer Analyse folgten wir weitgehend demselben Ansatz wie bei unserer Untersuchung von Bürgerkriegen. Hierzu jedoch ein kleiner Vorbehalt: unsere Arbeit über Bürgerkriege wurde veröffentlicht und in wissenschaftlichen Kreisen debattiert, unsere Studie zum Thema Staatsstreich ist neu und wurde bisher nur auf wenigen Konferenzen vorgestellt. Dennoch vertraue ich unseren Resultaten genug, um sie hier darzulegen. Was wir entdeckten, hat uns wirklich überrascht.

Es zeigte sich, dass Länder, die anfällig sind für einen Putsch, zahlreiche Gemeinsamkeiten mit den Ländern aufweisen, die auch für einen Bürgerkrieg anfällig sind. Die beiden Hauptrisikofaktoren sind niedriges Einkommen und geringes Wachstum, genau wie beim Bürgerkrieg. In afrikanischen Gesellschaften mit einer großen ethnischen Gruppe – Stichwort «ethnische Dominanz» – ist das Risiko noch größer, genau wie beim Bürgerkrieg. Es gibt also – und auch das ist wichtig für die These dieses Buches – nicht nur eine Konfliktfalle, sondern auch eine Putschfalle. In einem Land, in dem einmal ein Putsch stattfand, finden mit hoher Wahrscheinlichkeit weitere statt. Der große Unterschied zu einer Rebellion liegt darin, dass bei einem Putsch die natürlichen Ressourcen des Landes offenbar keine Rolle spielen. Für eine Rebellion braucht man längerfristig Nachschub an Waffen und Soldaten, und das Geld dazu holt man sich aus den Ressourceneinnahmen. Für einen Putsch dagegen benötigt man kein Geld; die Armee, die man gegen die Regierung einsetzt, wurde von dieser bereits ausgerüstet.

Afrika ist das Epizentrum niedriger Einkommen und geringen Wachstums und somit auch das Epizentrum für Staatsstreiche. Doch es gibt keinen «Afrika-Effekt», schaut man sich die Risikofaktoren an. In Afrika finden nicht deshalb mehr Staatsstreiche statt als anderswo, weil dieser Kontinent Afrika heißt. In Afrika finden deshalb mehr Staatsstreiche statt, weil der Kontinent arm ist. Dasselbe gilt für Bürgerkriege. Afrika wurde umso anfälliger für Bürgerkriege, je schlechter sich seine Wirtschaft entwickelte, nicht weil es Afrika war. Bei einer Konferenz, die schon einige Jahre zurückliegt, saß der ehemalige Vizepräsident Ghanas neben mir. Er freue sich, sagte er, zu dieser Konferenz eingeladen worden zu sein, weil diese Einladung zu seiner Entlassung aus dem Gefängnis geführt habe. Er war nach einem Putsch verhaftet worden, und wir unterhielten uns darüber. Die Regierung, sagte er, sei auf diesen Putsch überhaupt nicht vorbereitet gewesen und völlig überrascht worden. Das könne nicht sein, gab ich zurück, Putsche seien in Afrika doch an der Tagesordnung. Und der Mann erklärte mir, warum die Regierung sich so sicher gefühlt hatte: «Als wir an die Macht kamen, gab es nichts mehr zu stehlen.»

Angesichts des hohen Putschrisikos haben die Regierungen afrikanischer Staaten verständlicherweise Angst vor ihrer eigenen Armee. Theoretisch ist die Armee dazu da, die Regierung zu schützen. In der Praxis ist sie oft deren größte Bedrohung. Darauf werde ich in Kapitel 9 zurückkommen.

Warum es für die Politik der G8 wichtig ist

Krieg und Putsch verhindern das Wachstum von Ländern mit niedrigem Einkommen und verstärken damit deren Abhängigkeit von Rohstoffexporten. Aufgrund ihrer anhaltenden Armut, Stagnation und Abhängigkeit von Primärgütern sind sie anfällig für Krieg und Putsch. Krieg und Putsch speisen sich aber noch aus anderen Quellen, was dazu führt, dass sich die Geschichte wiederholt.

Den Hauptteil der aus diesen Verhältnissen entstehenden Kosten tragen nicht die, die sie verursacht haben. Außerdem werden die Kosten eines Krieges weder von der Dauer des Konflikts begrenzt noch von seiner territorialen Ausdehnung. Mit der Folge, dass nicht nur die Länder in der Falle feststecken, in denen dieser Krieg stattfand. Die Entwicklung ganzer Regionen gerät ins Stocken.

Wenn Krieg und Putsch durch solide demokratische Strukturen verhindert werden könnten, läge die Verantwortung für den Frieden in erster Linie bei den Ländern selbst. Wir könnten dann zu Recht der Meinung sein, dass die Bürger des Landes selbst für den Erhalt des Friedens kämpfen sollten und wir uns nicht darum zu kümmern brauchten. Aber die Fakten sprechen gegen eine solche Sicht. Demokratische Rechte, so schwer ein Volk sie durchsetzen kann, verringern weder das Bürgerkriegs- noch das Putschrisiko. Wenn in einem einkommensschwachen Land das Wachstum ausbleibt, entstehen Risiken, die nur noch schwer zu begrenzen sind. Ich will nicht behaupten, dass es einzig und allein auf die Wirtschaft ankommt, aber ohne wirtschaftliches Wachstum ist Frieden sehr viel schwieriger zu wahren. Und in den Ländern der untersten Milliarde ist die Wirtschaft völlig am Boden. Die Konfliktfalle und die Putschfalle zu durchbrechen ist keine Aufgabe, die diese Gesellschaften aus eigener Kraft zu leisten imstande sind.

Kapitel 3

Die Ressourcenfalle

Gewaltkonflikte bilden keineswegs die einzige Falle. Eine sehr viel paradoxere Falle ist die Entdeckung wertvoller Rohstoffe in einem armen Land. Man möchte erwarten, dass durch Reichtum an Bodenschätzen der Wohlstand steigt, und manchmal ist das tatsächlich der Fall. Aber es bleibt die Ausnahme. Manchmal erhöht der Ressourcenreichtum eines Landes das Risiko, in eine Konfliktfalle zu geraten. Aber selbst wenn es einem Land gelingt, Frieden zu wahren, bleibt gewöhnlich das Wirtschaftswachstum aus. Große Erträge aus Rohstoffexporten wirken in hohem Maße wachstumshemmend. Erträge und Einkommen, die nach Abzug sämtlicher Kosten, einschließlich der normalen Profitmargen, erzielt werden, bezeichnen Ökonomen als «Renten», und Renten scheinen sich verheerend auszuwirken. Länder, in denen große Rohstoffvorkommen entdeckt werden, können mit der Zeit in noch größere Armut abgleiten, und das ausbleibende Wachstum kann den aus Renten erzielten einmaligen Einkommenszuwachs mehr als zunichte machen.

Ein Land, das über viele Rohstoffe verfügt, kann es sich doch, so möchte man annehmen, leisten, auf normale Wirtschaftsaktivitäten zu verzichten. Seine Bewohner könnten als Rentiers von den nicht aus Arbeitsleistung erwirtschafteten Erträgen ihres Ressourcenreichtums leben. Das ist der Fall in Saudi-Arabien und in anderen Staaten am Persischen Golf wie etwa Kuwait, die über gewaltige Öleinkünfte verfügen. Aber es gibt nur wenige solcher reichen Rentierstaaten. Eine sehr viel größere Gruppe ressourcenreicher Länder erzielt aus ihren Rohstoffen Erträge, die gerade einmal für ein mittleres Einkommensniveau sorgen, für mehr nicht. Um eine dauerhafte und weiterreichende wirtschaftliche Entwicklung in Gang zu setzen, müssten sie ihren Ressourcenreichtum für Wachstum nutzbar machen. Das scheint jedoch schwierig zu sein, und daher prägen Stagnation oder, besser gesagt, wechselnde Auf- und Abschwungphasen um einen relativ niedrigen Mittelwert das Bild. Dies gilt für die meisten Länder des Nahen Ostens sowie für Russland. Betroffen von den Problemen des Ressourcenreichtums ist, wie gesagt, eine Gruppe von Ländern mit stagnierenden mittleren Einkommen. Meine Hauptsorge jedoch gilt einer dritten Gruppe ressourcenreicher Länder: denen, die arm sind. Rohstoffe spielen in diesen kleinen Wirtschaften eine große Rolle, aber sie bringen die Gesellschaft nicht einmal auf ein mittleres Einkommensniveau. Die Länder der untersten Milliarde sind in dieser Kategorie der ressourcenreichen Armut überproportional vertreten. Rund 29 Prozent der ärmsten Milliarde Menschen leben in Ländern, in denen der Ressourcenreichtum das Wirtschaftsleben dominiert. Reichtum an Bodenschätzen ist also ein entscheidendes Element in der Geschichte der Armut dieser untersten Milliarde.

Aber weshalb ist Ressourcenreichtum ein Problem?

Der Ressourcenfluch

Dass Bodenschätze ein Fluch sein können, ist schon länger bekannt. Vor dreißig Jahren prägten Wirtschaftswissenschaftler den Begriff «Dutch Disease» (holländische Krankheit) in Anspielung auf die Auswirkungen der Erdgasvorkommen in der Nordsee für die niederländische Wirtschaft. Das Phänomen lässt sich so beschreiben: Rohstoffexporte haben zur Folge, dass die inländische Währung gegenüber anderen Währungen an Wert gewinnt. Dadurch wird die Wettbewerbsfähigkeit der anderen Exportgüter dieses Landes beeinträchtigt. Diese anderen Exporte jedoch waren der wichtigste Motor des technologischen Fortschritts. Wir werden dem Phänomen «holländische Krankheit» bei der Diskussion der Auswirkungen von Entwicklungshilfe erneut begegnen.

Nehmen wir an, ein Land exportiert weder Rohstoffe, noch erhält es Entwicklungshilfe. Seine Bevölkerung möchte importierte Waren kaufen, kann diese aber nur durch Exporte bezahlen. Exporteure erwirtschaften Devisen, und Importeure kaufen ihnen diese Devisen ab, um Importwaren einkaufen zu können. Die Tatsache, dass Importe bezahlt werden müssen, macht Exportgüter für die Gesellschaft, die diese Güter produziert, so wichtig. Und jetzt kommen plötzlich Rohstoffe ins Spiel, die exportiert werden (oder auch Entwicklungshilfe). Rohstoffe sind jetzt die Devisenbringer Nummer eins dieser Gesellschaft. Andere Exportgüter verlieren im Inland ihren Wert. Mit anderen Worten, Güter, die nicht auf dem Weltmarkt gehandelt werden können – wie lokale Dienstleistungen und bestimmte Nahrungsmittel – verteuern sich, und damit wiederum werden Mittel in deren Produktion umgelenkt. Nehmen wir das Beispiel Nigeria in den siebziger Jahren. Mit steigenden Öleinnahmen wurden die anderen Exportgüter des Landes wie Erdnüsse und Kakao unprofitabel, und die Produktion brach schnell zusammen. Der Zusammenbruch des Agrarsektors war zwar verheerend für die Bauern, die diese Produkte anbauten, hemmte aber an sich nicht das Wachstum, denn die traditionelle exportorientierte Agrarwirtschaft war ohnehin kein besonders dynamischer Sektor mit einem großen Potential für technologischen Fortschritt und Produktivitätszuwachs. Die holländische Krankheit jedoch kann das Wachstum eines Landes hemmen, indem sie Exportsektoren mit einem großen Wachstumspotential verdrängt. Solche wichtigen Sektoren sind die industrielle Produktion arbeitsintensiver Güter und Dienstleistungen – Exportgüter, die heute in China und Indien hergestellt werden. Ein einkommensschwaches Land mit reichen natürlichen Ressourcen ist kaum in der Lage, in diese Märkte einzudringen, da die Devisen, die es erwirtschaftet, in dem Land selbst nur von geringem Wert sind.

Der Begriff holländische Krankheit spielt in der Wirtschaftswissenschaft nach wie vor eine bedeutende Rolle. Wie wir sehen werden, bildet dieses Phänomen den Ausgangspunkt der jüngst vom Internationalen Währungsfonds vorgetragenen Kritik an der Entwicklungshilfe: der Chefökonom des IWF ist der Ansicht, Entwicklungshilfe sei ein Wachstumskiller, weil sie ein Exportkiller ist. In den achtziger Jahren jedoch schien die holländische Krankheit keine hinreichende Erklärung für die Probleme ressourcenreicher Länder zu sein. Die Wirtschaftswissenschaftler wandten sich daher der Untersuchung von Schocks zu. Die Einnahmen aus der Gewinnung von Bodenschätzen waren starken Schwankungen unterworfen, und das führte zu Krisen. Auf diesen Ansatz konzentrierte auch ich mich zu Beginn meiner akademischen Tätigkeit. Ich beschäftigte mich mit dem kenianischen Kaffeeboom 1976–79 und später mit anderen Handelsschocks weltweit.

Mit schwankenden Einkünften lässt sich schwer wirtschaften. Bei rapide steigenden Rohstoffpreisen wittern Staatsministerien den großen Geldsegen, und dementsprechend maßlos fallen ihre Haushaltsvorlagen aus. In Kenia erhöhte ein Ministerium lieber seinen Haushaltsentwurf um das Dreizehnfache, als deutliche Prioritäten zu setzen. Es rechnete wohl damit, dass andere Ministerien dasselbe tun würden; deshalb schlug es verantwortungsvolles Handeln in den Wind. Ein solches Gebaren macht vernünftige staatliche Investitionen unmöglich. Schlimmer noch, staatliche Ausgaben, die in einer Aufschwungphase sehr schnell steigen, können in der nachfolgenden Abschwungphase nur sehr schwer wieder zurückgefahren werden. Oft werden dann nicht die eher unwichtigen Positionen gekürzt, die in der Aufschwungphase erhöht wurden, sondern die, die des Schutzes der Politik am meisten bedürfen. So werden in einer Aufschwungphase mehr Stellen im diplomatischen Dienst geschaffen, in der Abschwungphase dann aber grundlegende Investitionen gekürzt.

Dieses Auf- und Abschwungphänomen macht es der Wählerschaft schwer, die fehlerhafte Politik einer Regierung zu erkennen. In der ersten Hälfte der achtziger Jahre erlebte Nigeria einen gewaltigen Ölboom. Die Regierung machte so gut wie alles falsch. Sie nahm große Staatsanleihen auf und verschleuderte das Geld für extrem aufwendige Projekte, die im Korruptionssumpf versanken. In der Aufschwungphase sickerte zwangsläufig ein kleiner Teil des Geldsegens bis zu der normalen Bevölkerung durch. 1986 brach der Ölpreis auf dem Weltmarkt ein, und die nigerianische Geldmaschine geriet ins Stocken. Nicht nur gingen die Einnahmen aus dem Öl drastisch zurück, auch die Banken waren nicht mehr bereit, die Laufzeit der Kredite zu verlängern, und forderten ihr Geld zurück. Der abrupte Schwenk von einer Zeit sprudelnder Einnahmen aus dem Ölgeschäft und bequemer Kredite zu einer Zeit schwindender Öleinnahmen und Rückzahlungsforderungen für Kredite führte zu einer Halbierung des Lebensstandards. Die einfache Bevölkerung Nigerias bekam diesen Niedergang deutlich zu spüren, ob sie dessen Ursachen nun verstand oder nicht. Mit groß angekündigter Unterstützung internationaler Finanzinstitutionen leitete die Regierung einige eng begrenzte Wirtschaftsreformen ein. Diese Reformen wurden als bedeutendes politisches Maßnahmenpaket ausgegeben und als Strukturanpassungsprogramm deklariert. Trotz ihres geringen Umfangs waren diese Reformen erstaunlich erfolgreich. Der Output stieg schneller als zu irgendeinem Zeitpunkt während des Ölbooms. Diese wenigen Prozentpunkte Wachstum aber, die nicht aus dem Ölgeschäft resultierten, wurden vom Verfall des Ölpreises und den Kreditrückzahlungen vollständig aufgezehrt. Die Folge waren schrumpfende Ausgaben. Das durch die Reformen in Gang gesetzte Wachstum konnte den sinkenden Lebensstandard nur geringfügig ausgleichen. So verlief die Entwicklung, aber die Nigerianer sehen die Sache anders. Selbstverständlich glauben sie, der Grund für die wachsende Armut läge in den groß angekündigten Wirtschaftsreformen. Vor der Reform war das Leben besser gewesen; mit der Reform kam die Armut. Warum, so fragen sich die Nigerianer, haben wir uns nur so verheerenden «Reformen» unterzogen? Und ihre logische Antwort lautet: die internationalen Finanzinstitutionen haben sich verschworen, Nigeria zugrunde zu richten. Als ich mit meinem damaligen UN-Pass nach Nigeria reiste, verschwand das Lächeln aus dem Gesicht des Grenzbeamten, als er den Schriftzug «World Bank» entdeckte. «Ihnen gebe ich nicht die Hand», sagte er, «die Weltbank hasst die Armen.» Diese durchaus nachvollziehbare Fehlinterpretation eines Auf- und Abschwungzyklus hat es extrem schwierig gemacht, in der Bevölkerung Nigerias Unterstützung für Wirtschaftsreformen zu finden. Die einfachen Leute, Hauptnutznießer derartiger Reformen, sehnen sich zurück nach der Zeit der Misswirtschaft, weil sie mit einer Aufschwungphase zusammenfiel. Marxisten bezeichnen diese Art Missverständnis treffend als «falsches Bewusstsein».

In den achtziger Jahren konnte man also beobachten, was Volatilität bedeutet. Aufbauend auf diese Beispiele, brachte Mitte der neunziger Jahre der Ökonom Jeffrey Sachs das Problem der Ressourcenrenten oder Ressourcenüberschüsse erneut in die Diskussion. Seither haben sich Politikwissenschaftler verstärkt damit beschäftigt und sind zu dem Schluss gekommen, Einnahmen aus natürlichen Ressourcen gingen auf Kosten verantwortungsvollen Regierungshandelns. Ohne ältere wirtschaftswissenschaftliche Erklärungsansätze diskreditieren zu wollen, glaube ich tatsächlich, dass das Kernproblem die Regierungsführung ist. Allerdings bin ich der Ansicht, dass die Politikwissenschaftler in ihrer Analyse nicht weit genug gegangen sind. Sie sahen in Ressourcenrenten vor allem die Gefahr einer autokratischen Herrschaft: Erdöl bringt Leute wie Saddam Hussein an die Macht. Zwar gibt es dafür durchaus stichhaltige Belege, aber das eigentliche Problem ist noch viel gravierender.

Das Hauptproblem des Ressourcenfluchs besteht darin, dass Ressourceneinnahmen zu einer funktionellen Störung der Demokratie führen. Jetzt könnte man sagen, Demokratie sei doch genau das, was eine ressourcenreiche Gesellschaft am dringendsten braucht. Schließlich fällt in solchen Gesellschaften dem Staat zwangsläufig das Management vieler Ressourcen zu, und Demokratie könnte für die Disziplin sorgen, die den Diktatoren fehlt. Man könnte also erwarten, dass Demokratie gerade jenen Wirtschaften nützt, die über viele Rohstoffe verfügen. Aber das ist falsch. Das neue Gesetz des Dschungels, nach dem der politische Wahlkampf eines ressourcenreichen Landes abläuft, könnte lauten: *Survival of the fattest. Nur die Reichsten überleben.*

Richten wir unser Augenmerk auf die wichtigste natürliche Ressource, das Öl. Bis vor nicht allzu langer Zeit war eine Öl-Demokratie fast ein Widerspruch in sich. Der Nahe Osten mit den größten Ölvorkommen war flächendeckend autokratisch, und darin spiegelte sich ein globales Bild: je größer die Öleinnahmen, desto unwahrscheinlicher war eine demokratische Gesellschaft. Aber die Zeiten ändern sich. Die Demokratie fasst jetzt auch in den Ölstaaten Fuß, und Öl wird jetzt auch in einkommensschwachen Demokratien gefördert. Die Ausbreitung der Demokratie in den Ölstaaten ist explizit Teil der politischen Agenda – und offensichtlich oberstes Ziel der US-Agenda für den Nahen Osten. In anderen Regionen – in so bedeutenden Ölstaaten wie Indonesien, Mexiko, Nigeria und Venezuela – hielt die Demokratie auch ohne derartigen Druck Einzug. Dass umgekehrt Öl in Demokratien «Einzug» hält, ist ein Nebeneffekt amerikanischer Bestrebungen, die Abhängigkeit von Öllieferungen aus dem Nahen Osten zu verringern. In einer ganzen Reihe von einkommensschwachen Demokratien wurde inzwischen Öl entdeckt – in Gambia, São Tomé e Príncipe, im Senegal und in Ost-Timor.

Die politischen Institutionen ressourcenreicher Staaten sind durchaus nicht überall gleich. Ihre Funktionsweise wird zwar vom Ressourcenreichtum eines Landes beeinflusst, bestanden aber haben diese Institutionen meist schon vor der Entdeckung von Bodenschätzen, und deshalb spiegelt sich die globale Bandbreite politischer Institutionen auch in den ressourcenreichen Ländern. Und aus diesem Grund lässt sich mit statistischen Mitteln untersuchen, wie sich politische Institutionen unter den Bedingungen des Ressourcenreichtums entwickeln bzw. verändern.

Anke Hoeffler und ich nahmen Schätzungen der aus natürlichen Ressourcen erwirtschafteten Renten (also der Einkommensüberschüsse abzüglich aller Kosten) vor, gegliedert nach Ländern und Jahren. Schätzungen der Ressourcenrenten sind ein bedeutender Fortschritt gegenüber der reinen Berechnung des Werts dieser Ressourcen. Die Ressourcenrente aus Ölexporten im Wert von einer Million Dollar ist sehr viel größer als die aus Kaffeeexporten im Wert von einer Million Dollar, da die Produktionskosten von Erdöl sehr viel geringer sind. Die Daten zu Primärgüterexporten, auf die man sich stützte, falls man sich überhaupt die Mühe machte, einen Blick auf die Zahlen zu werfen, bilden also einen schlechten Beurteilungsmaßstab für den tatsächlichen Wert dieser Ressourcen. Und eine Million Dollar aus Ölexporten erwirtschaften einen noch größeren Überschuss, wenn das Öl aus technisch einfacherer Festland-Förderung statt aus Offshore-Bohrungen stammt und der Preis pro Barrel 60 statt 10 Dollar beträgt.

Anschließend verglichen wir die jeweilige Überschusswirtschaft mit den politischen Institutionen. Politikwissenschaftler haben, räumlich und zeitlich gegliedert, die verschiedenen Abstufungen demokratischer Strukturen weltweit klassifiziert, und diese Standardklassifikation legten wir unserer Arbeit zugrunde. Unser Ziel war es, das Wachstum eines Landes über einen bestimmten Zeitraum hinweg anhand der Klassifikationsmerkmale zu erklären, die zu Beginn dieses Zeitraums galten.

Wir entdeckten ein konsistentes Grundmuster, und das ist für Länder wie den Irak keine gute Nachricht. Länder mit Überschüssen aus Erdöl und anderen natürlichen Ressourcen sind in besonderem Maße resistent gegenüber politisch-demokratischem Druck, der durch Wahlkampf und Parteienwettstreit erzeugt wird. Bei Ländern, die über keinerlei Ressourcenüberschüsse verfügen, erzielen demokratisch verfasste Staaten bessere Wachstumsraten als Autokratien. (An sich ein ermutigendes Ergebnis bezüglich der wirtschaftlichen Auswirkungen demokratischer Strukturen, denn schließlich lautet die gängige akademische Einschätzung, demokratische Verhältnisse beeinflussen das Wachstum nicht; unserer Ansicht nach blieben in diesen Studien die natürlichen Ressourcen unberücksichtigt.) Im Falle großer Überschüsse aus natürlichen Ressourcen ist es genau umgekehrt: Autokratien überflügeln Demokratien – mit weitreichenden Folgen. In einem

Land ohne Ressourcenüberschüsse, aber mit demokratischen Institutionen liegt das Wirtschaftswachstum im Jahresdurchschnitt um 2 Prozent höher als in einer despotischen Autokratie. Machen die Ressourcenrenten 8 Prozent des Nationaleinkommens aus, eliminiert sich dieser Wachstumsvorsprung von Demokratien. Sind die Ressourcenrenten noch höher, wirken demokratische Strukturen unterm Strich kontraproduktiv. Würde ein Land mit Ressourcenrenten im Wert von 20 Prozent des Nationaleinkommens von einer Autokratie zu einem System mit demokratischen Wahlen wechseln, würde die Wachstumsrate um fast 3 Prozent sinken.

Aber warum untergraben demokratische Strukturen die Fähigkeit eines Landes, Ressourcenüberschüsse wirtschaftlich produktiv zu nutzen? Eine Antwort lautet: Ressourcenüberschüsse blähen den öffentlichen Sektor auf – das führt zum genauen Gegenteil des «Minimalstaats», der in den achtziger Jahren bei den Konservativen so groß in Mode war. Um das zu überprüfen, untersuchten wir den Anteil der öffentlichen Ausgaben am Nationaleinkommen. Aber die Reduzierung der öffentlichen Ausgaben vermindert nicht den negativen Effekt, der in Demokratien auftritt, sobald es um die Verwendung der Ressourcenüberschüsse geht. Der Grund dafür, dass ressourcenreiche Demokratien wirtschaftlich schlechter abschneiden, liegt nicht allein darin, dass der Staat zu viel Geld ausgibt. Wir wandten uns daher der Zusammensetzung dieser Ausgaben und der Frage zu, ob das Hauptproblem vielleicht eine falsche Allokation der öffentlichen Ausgaben ist. Langfristiges Wirtschaftswachstum hängt entscheidend von Investitionen ab. Und unsere Untersuchung ergab, dass der negative «Demokratie-Effekt» mit wachsender Investitionsbereitschaft immer kleiner wird. Dies deutet darauf hin, dass ressourcenreiche Demokratien zu wenig investieren. Das überrascht kaum. Andere Forscher haben herausgefunden, dass Demokratien generell dazu neigen, zu wenig zu investieren. Die Regierungen sind so darauf fixiert, die nächsten Wahlen zu gewinnen, dass sie es versäumen, längerfristig zu planen. Sie vernachlässigen also Investitionen, die erst in der Zukunft ertragreich sind. Und gerade in ressourcenreichen Gesellschaften sind Investitionen in besonderer Weise wichtig, weil durch sie Ressourcenüberschüsse in nachhaltige Einkommenszuwächse umgewandelt werden können. Zu wenig zu investieren, erweist sich hier als ein noch eklatanterer Fehler. Das Entscheidende ist jedoch, wie sich gezeigt hat, nicht die Investitions*quote*, sondern die *Rendite* des investierten Kapitals. Ressourcenreiche Demokratien investieren nicht nur zu wenig, sie investieren oft auch in Projekte mit äußerst fraglichen Erfolgsaussichten.

Warum schaden Ressourcenüberschüsse der Politik?

Um zu verdeutlichen, warum in ressourcenreichen Ländern demokratische Politik scheitert, muss man das Grundkonzept der Demokratie in seine einzelnen Komponenten auffächern. Demokratie erschöpft sich nicht in Wahlen. Es gibt demokratische Regeln, die den *Weg zur Macht* bestimmen, und dabei spielen Wahlen eine Rolle. Andere demokratische Regeln beschränken den *Gebrauch der Macht*, dabei spielt die Gewaltenteilung mit ihrem System der wechselseitigen Kontrolle eine Rolle, um Machtmissbrauch der Regierung zu verhindern. Beide Regelwerke werden von Ressourcenrenten ausgehöhlt.

Hohe Ressourcenrenten verändern die Art und Weise, wie die Parteien Wahlkampf führen: Der Patronage wird Tür und Tor geöffnet. Der politische Wettstreit führt dazu, dass die Parteien möglichst kosteneffizient möglichst viele Wähler in ihr Lager ziehen wollen. Unter normalen Umständen geschieht dies dadurch, dass eine Partei versucht, auf effizientere Weise als ihre Rivalen öffentliche Leistungen wie Infrastruktureinrichtungen und Sicherheit bereitzustellen. Das extreme Gegenstück einer Politik der staatlichen Leistungen ist die Politik der Patronage: Die Wähler werden mit öffentlichen Geldern bestochen. Die geheime Stimmabgabe hatte, unter anderem, ursprünglich den Sinn, Bestechung zu verhindern. Aber in einigen Gesellschaften gibt es Möglichkeiten, diese geheime Stimmabgabe zu umgehen, etwa indem eine Partei das Gerücht streut, die Wahl sei in Wirklichkeit gar nicht geheim, oder wenn sie den Anhängern der Gegenkandidaten ihre Wahlregistrierung abkauft, so dass diese nicht zur Wahl gehen können. Tragischerweise kann Bestechung, ist sie erst einmal hoffähig geworden, durchaus effizient sein. Denn wer mit seiner Stimme eine Partei unterstützt, die staatliche Leistungen verspricht und bereitstellt, handelt weniger im eigenen Interesse, als wenn er seine Stimme der Patronagepartei verkauft. Warum sollte er nicht seine Stimme verkaufen und es anderen überlassen, zum Wohl der Allgemeinheit zu wählen? Patronage zahlt sich für eine politische Partei vor allem dann aus, wenn durch die Bestechung der Meinungsführer massenhaft Stimmen gekauft werden können. Einem zynischen Politiker muss bald das gesamte System der öffentlichen Leistungen ineffizient erscheinen. So wie es für eine Modefirma zweckmäßig ist, ihr Marketing auf die Meinungsführer zu fokussieren, kann es für eine politische Partei zweckmäßig sein, sich Wählerstimmen zu kaufen, indem sie sich auf die politischen Führer einer ethnischen Gemeinschaft konzentriert. Die Wahrscheinlichkeit, dass die Wähler en bloc der Empfehlung ihres Wortführers folgen, ist dann am wahrscheinlichsten, wenn die Loyalität der Wähler innerhalb dieser Community groß ist und die Wähler kaum Möglichkeiten haben, sich objektiv zu informieren. Leider ist diese Situation charakteristisch für die Länder der untersten Milliarde. Ja, wir haben herausgefunden: Je stärker eine Gesellschaft ethnisch diversifiziert ist, desto schlechter funktionieren die demokratischen Mechanismen ressourcenreicher Länder. Und gleichermaßen gilt: Je eingeschränkter die Pressefreiheit, desto schlechter die politische Leistungsbilanz ressourcenreicher Demokratien.

Gehen wir einmal davon aus, dass in Ländern mit starkem ethnischem Zusammenhalt und fehlender Pressefreiheit die Patronagepolitik tatsächlich eine kosteneffizientere Strategie ist, eine Wahl zu gewinnen. Bleibt dennoch die Frage, warum dies vor allem ein Problem ressourcenreicher Länder ist. Schließlich herrscht in zahlreichen Gesellschaften ethnische Vielfalt und eine nur eingeschränkte Pressefreiheit.

In vielen Ländern ist die Patronagepolitik zwar theoretisch die kosteneffizientere Art, mit öffentlichen Geldern Wählerstimmen zu gewinnen, statt diese Gelder zum Wohl der Allgemeinheit auszugeben, aber diese Patronagepolitik ist einfach zu teuer. Damit eine solche Strategie zur Gewinnung von Wählerstimmen ein gangbarer Weg ist, muss die regierende Partei in der Lage sein, öffentliche Gelder zu unterschlagen bzw. umzuleiten. Ein Hauptunterschied zwischen der Allokation von Ressourcenüberschüssen für staatliche Leistungen und der Verwendung dieser Einnahmen zum Erkauf von Loyalität durch persönliche Bestechung, eben zur Patronage, liegt darin, dass die Patronage mit allen Regeln zur Verwendung öffentlicher Gelder bricht. Um das Patronagesystem zu finanzieren, muss die Regierung zunächst einmal Gelder aus dem Staatshaushalt in Schmiergeldkassen umleiten. Existieren wirkungsvolle Mechanismen, die solcherart Veruntreuung erschweren, ist Patronagepolitik schlichtweg zu teuer. Und hier spielen unserer Ansicht nach Ressourcenrenten eine verhängnisvolle Rolle. Ein effizientes System der Gewaltenteilung erspart der Gesellschaft die Patronagepolitik, auch wenn die politischen Parteien, sofern sie ihre Chance wittern, im Wahlkampf durchaus dieses Spiel zu spielen versuchen. Zum Glück für Gesellschaften mit einer funktionierenden Gewaltenteilung wird diese Fehlentwicklung auch dadurch erschwert, dass vorrangig Politiker zum Zuge kommen, von denen die Wähler annehmen, sie stehen im Dienst der Öffentlichkeit. In Gesellschaften, in denen die Patronagepolitik nicht machbar ist, engagieren sich politisch motivierte Menschen im Rahmen eines Systems öffentlicher Leistungen. In Gesellschaften, in denen Patronage ein gangbarer Weg ist, verhält es sich genau umgekehrt. Dann ist demokratische Politik für Schurken und Betrüger statt für Altruisten attraktiv.

Wirtschaftswissenschaftler gehen meist davon aus, dass in einem Wettbewerbssystem die Fittesten überleben. In Systemen aber, in denen politische Patronage möglich ist, gehen aus dem Parteienwettstreit die Korrupten als Sieger hervor. Deshalb lautet das Gesetz des politischen Dschungels: *Survival of the fattest.* Nur die Reichsten überleben.

Eines Abends wurde ich vom Leiter der nigerianischen Steuerbehörde zum Essen eingeladen. Der Mann war soeben von seinem Amt zurückgetreten, um wieder in die Privatindustrie zurückzukehren, aus der er gekommen war. Beim Essen erzählte er mir, warum er nicht mehr weitermachen wollte. Zwei Jahre lang habe er darum gekämpft, ein paar kleinere Steuergesetze durchzubekommen – keine strittigen Punkte, sondern reine Formalitäten. Sein Vorhaben scheiterte am Vorsitzenden des zuständigen Ausschusses, der ihn fragte: «Wie viel?» Der Ausschussvorsitzende hatte demnach erwartet, von der Finanzbehörde bestochen zu werden. Ohne Bestechung kein Gesetz. Warum? Weil es gang und gäbe war. Es war schon immer so. Aufs Ganze gesehen, hat die Patronage seit jeher Gauner in die Politik gezogen.

Warum schwächen hohe Ressourceneinnahmen die politischen Kontrollmechanismen? Ein Grund dafür liegt auf der Hand: Der Druck, Steuern zu erheben, nimmt radikal ab. Ressourcenreiche Länder sind nicht auf Steuereinkünfte angewiesen; und somit besteht für die Bürger auch keine Notwendigkeit zu kontrollieren, wie der Staat ihre Steuergelder ausgibt. Dass auf diese Weise das Prinzip der Rechenschaftspflicht einer Regierung unterminiert wird, ist zwar schon lange bekannt, diese Einsicht aber hat bisher lediglich als Erklärung dafür herhalten müssen, warum ressourcenreiche Länder zur Autokratie neigen. Wir dagegen möchten darauf hinweisen, dass diese Unterminierung der Rechenschaftspflicht auch in Gemeinwesen zu beobachten ist, die, zumindest nach dem Kriterium des Parteienwettstreits, demokratisch sind. Nicht der politische Wahlkampf, sondern die politischen Mechanismen zur Kontrolle der Machtausübung werden untergraben.

Nach unseren Erkenntnissen unterminieren Ressourcenrenten mit der Zeit das System der Gewaltenteilung, und damit wird der Parteienwettstreit nicht mehr durch demokratische Kontrollmechanismen reguliert. Politische Parteien können dann, falls opportun, mit dem Instrument der Patronage um Wählerstimmen werben. Bei starken ethnischen Bindungen und fehlender Pressefreiheit ist das die kosteneffizienteste Methode, eine Wahl zu gewinnen. Jede Partei, die so weltfremd wäre, durch Appelle an die Verantwortung Wähler gewinnen zu wollen, bliebe chancenlos.

Zur Messung der politischen Kontrollmechanismen entwickelten Politikwissenschaftler eine quantitative Methode. Wie alle Quantitätsmessungen hat jedoch auch diese ihre Schwächen. Es wird einfach nur summiert, wie viele der siebzehn Kontrollmechanismen in einem bestimmten politischen System verankert sind: eine unabhängige Judikative, eine unabhängige Presse etc. Diese Methode ist zwar alles andere als ideal, aber sie ist besser als nichts. Es gibt Demokratien, die zwar einen intensiven Wahlkampf, nicht aber die Gewaltenteilung kennen, bei anderen ist es genau umgekehrt, und die ausgereiften Demokratien der entwickelten Länder verfügen gewöhnlich über beides. Die Einbeziehung dieser beiden Kriterien in unsere Analyse des wirtschaftlichen Wachstums ergab, dass sie mit den Ressourcenrenten in genau gegenläufiger Weise interagieren: Freier Parteienwettstreit verstärkte den nachteiligen Effekt von Ressourcenrenten auf das Wirtschaftswachstum, intakte demokratische Kontrollmechanismen schwächten diesen Effekt entscheidend ab.

Sind also in einer ressourcenreichen Demokratie die politischen

Kontrollmechanismen ausreichend wirksam, so kann dieses Land wirtschaftlich erfolgreich sein. Was bedeutet «ausreichend wirksam» in der Praxis? Zurück zum Beispiel eines Landes mit Ressourcenüberschüssen im Umfang von 20 Prozent des Bruttosozialprodukts und mit einem intensiven Parteienwettstreit im Wahlkampf. Bedenken wir, dass ohne die gegenseitige Kontrolle der politischen Gewalten die Wachstumsrate der Gesellschaft fast 3 Prozentpunkte geringer ausfällt als in einer Autokratie. Auf der von uns verwendeten quantitativen Messskala der Gewaltenteilung würde die Gesellschaft nur vier der insgesamt siebzehn Kontrollmechanismen brauchen, um diesen Nachteil auszugleichen, und mit acht Kontrollmechanismen würde sie sogar um 2,8 Prozentpunkte besser abschneiden als die Autokratie. Vier von siebzehn Kontrollmechanismen – das klingt nicht nach viel, aber es sind doppelt so viele, wie ressourcenreichen Gesellschaften im Normalfall zur Verfügung stehen. Ressourcenreiche Länder bedürfen einer Vielzahl politischer Kontrollmechanismen, aber paradoxerweise haben sie weniger als rohstoffarme Länder.

Würde es ausreichen, wenn ein Staat wenigstens über vier der siebzehn Kontrollmechanismen verfügte?

Höchstwahrscheinlich nicht. Der quantitative Index kann nur grobe Näherungswerte vermitteln. Weder gibt er Auskunft darüber, welche der Kontrollmechanismen am wichtigsten sind, noch wie sie interagieren, noch auch, welchen Einfluss der kulturelle Kontext ausübt. Hier stoßen wir an die Grenzen dessen, was die quantitative Forschung leisten kann. Trotzdem gelang es uns, ein kleines Stück weiterzukommen. Wenn nämlich ein Kontrollmechanismus wichtig ist, dann doch gewiss eine freie Presse. Die Organisation Freedom House hat anhand eines Klassifikationssystems die Pressefreiheit in jedem Land der Welt bewertet. Die Kriterien sind recht grob definiert: freie Presse, teilweise freie und unfreie Presse. Wir verwendeten dieses System zur Untersuchung der Frage, ob die Pressefreiheit für das Wachstum ressourcenreicher Gesellschaften eine entscheidende Rolle spielt. Das Ergebnis: Pressefreiheit war fast immer gleichbedeutend mit höheren Wachstumsraten, und in ressourcenreichen Ländern war dieser Effekt noch bedeutend stärker ausgeprägt.

Schließlich untersuchten wir noch, welche wirtschaftlichen Maßnahmen durch wirksame politische Kontrollmechanismen verbessert wurden. Nach unseren Erkenntnissen sind es die Investitionsentscheidungen. Sind politische Kontrollmechanismen in Kraft, so steigt die Rendite des investierten Kapitals. Nigeria, der wichtigste Ölstaat Afrikas, zeigt beispielhaft, wie die politische Gewaltenteilung dazu beitragen kann, diese Renditen zu erhöhen. Vor 1979 herrschte in Nigeria zehn Jahre lang eine Militärdiktatur. Zur allgemeinen Erleichterung kehrte 1979 das Land zu einer demokratischen Zivilregierung zurück, mit Shehu Shagari als gewähltem Präsidenten. Aber leider wurde dessen Regime zu einem klassischen Beispiel für Patronagepolitik, weil die politischen Kontrollmechanismen eines Systems der Gewaltenteilung fehlten. Eine der ersten Amtshandlungen der neuen Regierung war die Annullierung eines ehrgeizigen staatlichen Investitionsprogramms für einen Staudamm, der noch von der Militärregierung genehmigt worden war. Am Ende wurde das Projekt neu vergeben, aber seine Kosten stiegen jetzt von 120 auf sage und schreibe 600 Millionen Dollar. Die Politiker hatten Unsummen für den Kauf von Wählerstimmen ausgegeben, jetzt wollten sie diese Investitionen wieder hereinholen, und das taten sie, indem sie aus dem Staudammprojekt Profit für sich herausschlugen.

Ein zweites Beispiel, gleichfalls aus Nigeria, stammt aus jüngerer Zeit. Ende 1983 kehrte Nigeria erneut zur Militärdiktatur zurück, bevor dann 1998 wieder eine zivile demokratische Regierung an die Macht kam. 2003 begann Olusegun Obasanjos zweite Amtszeit als Präsident (er war bereits während der Militärdiktatur 1976–79 Staatsoberhaupt gewesen). Wie bei Shagari fiel auch Obasanjos erste Amtszeit als gewählter Präsident in die Zeit des Übergangs von der Militärherrschaft zur Demokratie und war zunächst so etwas wie ein Wiederholungslauf. Der Wahlkampf 2003 wurde erbittert geführt: 80 Prozent der Senatoren verloren ihr Amt. Eine politische Gewaltenteilung gab es damals jedoch so gut wie gar nicht. Es hatte an der Zeit gefehlt, sie in Kraft zu setzen, außerdem standen ihr zahlreiche, ausgesprochen mächtige Partikularinteressen im Weg. Mit beachtlichem Mut begann Präsident Obasanjo zu Beginn seiner zweiten Amtszeit, dieses System der Gewaltenteilung einzuführen. Eine der ersten Restriktionen, die er durchsetzte, war die Vorschrift, öffentliche Aufträge auszuschreiben. Von der Umsetzung dieser Vorschrift waren einige der bereits genehmigten Projekte betroffen: Nach der Ausschreibung reduzierten sich deren Kosten um durchschnittlich 40 Prozent.

Diese beiden Beispiele aus Nigeria – Kostenexplosion beim Bau eines Staudamms nach dem Übergang zu einer weitgehend unreglementierten Patronagepolitik und massive Kostensenkung nach Einführung grundlegender Kontrollmechanismen – veranschaulichen das Ausmaß der Gefahren, denen ressourcenreiche Demokratien ausgesetzt sind.

Also zurück zur Autokratie?

Diese recht deprimierenden Beispiele könnten zu der Schlussfolgerung verleiten, ressourcenreiche Gesellschaften sollten am besten an der Autokratie festhalten. Das wäre ein sehr unerquickliches Resultat – schließlich gibt es schlagkräftige Argumente für die Demokratie, ungeachtet ihrer Auswirkungen auf die wirtschaftliche Entwicklung. Doch für fast alle Gesellschaften der untersten Milliarde wäre die Autokratie auch unter wirtschaftlichen Gesichtspunkten der falsche Weg. Der Hauptgrund, warum Autokratie in den meisten Gesellschaften der untersten Milliarde nicht funktioniert, heißt: ethnische Diversität.

Ethnische Diversität wurde bereits im Zusammenhang mit der Konfliktfalle erörtert. Dort gab es Anlass zu Optimismus, denn ethnische Diversität steht in keinem Zusammenhang mit dem Bürgerkriegsrisiko. Ihre Folgen für das wirtschaftliche Wachstum dagegen sind eher negativ. Autokratische Strukturen scheinen nur der Wirtschaft solcher Gesellschaften dienlich, die keine ethnische Vielfalt kennen. Der erstaunliche Aufstieg Chinas ist für so manchen Autokraten in den Ländern der untersten Milliarde ein leuchtendes Vorbild, doch China ist in dieser Hinsicht unvergleichlich. Es ist eine ethnisch homogene Autokratie, viele Länder der untersten Milliarde dagegen sind ethnisch heterogene Autokratien. Im Weltmaßstab betrachtet, haben Autokratien in ethnisch heterogenen Gesellschaften mit dem Wirtschaftswachstum große Probleme. Der plausibelste Grund dafür ist, dass Autokraten in ethnisch heterogenen Gesellschaften auf Unterstützung durch ihre eigene ethnische Gruppe angewiesen sind. Man denke nur an Saddam Hussein, einen sunnitischen Muslim, dessen herrschende Baath-Partei sich hauptsächlich aus sunnitischen Mitgliedern zusammensetzte – zum Nachteil der Schiiten und Kurden des Irak. Je stärker eine Gesellschaft ethnisch diversifiziert ist, desto kleiner fällt die Gruppe aus, die den Autokraten unterstützt. Und damit verschieben sich auch dessen Prioritäten. Je schwächer seine soziale Basis, desto stärker ist die Verlockung, im Zuge einer Einkommensumverteilung die Parteigänger des Autokraten zu bevorzugen – auf Kosten des allgemeinen Wirtschaftswachstums.

In ethnisch heterogenen Ländern wie Nigeria und dem Irak ist es der Autokratie nicht gelungen, Wachstum zu fördern, und eine Rückkehr zu dieser Herrschaftsform würde keine Verbesserung bringen. Die unerfreuliche Schlussfolgerung lautet, dass politischer Parteienwettstreit allein nicht ausreicht, um die Wachstumsblockade der Autokratie aufzuheben. Denn dann würden die Gelder lediglich breiter gestreut verschwendet – durch Patronage, die Bestechung der Wähler mit öffentlichen Geldern. In ethnisch heterogenen Ländern mit hohen Ressourcenüberschüssen ist ein intensiver Wahlkampf zwar notwendig, aber keineswegs ausreichend.

Ressourcenreiche, ethnisch heterogene Gesellschaften brauchen eine Demokratie mit wirksamen politischen Kontrollmechanismen, die den Parteienwettstreit moderieren. Diese Kombination ist selten, aber es gibt sie. Ein Beispiel ist das diamantenreiche Botswana. Botswana war zwar seit seiner Unabhängigkeit ununterbrochen eine Demokratie, aber keine Wahl hat zu einem Regierungswechsel geführt. Von einem Wahlkampf im echten Sinn kann man nicht mit Fug und Recht sprechen. Dennoch ist es Botswana gelungen, an demokratischen Kontrollmechanismen festzuhalten. So müssen beispielsweise staatliche Investitionsprojekte eine Mindestrendite erbringen. Wie gut dies funktioniert, zeigt sich daran, dass ein sehr großer Teil der erwirtschafteten Überschüsse in Devisen angelegt ist. Die Demokratie in Botswana ist somit das Gegenteil der Art von Demokratie, wie sie vormals in Nigeria herrschte. In beiden Ländern ist das Gleichgewicht zwischen Wahlkampf und Gewaltenteilung sehr unterschiedlich austariert. Auch das wirtschaftliche Wachstum fällt radikal unterschiedlich aus. Botswana weist heute ein mittleres Einkommensniveau auf und gehört definitiv nicht zu den Ländern der untersten Milliarde. Lange Zeit war es das wachstumsstärkste Land der Welt.

Warum ist Ressourcenreichtum eine Falle?

Warum bezeichne ich Ressourcenreichtum in den Ländern der untersten Milliarde als eine Falle? Erdöl hat Norwegen alles andere als geschadet, warum sollte es beim Tschad anders sein? Ich will die gängigen wirtschaftswissenschaftlichen Erklärungen – holländische Krankheit und schwankende Rohstoffpreise – nicht unterbewerten. Beide Faktoren hemmen das Wachstum, selbst wenn das Land eine vernünftige Politik betreibt. Beide gemeinsam rauben einem Land die Möglichkeit, sich zu diversifizieren und Waren und Dienstleistungen zu exportieren – bedeutende Chancen, die ein Land unter diesen Umständen nicht nutzen kann. Meines Erachtens ist aber auch die politikwissenschaftliche Erklärung wichtig: Ressourcenrenten begünstigen die Autokratie. In den ethnisch heterogenen Gesellschaften der untersten Milliarde sind solche Autokratien der wirtschaftlichen Entwicklung zutiefst hinderlich, das hat Saddam Husseins Herrschaft im Irak deutlich gemacht. Mir jedoch ging es darum zu zeigen, dass es wahrscheinlich nicht genügt, die Autokratie durch eine Demokratie zu ersetzen – ohnehin keine leichte Aufgabe, da Autokraten sich im Allgemeinen an die Macht klammern. Die Art von Demokratie, die die ressourcenreichen Länder der untersten Milliarde mit hoher Wahrscheinlichkeit bekommen, ist der wirtschaftlichen Entwicklung genauso wenig zuträglich. In der Phase des Übergangs zur Demokratie bestehen für politische Gruppen starke Anreize, sich im Rahmen von Wahlen um die Macht zu bewerben, jedoch keine Anreize, politische Kontrollmechanismen aufzubauen. Kontrollmechanismen dienen als öffentliches Gut dem Wohl der Allgemeinheit, das zu fördern in niemandes Eigeninteresse liegt.

Wenn also Ressourcenreichtum der politischen Gewaltenteilung so wenig zuträglich ist, wie kommt es dann, dass Norwegen über diese politischen Kontrollmechanismen verfügt? Nun, sie waren bereits etabliert, bevor Erdöl entdeckt wurde. Wachstum ist nicht nur an und für sich gut, es wirkt auf die politischen Spielregeln zurück. Ein höheres Pro-Kopf-Einkommen fördert die Entstehung politischer Kontrollmechanismen. Wirtschaftliche Entwicklung führt zu effektivem institutionellem Wandel. Die politischen Institutionen eines Landes spiegeln also nicht nur dessen vergangenes Wachstum, sie beeinflussen auch dessen zukünftige wirtschaftliche Entwicklung. Norwegen verfügt über nichts Besonderes – nur über die grundlegenden politischen Kontrollmechanismen, die seinem Entwicklungsstand entsprechen.

Hier liegt die Gefahr, dass sich eine politische Entwicklungsfalle öffnen kann. Ein ressourcenreiches, einkommensschwaches Land, das entweder eine ethnisch heterogene Autokratie ist oder eine unausgewogene Demokratie mit regem Parteienwettstreit im Wahlkampf, aber ohne die Mechanismen der Gewaltenteilung, wird seine Chancen wahrscheinlich nicht zur Wachstumsförderung nutzen. Dem Land ist damit ein Entwicklungsweg versperrt, den die meisten Gesellschaften eingeschlagen haben, um eine ausgewogene Form der Demokratie aufzubauen: der Weg der wirtschaftlichen Entwicklung. Die Ressourcenfalle ist aber nicht nur für die Länder der untersten Milliarde eine Gefahr. Viele ressourcenreiche Länder mit mittlerem Einkommen, namentlich Russland, Venezuela und zahlreiche Staaten des Nahen Ostens, könnten leicht in eben diese Falle geraten. Wenigstens sind die Lebensbedingungen in diesen Ländern nicht so elend wie in denen der untersten Milliarde, denn sie stagnieren auf einem mittleren Einkommensniveau. Ich will schlussendlich nicht suggerieren, dass die Ressourcenfalle nur die Länder der untersten Milliarde bedroht; gleichwohl stellt sie für diese ein immenses Risiko dar.

Warum es für die Politik der G8 wichtig ist

Für die Bevölkerung der G8-Staaten ist das Thema Ressourcenfalle nicht in gleichem Maße peripher wie das Thema Konfliktfalle. Schließlich ist jedem klar, dass das Scheitern ressourcenreicher Länder auf uns alle Auswirkungen hat. Der Irak ist dafür ein Beispiel. Das Scheitern der wirtschaftlichen Entwicklung bedeutet zugleich aber auch eine eklatante Verschwendung der Gelder, die wir diesen Ländern zahlen, indem wir ihnen ihre Rohstoffe abkaufen. Wie ich in Kapitel 7 darlegen werde, sind diese Zahlungen umfangreicher als sämtliche Hilfsgelder, dennoch fördern sie kaum das wirtschaftliche Wachstum.

Selbst wenn es dem Westen egal wäre, ob sein Geld verschwendet wird, solange er nur weiterhin Rohstoffe kaufen kann – er hätte allen Grund, sich über diesen Ressourcenfluch Gedanken zu machen. Um nicht mehr ausschließlich von Öllieferungen aus dem Nahen Osten abhängig zu sein, richten die reichen Länder den Blick nach Afrika und Zentralasien. Doch ein Grund für die Probleme des Nahen Ostens sind ja gerade seine gewaltigen Ölvorkommen. Andere ölreiche Länder bieten daher auch keine Sicherheitsgarantie, denn der Ressourcenfluch trifft auch sie. Neue Abhängigkeit, diesmal von Ölvorkommen in den Ländern der untersten Milliarde, ist meines Erachtens nur eine Neuauflage der Probleme mit dem Nahen Osten. Zum Glück verfügen wir, eben weil wir die Ressourcenfalle mitfinanzieren, über Mittel und Möglichkeiten, sie aufzubrechen. Wir haben diese Instrumente bisher nur noch nicht genutzt. In Kapitel 9 werde ich zeigen, warum es kein Zufall ist, dass wir die Lösung des Problems bisher noch nicht angegangen sind. Die Ressourcenfalle hat zwei Seiten, und die eine Seite sind wir. Jedes reiche, rohstoffhungrige Land steckt in diesem Dilemma der Untätigkeit. Aber betrachten wir zunächst eine weitere Falle.

Kapitel 4

Ohne Zugang zum Meer und von schlechten Nachbarn umgeben

Während meiner Zeit als Forschungsdirektor der Weltbank kam eines Tages ein junger Ghanaer zu mir. Er war Wirtschaftsberater des Premierministers der Zentralafrikanischen Republik. Das allein sagt viel über die Zentralafrikanische Republik: Der Premierminister konnte keinen einheimischen Berater finden. Die wenigen in diesem Land, die über eine qualifizierte Ausbildung verfügten, hatten in den Jahren der politischen Misswirtschaft ihre Heimat verlassen. Sogar der Premierminister war aus dem Exil zurückgekehrt. Dieser ernsthafte junge Mann jedenfalls hatte meine Arbeiten gelesen und erbat meinen Rat, was das Land tun könne, um die Stagnation zu überwinden. Als ich dann im Jahr 2002 in die Zentralafrikanische Republik reiste, wurde ich am Flughafen von einem Team des staatlichen Fernsehens wie ein Star empfangen. Auch das sagt viel: Niemand besucht die Zentralafrikanische Republik. Bei meinen Gesprächen mit der Regierung stellte ich eine Frage, die ich in einer solchen Situation immer stelle, weil sie meine Gesprächspartner zwingt, konkret zu werden, und Aufschluss gibt über ihre Ambitionen: welches Land möchten sie in zwanzig Jahren sein? Die Minister besprachen sich lange, bevor sie antworteten: Burkina Faso. Burkina Faso! Eine alles andere als dumme Antwort. Beide Länder haben wichtige Gemeinsamkeiten, und Burkina Faso hat sich im Rahmen seiner Möglichkeiten recht gut entwickelt. Trotzdem ist es immer noch bettelarm. Dass die Zentralafrikanische Republik als realistisches Ziel ihrer Entwicklung das heutige Burkina Faso betrachtete, bezeugt das Ausmaß der Verzweiflung.

Dieses Kapitel handelt von einer geographischen Besonderheit, die für die Entwicklung des jeweiligen Landes eine Rolle spielt und die Zentralafrikanische Republik und Burkina Faso dazu verurteilt hinterherzuhinken. In den vergangenen zehn Jahren haben Wirtschaftswissenschaftler die Bedeutung der Geographie erkannt. In der Forschung gibt es zwei Ansätze, die sich grundlegend unterscheiden und gleichzeitig ergänzen: zum einen die Analyse der geographischen Unterschiede zwischen den einzelnen Ländern, und hier spielte Jeffrey Sachs eine bahnbrechende Rolle; zum anderen die Untersuchung der Frage, was passiert, wenn alle Länder die gleiche Ausgangssituation haben, aber einige von ihnen bestimmte Chancen als Erste nutzen; hier waren Paul Krugman und Tony Venables führend. Beide Ansätze tragen zu einem besseren Verständnis der Probleme der untersten Milliarde bei. Der erste Ansatz ist Thema dieses Kapitels, der zweite wird in Teil 3 behandelt.

Sachs geht davon aus, dass der fehlende Zugang eines Landes zum Meer dessen Wachstumsrate um einen halben Prozentpunkt reduziert. Fast reflexartig kommt hier der Einwand: was ist mit der Schweiz, mit Österreich und Luxemburg – oder mit dem afrikanischen Botswana, eine Zeitlang das wachstumsstärkste Land der Welt? Es ist zwar richtig, dass der fehlende Zugang zum Meer ein Land nicht zwangsläufig zu Armut oder geringem Wachstum verurteilt, aber 38 Prozent der untersten Milliarde leben in Binnenstaaten – und deshalb ist, wie wir sehen werden, das angesprochene Problem vorrangig ein afrikanisches. Da die Probleme Afrikas gewöhnlich als «typisch afrikanisch» gelten und da anderen Staaten aus ihrer Binnenstaatlichkeit keine Nachteile entstehen, wurden die Schwierigkeiten, die aus dieser geographischen Besonderheit erwachsen können, oft unterschätzt.

Auf die Nachbarn kommt es an

Während meiner Zeit als Forschungsdirektor der Weltbank hatte ich das Glück, Tony Venables als Leiter des Forschungsbereichs Handel zu gewinnen, und ich ermunterte ihn, sich intensiver mit den Problemen von Binnenstaaten zu beschäftigen. Er sammelte Datenmaterial zu den Kosten für den Transport eines Containers von Häfen der Vereinigten Staaten und Europas zu den Hauptstädten rund um den Globus. Hauptstädte von Binnenstaaten hatten selbstverständlich deutlich höhere Transportkosten. Die große Überraschung jedoch war, dass die immensen Kostenunterschiede mit der Entfernung allein nicht erklärbar waren. Venables ging der Sache nach und kam zu folgendem Ergebnis: Die Höhe der Transportkosten eines Binnenstaates hing davon ab, wie gut seine Nachbarstaaten mit Zugang zum Meer ihre Verkehrsinfrastruktur ausgebaut hatten. Der Gedanke lag nahe, dass Länder ohne Zugang zum Meer ihren Nachbarn wehrlos ausgeliefert waren.

Warum ist Uganda arm und die Schweiz reich? Nicht zuletzt deshalb, weil der Zugang der Schweiz zum Meer von der Infrastruktur Deutschlands und Italiens abhängig ist, Ugandas Zugang zum Meer dagegen von der Infrastruktur Kenias. Und welche ist wohl besser? Bleibt ein Binnenstaat beim Transport seiner Waren an die Küste auf die miserablen Verkehrsanbindungen der Nachbarstaaten angewiesen – auf Verkehrswege also, die er nicht selber kontrolliert –, kann er seine Güter nur unter stark erschwerten Bedingungen auf den Weltmarkt bringen. Industrielle Exportgüter sind jedoch nach wie vor der wichtigste Wachstumsmotor.

Doch ich wollte wissen, ob und in welcher Hinsicht den Nachbarstaaten eine zusätzliche Bedeutung zukommt. Womöglich beschränkt sich die Abhängigkeit eines Binnenstaates von seinen Nachbarn nicht bloß auf deren Funktion als Transportkorridor zu überseeischen Märkten. Schließlich sind die Nachbarn ja ihrerseits Märkte. Vielleicht sind Deutschland und Italien nicht nur die *Verkehrswege* zu den Märkten der Schweiz, sondern *sind* der Markt der Schweiz? Die Schweiz ist von ihren Märkten nicht abgeschnitten, sie ist von ihnen umgeben. Warum ist das im Fall von Uganda anders? Binnenstaaten sind per definitionem von anderen Ländern umgeben. Nur sind eben einige dieser Länder bessere Nachbarn als andere. Die Nachbarn der Schweiz sind Deutschland, Italien, Frankreich und Österreich. Die Nachbarn Ugandas sind das seit fast dreißig Jahren wirtschaftlich stagnierende Kenia; der von einem Bürgerkrieg geplagte Sudan; das von Völkermord heimgesuchte Ruanda; Somalia mit seinem kollabierten Gemeinwesen; die Demokratische Republik Kongo, deren Geschichte so katastrophenreich verlief, dass es seinen ursprünglichen Namen, Zaire, abgelegt hat; und schließlich Tansania, das Uganda überfallen hat. Man kann sagen, dass die Schweiz, zumindest seit ein paar Jahrzehnten, bessere Nachbarn hat als die Zentralafrikanische Republik. Wirft man einen Blick auf die Landkarte, erkennt man, dass die Lebensader der Zentralafrikanischen Republik der Fluss Oubangui ist. Am kostengünstigsten wäre es, Holz, das wichtigste Exportgut des Landes, auf diesem Fluss zu befördern. Doch die flussabwärts gelegene

Region, nominell Teil der Demokratischen Republik Kongo, ist Bürgerkriegsgebiet, in dem Chaos und Anarchie herrschen. Deshalb ist der Fluss als Transportweg nicht nutzbar, das Holz muss auf dem Landweg transportiert werden. Auf einer einzigen Straße. Und die Stämme sind gewaltig. Irgendwo habe ich einmal gehört, dass Straßenschäden mit der Achslast der Fahrzeuge exponentiell zunehmen. Der Holztransport auf dem Landweg ruiniert also die Straßen. Ich habe es mit eigenen Augen sehen können.

Ich beschloss, das Problem statistisch zu untersuchen. In welcher Weise vollzieht sich weltweit das wirtschaftliche Wachstum von Binnenstaaten, und wie wird dieses Wachstum von den Nachbarländern beeinflusst? Diesmal arbeitete ich mit Steve O'Connell zusammen, Professor am Swarthmore College. Wir fanden heraus, dass der fehlende Zugang eines Landes zum Meer nur als ein bestimmender Faktor neben anderen betrachtet werden darf. Verfügt ein Land über große Ressourcenüberschüsse (siehe Kapitel 3), ist dies ausschlaggebender als der fehlende Zugang zum Meer. Botswana ist zwar ein Binnenstaat, dennoch hat es sich wirtschaftlich gut entwickelt, weil es seinen Ressourcenreichtum produktiv nutzt. Wie im vorigen Kapitel gezeigt, ist ein ressourcenreiches Land beim Export anderer Güter sehr wahrscheinlich nicht wettbewerbsfähig – die Theorie der holländischen Krankheit. Die Küstenlage verschafft einem ressourcenreichen Land keine zusätzlichen Exportchancen; diese sind ihm wegen seines Ressourcenreichtums ohnehin versperrt. Beim Export seiner Rohstoffe wiederum ist ein ressourcenreiches Land ohne Zugang zum Meer nicht wesentlich benachteiligt, denn diese Rohstoffe sind so wertvoll, dass sie trotz der höheren Transportkosten eines Binnenstaates exportiert werden können. Verglichen mit ressourcenarmen können ressourcenreiche Binnenstaaten zumindest die Chancen, die ihnen gegeben sind, erfolgreich nutzen – was Botswana getan hat.

Um die gravierenden Entwicklungshemmnisse genau zu ermitteln, scheint es also vernünftig, das Merkmal «ohne Zugang zum Meer» auf die Länder einzuschränken, die über keinen natürlichen Ressourcenreichtum verfügen. Selbst mit dieser Einschränkung fallen immer noch 30 Prozent der Länder der untersten Milliarde in diese Kategorie.

Nach unseren Erkenntnissen profitierten alle Länder, ob mit oder ohne Zugang zum Meer, vom Wachstum ihrer Nachbarn: Wachstum hat einen Spill-over-Effekt, es strahlt aus. Im globalen Durchschnitt ergab sich, dass das Wachstum eines Landes um zusätzlich 0,4 Prozent stieg, wenn das Wachstum seiner Nachbarn um einen Prozentpunkt nach oben ging. Nette Nachbarn mit einem starken Wirtschaftswachstum beflügeln also auch das Wachstum ihrer Umgebung. Im globalen Vergleich scheinen ressourcenarme Länder ohne Zugang zum Meer in besonderer Weise vom Wachstum ihrer Nachbarn zu profitieren – der Spill-over-Effekt auf die Binnenstaaten beträgt nicht 0,4, sondern 0,7 Prozent. Länder wie die Schweiz richten daher ihre Wirtschaft überproportional an den Märkten ihrer Nachbarn aus. Küstenstaaten beliefern die Welt, Binnenstaaten ihre Nachbarn. Für die Schweiz ist das in Ordnung, für Uganda sieht die Sache schon anders aus. Ugandas Nachbarn mögen geographisch begünstigt sein – entweder aufgrund ihres Zugangs zum Meer oder aufgrund ihres Ressourcenreichtums –, dennoch waren sie aus irgendeinem Grund nicht in der Lage, ihre Wachstumschancen zu nutzen. Verallgemeinernd könnte man sagen: ressourcenarme Länder ohne Zugang zum Meer sind, was das Wachstum anbelangt, von ihren Nachbarn abhängig (was bleibt ihnen auch anderes übrig?). Aber ob diese Option ein gangbarer Weg ist, hängt davon ab, ob die Nachbarn in einer Entwicklungsfalle feststecken oder nicht.

Betrachten wir erneut Ugandas Nachbarn. Aufgrund ihrer politischen Misswirtschaft waren Kenia und Tansania viele Jahre in einer Entwicklungsfalle gefangen, die wir noch näher betrachten werden. Die Demokratische Republik Kongo, der Sudan und Somalia sitzen in der Konfliktfalle. Ruanda steckt in derselben Falle der Landumschlossenheit wie Uganda fest, und in Bezug auf Gewaltkonflikte sieht es auch nicht so gut aus. Uganda hat weder Zugang zum Weltmarkt (weil die Transportkosten auf den schlechten Straßen Kenias zu hoch sind), noch kann es seine Wirtschaft an der seiner Nachbarn ausrichten (da diese gleichfalls in einer Falle sitzen).

Ressourcenarmut, fehlender Zugang zum Meer und Nachbarländer, die entweder keine Chancen haben oder diese nicht nutzen – all dies verurteilt ein Land zum Misserfolg. Sind viele Länder von einer solchen Situation betroffen? Kein außerafrikanisches Land kennt diese Probleme. Lediglich ein Prozent der Bevölkerung von Entwicklungsländern – mit Ausnahme Afrikas – lebt in ressourcenarmen Staaten ohne Zugang zum Meer. Mit anderen Worten: Nirgendwo auf der Welt – ausgenommen in Afrika – kam es zur Bildung souveräner Staaten, wenn Landstriche weitab von der Küste liegen und nicht über natürliche Ressourcen verfügen. Mit gutem Grund. Denn diese Landstriche sind in so hohem Maß von ihren Nachbarn abhängig, dass es besser für sie ist, sie bleiben Teil von deren Gemeinwesen. Nicht so in Afrika. Rund 30 Prozent der Bevölkerung Afrikas lebt in ressourcenarmen Ländern ohne Zugang zum Meer. Es gibt einleuchtende Gründe dafür, dass diese Gebiete niemals selbständige Staaten hätten werden dürfen. Aber dafür ist es jetzt zu spät. Es gibt solche Länder, und es wird sie auch in Zukunft geben.

Doch es kommt noch schlimmer. Global gesehen, behelfen sich ressourcenarme Länder ohne Zugang zum Meer damit, ihre Wirtschaft so auszurichten, dass sie vom Wachstum der Nachbarländer optimal profitiert. Mit jedem Prozentpunkt Wachstum eines Nachbarlandes erhöht sich, wie wir gesehen haben, ihr eigenes Wachstum um 0,7 Prozent. Doch auch von diesem Grundmuster weicht Afrika ab. Die Länder Afrikas ohne Zugang zum Meer orientieren ihre Wirtschaft nicht an der ihrer Nachbarländer. Auch ihre Infrastruktur und Wirtschaftspolitik sind entweder ganz auf das eigene Land oder auf den Weltmarkt ausgerichtet. Die Nachbarländer dienen nur als Transportkorridore zum Weltmarkt, ohne selbst als Märkte genutzt zu werden. Und das zeigt sich auch an der Größe des Spill-over-Effekts: Wenn in Afrika die Wirtschaft eines Landes um einen Prozentpunkt wächst, wie groß ist dann der Spill-over-Effekt für das Wachstum eines benachbarten Binnenstaates? Praktisch gleich Null. Das durchschnittliche Spillover bedingte Wachstum aller Länder weltweit, mit oder ohne Zugang zum Meer, beträgt 0,4 Prozent, bei den nichtafrikanischen Ländern ohne Zugang zum Meer sind es 0,7 Prozent, bei den afrikanischen Ländern ohne Zugang zum Meer 0,2 Prozent, also so gut wie nichts. Bisher war das freilich kaum von praktischer Bedeutung: Die Nachbarländer der Binnenstaaten Afrikas sind wirtschaftlich kaum gewachsen, es gab also herzlich wenig Wachstum, das auf die anderen hätte übergreifen können. Aber wie es aussieht, würde selbst das Wachstum der von der Natur begünstigten Länder den Binnenstaaten nichts nützen.

Mit meinen begrenzten Möglichkeiten versuchte ich nach Kräften, der Zentralafrikanischen Republik zu helfen. Weder die Weltbank noch der Internationale Währungsfonds hatten auch nur einen einzigen Vertreter in diesem Land. Ich versuchte, das Interesse anderer

Geldgeber zu wecken, aber einer der wichtigeren meinte, es lohne sich nicht, das Land sei zu unsicher. Vielleicht hatte er gewisse Informationen. Wenige Monate später gab es einen erfolgreichen Putsch. Der Ex-Premier fand ein paar Monate lang Schutz in einer ausländischen Botschaft und lebt heute in Paris. Das Land befindet sich also jetzt zusätzlich noch in der Putschfalle – man kann in mehreren Fallen gleichzeitig feststecken.

Was kann ein Land ohne Zugang zum Meer tun?

Ein ressourcenarmes Land ohne Zugang zum Meer, das von schlechten Nachbarn umgeben ist, hat wirtschaftspolitisch keine guten Karten. Aber kann es sich trotzdem entwickeln, wenn die Regierung die richtigen Maßnahmen ergreift? Das war es letztlich, was der Premierminister der Zentralafrikanischen Republik wissen wollte. Im Bemühen um eine Antwort untersuchen wir jetzt Grenzen und Möglichkeiten staatlichen Handelns der Binnenländer jener untersten Milliarde. Für ressourcenarme Länder ohne Zugang zum Meer gibt es keine einzelne erfolgreiche Wachstumsstrategie, die ihnen zu einem mittleren Einkommensniveau verhelfen könnte. Also müssen sie sich etwas einfallen lassen.

Strategie 1: Den Spill-over-Effekt des Wachstums verstärken

Was kann man tun, damit das Wachstum der Nachbarländer dem eigenen Land zugute kommt? Grenzüberschreitender Güterverkehr ist vorrangig eine Frage der Verkehrsinfrastruktur und der Handelspolitik. Doch grenzüberschreitender Handel ist vom Verkehrsnetz beiderseits der Grenze abhängig, die Regierung des Binnenstaats kontrolliert also gewissermaßen nur die Hälfte des Problems. Und die Handelspolitik? Mehr dazu in Kapitel 10. Binnenstaaten haben jedoch ein großes Interesse an regionaler Integration, etwa an der Beseitigung interner Handelshemmnisse. Aber auch der Abbau externer Handelsschranken ist für sie bedeutsam. Regionale Handelsschranken führen zur unsichtbaren Verlagerung des Güterverkehrs aus den armen Binnenstaaten zu den stärker industrialisierten, reicheren Nachbarn. Deshalb sollten sich Binnenstaaten für möglichst geringe Handelshemmnisse innerhalb eines regionalen Wirtschaftsblocks einsetzen. Doch erneut sind sie von ihren Nachbarn abhängig. Als im Jahr 2003 die Ostafrikanische Gemeinschaft (EAC) ihren gemeinsamen Außenzoll wiedereinführte, sah sich Uganda gezwungen, Nichtmitgliedern Handelsbeschränkungen aufzuerlegen.

Strategie 2: Die Wirtschaftspolitik der Nachbarn verbessern
Der Spill-over-Effekt bedeutet auch, dass für ein Land der wirtschaftliche Erfolg seiner Nachbarn umso wichtiger wird, je stärker die Region wirtschaftlich integriert ist. Je schneller das Küstenland wächst, desto schneller wird auch das Nachbarland wachsen, das keinen Zugang zum Meer besitzt. Nicht nur kann es sich das Binnenland nicht leisten, staats- und wirtschaftspolitische Fehler zu machen, es kann sich auch nicht leisten, dass seine geographisch bevorzugten Nachbarn Fehler machen. Gute wirtschaftspolitische Entscheidungen der begünstigteren Nachbarstaaten sind ein öffentliches Gut zum Wohl der gesamten Region, aber dieses Gemeinwohl ist nicht die Summe aller einzelstaatlichen Entscheidungen. Die Beziehungen sind nicht wechselseitig: Niger ist auf eine gute Wirtschaftspolitik Nigerias angewiesen, aber Nigers Wirtschaftspolitik hat für Nigeria so gut wie keine Konsequenzen. Deshalb kann Niger an Nigeria zwar appellieren, aber für bindende Abmachungen gibt es keine wirkliche Grundlage.

Strategie 3: Den Zugang zum Meer verbessern
Der Zugang zum Meer ist für Binnenstaaten fast eine Überlebensfrage. Was dieser Zugang kostet, ist abhängig von der Verkehrsinfrastruktur und den wirtschaftspolitischen Entscheidungen der benachbarten Küstenstaaten. Da die Nachbarländer das Wohl der gesamten Region mitverantworten, fehlt ihnen meist der Anreiz, mehr als das unbedingt Notwendige an Infrastruktur zur Verfügung zu stellen.

Strategie 4: Zu einer regionalen Drehscheibe werden
Viele kommerzielle Serviceleistungen, beispielsweise im Finanzsektor, bedienen einen regionalen, nicht globalen Markt und sind in der Regel von einem positiven politischen Umfeld abhängig. Ein Land mit einer besseren Wirtschaftspolitik im Vergleich zu seinen Nachbarn wird die entsprechenden Geschäftsfelder besetzen und Serviceleistungen in den gesamten Wirtschaftsraum exportieren. Das klassische Beispiel ist der Libanon, der zur Finanzdrehscheibe des gesamten

Nahen Ostens wurde. Wie der Libanon zeigt, muss ein Land nicht vom Meer abgeschnitten sein, um zu einer Drehscheibe der Region zu werden. Binnenstaaten besitzen hier keinen absoluten, jedoch immerhin einen komparativen Vorteil. Aufgrund ihrer beschränkten Alternativen haben sie jedoch ein vitales Interesse an nachhaltigen Reformen. Die Aussicht beispielsweise, zum Zentrum regionaler, wirtschaftspolitisch hochsensibler Finanzdienstleistungen zu werden, sollte für einen Binnenstaat der entscheidende Ansporn sein, entsprechende Maßnahmen zu ergreifen.

Strategie 5: Flugverkehr und E-Services fördern

Die Technologie des Handels begünstigt in gewisser Weise die Binnenstaaten. Heute ist der Flugverkehr von weitaus größerer Bedeutung als in der Vergangenheit. Es gibt Länder, die unter Ausnutzung von Skaleneffekten den Flugverkehr zu einem bedeutenden Wirtschaftsfaktor mit riesigen Kapazitäten ausgebaut haben. Binnenstaaten sind hier zwar im Nachteil, weil sie für den Flugverkehr nur kleine Märkte sind. Aber Wirtschaftlichkeit ist auch in kleinem Maßstab möglich. Das Stichwort heißt Deregulierung. Nigeria ist ein gutes Beispiel dafür, dass mit der Liberalisierung des Flugverkehrs mehr Flüge zu günstigeren Preisen möglich sind. Diese Fluggesellschaften könnten die Basis für einen kostengünstigen Flugverkehr innerhalb der Binnenstaaten Afrikas legen. Binnenstaaten brauchen Billigfluglinien wie Ryanair, easyJet oder Southwest Airlines, statt dessen haben sie staatliche Fluggesellschaften, die immens teuer und miserabel geführt sind. Berühmt-berüchtigt war die staatliche Fluggesellschaft Zaires, deren Flugzeuge regelmäßig für die Einkaufsreisen der First Lady requiriert wurden.

Der Geschäftsbereich E-Service besitzt heute das Potential für schnelles Wirtschaftswachstum. Das beste Beispiel ist Indien. Der Küstenstaat Indien verfügt über eine Vielzahl von Optionen zur Einbindung in die globale Wirtschaft, Binnenstaaten haben demgegenüber sehr viel geringere Möglichkeiten. E-Services sind ein attraktiver Bereich, weil die Leistungserstellung elektronisch erfolgt und räumliche Entfernung keine Rolle spielt. Die beiden Säulen, die E-Services wettbewerbsfähig machen, sind eine gute Infrastruktur im Telekommunikationssektor und Fachkräfte. Ein gutes Telekommunikationsnetz ist von den richtigen Regulierungsmaßnahmen und einer guten

Wettbewerbspolitik abhängig. Es lässt sich relativ einfach sagen, wann diese Maßnahmen falsch sind: wenn die Preise im weltweiten Vergleich zu hoch sind und das Kommunikationsnetz unzureichend ist.

Strategie 6: Rücküberweisungen von Migranten erleichtern

Die wirtschaftlichen Wachstumschancen von Binnenstaaten sind gering, und deshalb ist die Abwanderung groß. Entscheidend hierfür ist die Bereitschaft anderer Staaten, Einwanderer aus den Ländern der untersten Milliarde aufzunehmen. In jedem Fall gehen der Gesellschaft durch Auswanderung Talente verloren. Auswanderung kann aber dann in einen Vorteil umgemünzt werden, wenn es den Migranten möglich ist, große Geldsummen in ihre Heimatländer zu überweisen. Dafür müssen Maßnahmen getroffen werden. Ein Schritt ist eine qualifizierte Ausbildung, damit die Menschen auch in einkommensstarken Ländern einen Job finden und nicht als ungelernte Arbeiter in Nachbarländer gehen müssen, die genauso arm sind wie sie selbst. Ein weiterer Schritt besteht darin, der eigenen Bevölkerung die Arbeitssuche in reichen Ländern zu erleichtern. Beispielhaft hierfür sind die Philippinen, ein Land, das die Aus- und Weiterbildung seiner Bürger auf die Bedürfnisse wirtschaftlich besser gestellter Länder mit höheren Einkommen abgestimmt hat. Der Staat stellt Informationen zur Verfügung und hilft den Bürgern über seine Botschaften bei der Arbeitssuche im Ausland. Ein zusätzlicher Schritt ist die Erleichterung des Geldtransfers. Damit Migranten einen Teil ihres Einkommens in ihr Herkunftsland überweisen können, bedarf es guter Bankdienste in den Empfängerländern. Hohe Wechselkursgebühren von Banken und Transferbüros wirken abschreckend. Eine nachhaltige Strategie besteht darin, Anreize für die Auswanderer zu schaffen, das transferierte Geld etwa in den Bau von Häusern für die Angehörigen bzw. für den eigenen Bedarf zu investieren und dadurch engere Bindungen der zweiten Migrantengeneration an ihr Herkunftsland zu knüpfen.

Strategie 7: Ein transparentes und investorenfreundliches Klima für die Erschließung von Bodenschätzen schaffen

Die Gesamtfläche der einkommensschwachen Binnenstaaten, die derzeit als ressourcenarm eingestuft wird, ist gewaltig groß. Wahrscheinlich sind dort aber wertvolle, bisher unentdeckte Bodenschätze vorhanden. Aufgrund gewisser subjektiv wahrgenommener Risiken zögern viele Bergbaufirmen jedoch, sich zu engagieren. Politische Bedenken spielen eine Rolle, weit zentraler sind aber wohl Befürchtungen, der Ruf des Unternehmens könne Schaden nehmen, sollten die Ressourceneinnahmen des Gastlandes durch wirtschaftliches Missmanagement in dunklen Kanälen versickern. Nicht alle Firmen sind um ihren guten Ruf besorgt, weil nicht alle einen guten Ruf zu verlieren haben. Hier kommt die sogenannte Negativauslese zum Tragen: Diejenigen Bergbaufirmen, die sich in solchen Ländern engagieren, ignorieren deren schlechte Regierungsführung. Ob die Ressourcenfalle zuschnappt oder nicht, ist ihnen egal. Diese adverse Selektion betrifft heute zunehmend auch die Regierungen, die hinter den Förderfirmen stehen. Im Jahr 2006 bereiste der chinesische Vizepräsident den afrikanischen Kontinent. Sein vielsagender Grundtenor lautete: «Wir stellen keine Fragen.»

Strategie 8: Entwicklung des ländlichen Raums

Ländern ohne Zugang zum Meer fehlt die Möglichkeit einer zügigen Industrialisierung, daher wird die Bevölkerungsmehrheit dieser Länder noch lange Zeit in ländlich-bäuerlichen Verhältnissen leben. Aus diesem Grund sollten Strategien zur Entwicklung des ländlichen Raums einen höheren Stellenwert einnehmen als in anderen Volkswirtschaften. Die Strategien zur Förderung des verarbeitenden Gewerbes und der Exportgüterproduktion sind weltweit standardisiert, die Maßnahmen zur Entwicklung ländlicher Räume dagegen müssen auf die jeweiligen lokalen Bedingungen abgestellt werden und erfordern daher eine stärkere Abstimmung mit Beratern vor Ort. Ein weiteres Hemmnis für die Entwicklung ländlicher Räume sind die staatlichen Subventionen, die Bauern in Europa, Japan und den Vereinigten Staaten erhalten.

Strategie 9: Sich um Entwicklungshilfe bemühen

Selbst wenn ein Land sich um alle diese Strategien bemüht, wird es wohl noch lange Zeit arm bleiben. Es sollte daher versuchen, für Geldgeber so attraktiv wie möglich zu bleiben. Darauf werde ich in Kapitel 9 zurückkommen.

Warum es für die Politik der G8 wichtig ist

Wie wir gesehen haben, liegen die meisten der hier vorgeschlagenen Strategien nicht allein im Verantwortungsbereich der betreffenden Länder. Ihr Erfolg ist abhängig von den Nachbarstaaten und von internationalen Akteuren wie den Gebern. Trotzdem kann die effiziente Regierung eines ressourcenarmen Binnenstaates durchaus einiges bewirken, selbst wenn das Land von schlechten Nachbarn umgeben ist. Uganda und Burkina Faso beispielsweise verzeichnen seit mehr als zehn Jahren recht ordentliche Wachstumsraten, auch wenn diese zum Teil dem Effekt der Erholung von desaströsen Vorgängerregimen geschuldet sind. Dennoch ist mir kein einziges ressourcenarmes, von schlechten Nachbarn umgebenes Binnenland bekannt, das ein mittleres Einkommensniveau erreicht hätte. Diese Länder werden in der Armut verharren, wenn wir ihnen nicht weit mehr Hilfe angedeihen lassen als bisher. Wie dies geschehen könnte, ist eine der Fragen, die ich in Teil 4 behandeln werde.

Kapitel 5

Schlechte Regierungsführung in einem kleinen Land

Regierungsführung und Wirtschaftspolitik tragen zwar zum ökonomischen Erfolg oder Misserfolg eines Landes bei, aber in welcher Weise dies genau geschieht, lässt sich nicht anhand einer einfachen Formel beschreiben. Gute Regierungspraxis und Wirtschaftspolitik beflügeln zwar das Wachstum, aber für realistische Wachstumsraten gibt es eine Obergrenze, und die liegt bei etwa 10 Prozent. Eine Wirtschaft kann schlicht und einfach nicht schneller wachsen, egal was eine Regierung tut. Schlechte Regierungspraxis und Wirtschaftspolitik dagegen können eine Wirtschaft mit alarmierender Geschwindigkeit ruinieren. So trägt Präsident Robert Mugabe die Verantwortung für den wirtschaftlichen Kollaps Simbabwes seit 1998 – mit jährlichen Inflationsraten von über 1000 Prozent. Dieser Niedergang fällt ins Auge, sobald man aus dem Flugzeug steigt: Der internationale Flughafen von Harare ist menschenleer. Aufgrund dieser Asymmetrie ist die Einführung politischer Kontrollmechanismen vielleicht noch wichtiger als eine positive Einflussnahme auf die Staatsführung.

Meiner Ansicht nach werden die Instrumente einer guten Regierungsführung und Wirtschaftspolitik von deren Befürwortern – völlig unterschiedliche Gruppen – schlicht überschätzt. Beide helfen einem Land, seine Chancen zu nutzen, aber sie können keine Chancen schaffen, wo es keine gibt; das Gesetz der Schwerkraft ist nicht zu überwinden. Auch die besten staats- und wirtschaftspolitischen Rahmenbedingungen können Malawi nicht zu einem reichen Land machen – es fehlen ihm schlicht und einfach die Voraussetzungen. Bis vor kurzem war die beste Phase der nigerianischen Wirtschaftspolitik (eine alles andere als großartige Phase) die der späten achtziger Jahre. Aber der Nutzen der damaligen Reformen verpuffte durch den gleichzeitigen Verfall des Weltmarktpreises für Erdöl.

Eine miserable Regierungs- und Wirtschaftspraxis kann zwar die rosigsten Aussichten zunichte machen, aber auch hier gilt es zu differenzieren. Ein Land ist kurzfristig gesehen und unter der Bedingung vorteilhafter externer Schocks – zum Beispiel günstiger Exportpreise – durchaus in der Lage voranzukommen. Dies war in gewisser Weise in Nigeria während des ersten Ölbooms 1974–86 der Fall, ein aktuelles Beispiel ist Venezuela mit seinem Präsidenten Hugo Chávez. Weiterhin gilt es zu berücksichtigen, dass Regierungsführung und Wirtschaftspolitik mehrere Dimensionen besitzen, die nicht immer gleichermaßen von Bedeutung sind. Im Korruptions-Rating von Transparency International aus dem Jahr 2005 beispielsweise stehen zwei Staaten weltweit auf dem letzten Platz: Bangladesch und der Tschad. Kein Zweifel, dass diese beiden Länder unter politischer Misswirtschaft leiden. Das Erstaunliche ist, dass Bangladesch trotzdem eine recht vernünftige Wirtschaftspolitik betreibt und wächst, obwohl es das korrupteste Land der Erde ist. Eine Erklärung könnte sein, dass Wechselkurse und Zolltarife wichtiger sind als die Frage, ob die öffentlichen Amtsträger unbestechlich bzw. kompetent sind. Trotzdem glaube ich nicht, dass dies die richtige Erklärung ist. Meiner Ansicht nach entscheidend sind vielmehr die Chancen des jeweiligen Landes. Bangladesch hätte sich bestimmt ungleich besser entwickelt, wenn die Korruption geringer gewesen wäre. Es ist das klassische Beispiel eines ressourcenarmen Küstenlandes mit niedrigem Einkommen. Mindestens seit den achtziger Jahren ist der Entwicklungsweg für solche Länder recht klar vorgezeichnet: Förderung der Produktion arbeitsintensiver Exportgüter und Dienstleistungen. Eine solche Entwicklungsstrategie muss für eine Regierung keine große Herausforderung darstellen. Selbst das «minimalstaatliche» Modell einer Regierung, das staatliche Eingriffe beschränkt und von der Weltbank in den achtziger Jahren kurzzeitig propagiert wurde, ist wahrscheinlich ausreichend für wirtschaftlichen Erfolg. Die Regierung muss bestrebt sein, Schaden zu vermeiden, ohne aktiv einzugreifen. Exporteure brauchen einfach nur eine moderate Besteuerung, makroökonomische Stabilität und eine Verkehrsinfrastruktur für den Transport ihrer Waren. Nicht zuletzt durch die Errichtung von Exportförderzonen, Inseln einer besseren Regierungspraxis, ist es der Regierung von Bangladesch gelungen zu verhindern, dass ihre schlechte Regierungspraxis die Exportaktivitäten abwürgt. Der Tschad dagegen ist von der Küste abgeschnitten und von Entwicklungshilfe und Ölexporten abhängig.

Der Export von Industriegütern ist für ihn kein erfolgversprechender Weg. Um die Hilfsgelder und die Einnahmen aus dem Erdöl sinnvoll zu nutzen, muss der Staat in der Lage sein, die Gelder produktiv auszugeben. Die Regierung muss sich also sehr viel ehrgeizigere Ziele setzen, als nur Schaden zu vermeiden. Sie muss Gutes tun. Für ein Land, das von Öl und Entwicklungshilfe lebt, ist der Minimalstaat kein erfolgversprechendes Modell. Der Staat muss seine Einnahmen in öffentliche Leistungen umwandeln. Ist Korruption dieser Entwicklung hinderlich? Selbstverständlich. Im Jahr 2004 wurde untersucht, wo die Gelder geblieben waren, die das Finanzministerium des Tschad Krankenhäusern auf dem Land zugewiesen hatte. Die Untersuchung hatte das ausgesprochen bescheidene Ziel, herauszufinden, wie viel von diesem Geld tatsächlich bei den Krankenhäusern angekommen war, nicht, ob die Krankenhäuser es sinnvoll ausgegeben hatten oder ob das Personal verantwortungsvoll damit umgegangen war. Man wollte lediglich wissen, wohin die Gelder geflossen sind. Erstaunlicherweise erreichte die Krankenhäuser weniger als 1 Prozent der Gelder, 99 Prozent versickerten unterwegs. Die unsolide Regierungsführung wirkt sich im Tschad verhängnisvoller aus als in Bangladesch, denn die Regierung hat gar keine andere Möglichkeit, als staatliche Leistungen bereitzustellen. Dies ist die einzige Option, und sie bleibt durch Korruption blockiert.

Die Bedeutung von Regierungsführung und Wirtschaftspolitik hängt also von den Optionen ab, die einem Land zur Verfügung stehen. Aber wie können wir wissen, ob Regierungspraxis und Wirtschaftspolitik eines Landes adäquat sind? Diese Bewertung ist subjektiv und keineswegs unumstritten. Ist die Regierungspraxis Frankreichs schlechter als die der Vereinigten Staaten? Und ist Schwedens Wirtschaftspolitik besser als die Großbritanniens? Zum Glück sind die Meinungsdifferenzen nicht so stark, wenn es um die Länder der untersten Milliarde geht. Niemand wird ernsthaft bestreiten, dass die Regierungsführung Angolas schlechter ist als die Indiens, oder dass der Tschad eine schlechtere Wirtschaftspolitik betreibt als China.

Schlechte Wirtschaftspolitik und Regierungsführung müssen nicht unbedingt zur Entwicklungsfalle werden. Ein Land kann aus Fehlern lernen, und viele lernen tatsächlich. Die dramatischste Fehlerkorrektur der jüngeren Geschichte vollzog sich in China. Von westlichen Medien mit viel Applaus bedacht, richtete Mao Zedong in den sechziger Jahren China zugrunde. Doch dann riss die politische Elite des Landes das Steuer um 180 Grad herum und setzte das größte Wirtschaftswachstum der Geschichte in Gang (mit seinem Tod leistete Mao dazu einen unschätzbaren Beitrag). Teilweise angespornt von China, folgte Indien. Warum haben China, Indien und andere Länder ihre Wirtschaftspolitik revidiert, andere dagegen nicht? Warum ist schlechte Regierungsführung in manchen Ländern derart zählebig?

Ein naheliegender Grund: Nicht alle zählen zu den Verlierern dieser Politik. Viele Machthaber der ärmsten Länder gehören zu den Superreichen dieser Welt. Sie sind mit dem Status quo zufrieden. Es zahlt sich für sie aus, dass ihre Bevölkerung ungebildet und desinformiert ist. Bedauerlicherweise sind viele Politiker und hohe Staatsbeamte in den Ländern der untersten Milliarde echte Schurken. Aber der Egoismus der Staatsführung allein reicht als Erklärung nicht aus. Unter den Politikern und Staatsbeamten gibt es durchaus integre Persönlichkeiten, und manchmal gelingt es ihnen tatsächlich, sich durchzusetzen. Das sind die Augenblicke für Reformen. Aber Wirtschaftsreformen sind nicht nur eine Frage des politischen Willens, sondern auch der Machbarkeit, und in den Ländern der untersten Milliarde herrscht ein chronischer Mangel an Menschen mit dem erforderlichen Know-how. Nur wenige haben Zugang zu einer guten Ausbildung, und die Gebildeten verlassen das Land. Allzu oft werden mutige Reformer von reformfeindlichen Kräften verdrängt, noch bevor ihre Strategie Wirkung zeigt. Und schließlich hält sich auch in der Bevölkerung die Begeisterung für Wirtschaftsreformen in Grenzen, denn sie haben einen schlechten Ruf. In den achtziger Jahren versuchten die internationalen Finanzinstitutionen, Regierungen durch «Konditionalitäten» zu Reformen zu zwingen. Ein Land konnte nur dann zusätzliche Hilfsgelder erhalten, wenn es sich verpflichtete, weitreichende wirtschaftspolitische Vorgaben zu erfüllen. Niemand lässt sich gern zwingen, am allerwenigsten frisch an die Macht gekommene lokale Eliten, die hochempfindlich sind, wenn es um Souveränität geht und wenn sie ihre Geldquellen gefährdet sehen. Der Konditionalitätsansatz funktionierte, wie sich herausstellte, nur auf dem Papier. Die betroffenen Regierungen erkannten schnell, dass sie Reformen nur *versprechen*, nicht wirklich durchführen mussten. Für die westliche Linke, engagiert in ihrem Kampf gegen US-Präsident Ronald Reagan und die britische Premierministerin Margaret Thatcher, waren die begrenzten Reformen, die man den Ländern der untersten Milliarde auferlegte, gleichbedeutend mit der neoliberalen Umgestaltung des Staates, die sie in ihren eigenen Ländern bekämpften. Mit der Folge, dass diese Reformen, die eigentlich von allen – mit Ausnahme der korrupten Eliten – hätten begrüßt werden sollen, in den afrikanischen und nichtafrikanischen Medien verteufelt wurden. Der Kampf zwischen Schurken und Helden, der in den Ländern der untersten Milliarde tatsächlich stattfand, wurde tendenziös umetikettiert in einen Kampf zwischen Afrika und dem IWF.

Welche Faktoren bestimmen das Reformtempo in einem Land, dessen Regierungspraxis und Wirtschaftspolitik unbestreitbar zu wünschen übrig lassen? Mit anderen Worten, wovon hängt es ab, ob die Schurken oder die Helden den Machtkampf gewinnen? Bei unserer statistischen Analyse mussten die junge französische Wissenschaftlerin Lisa Chauvet und ich so amorphe Größen wie die Qualität der Regierungsführung und Wirtschaftspolitik in ein numerisches System übertragen. Dabei verwendeten wir den von der Weltbank entwickelten Index «Country Policy and Institutional Assessment». Zum Zeitpunkt unserer Analyse war der Index der Öffentlichkeit noch nicht zugänglich, doch die Weltbank wollte wissen, welche Faktoren einen Umschwung beschleunigen, und stellte uns daher die Daten zur Verfügung. (2006 wurde dann der Index veröffentlicht.) Dieser Index hat mehrere bedeutende Vorzüge: Er enthält Daten über einen langen Zeitraum hinweg und ermöglicht Vergleiche zwischen den verschiedenen Ländern. Zwar unterliegt auch dieser Index subjektiven Bewertungsmaßstäben, aber da objektive Quantitätsmessungen nur als Momentaufnahmen verfügbar sind, gibt es keine realistische Alternative. Der größte Nachteil für unsere Analyse war wohl, dass die Daten von denen, die das Rating vornehmen, manipuliert werden können: Je besser ein Land abschneidet, desto höher ist das zugewiesene Hilfsprogramm, und das kann für die betreffenden Mitarbeiter von Vorteil sein. Theoretisch und praktisch werden derartige Manipulationen zwar überwacht, aber ganz können sie wohl nicht verhindert werden.

Der Index listet zwanzig Indikatoren der Regierungsführung und Wirtschaftspolitik auf einer sechswertigen Skala auf. Wir setzten einen niedrigen Grenzwert fest, um die wirklich miserablen politischen Rahmenbedingungen zu definieren. Ich glaube nicht, dass in

Expertenkreisen Uneinigkeit darüber besteht, ob die Länder, die unterhalb dieses Grenzwerts liegen, tatsächlich eine schlechte Regierungsführung und Wirtschaftspolitik aufweisen. Man wird jedoch darüber streiten können, ob einige der Länder, die über diesem Grenzwert liegen, nicht trotzdem gravierende Probleme haben. Diesem Maßstab zufolge liegt beispielsweise die Wirtschaftspolitik von Bangladesch trotz der grassierenden Korruption weit über dem Grenzwert. Das war nicht immer so: Bangladesch zählt zu den Ländern, die ihre wirklich verheerende Wirtschafts- und Regierungspolitik so zögerlich umgestalteten, dass sie das Wachstum lange hemmten.

Mangels eines besseren Begriffs nenne ich diese einkommensschwachen Länder, die unterhalb des Grenzwerts einer guten Regierungsführung und Wirtschaftspolitik liegen, «failing states», scheiternde Staaten. Diese Art emotionale Begrifflichkeit benutze ich sonst nur ungern, in diesem Fall aber hat der Begriff eine gewisse Berechtigung. Solche Staaten scheitern in zweierlei Hinsicht. Am unmittelbarsten in Bezug auf das Wohlergehen ihrer Bevölkerung. Die meisten einkommensschwachen Länder verzeichnen ein rasches Wachstum, die einkommensschwachen Länder, die unterhalb unseres Grenzwerts liegen, stagnieren. Noch beunruhigender aber ist, dass einkommensschwache, scheiternde Staaten gefährlich leben, wie wir in Kapitel 2 gesehen haben.

Trotzdem ist die exakte Definition eines «scheiternden Staates» schwierig, denn nicht alle einkommensschwachen Länder, die unterhalb unseres Grenzwerts liegen, sind in diesem Sinn scheiternde Staaten. Bei einer Reihe von ihnen sank das Rating zwar schnell, schnellte aber wieder nach oben, wenn sich die Wirtschaftspolitik zügig änderte. Solche kurzlebigen Einbrüche interessieren uns nicht. Eine vorübergehende Abweichung vom Weg einer vernünftigen Politik kann sehr viel leichter korrigiert werden als eine über Jahre hinweg verfestigte schlechte politische Praxis. Ein Einbruch im Rating könnte daher nur ein kurzlebiges Phänomen sein. Aus diesem Grund bezeichnen wir einen Staat nur dann als «scheiternd», wenn die Einstufung über einen Zeitraum von vier Jahren hinweg kontinuierlich niedrig war.

Entsprechend diesen Kriterien konnten wir, nach Jahren geordnet, Listen der Staaten erstellen, die als «scheiternd» zu definieren sind. Zu den scheiternden Staaten der jüngsten Vergangenheit zählen Angola, die Zentralafrikanische Republik, Haiti, Liberia, der Sudan, die Salomoninseln, Somalia und Simbabwe. Die Einstufung dieser Staaten ist sicherlich unumstritten. Die Demokratische Republik Kongo liegt geringfügig oberhalb dieses Grenzwerts, was zeigt, wie niedrig er angesetzt ist. Mehr als drei Viertel der untersten Milliarde leben in Ländern, die dieser Definition zufolge irgendwann einmal scheiternde Staaten waren.

Können scheiternde Staaten den Umschwung aus eigener Kraft schaffen?

Einen Umschwung einzuleiten erfordert Mut. Aber Mut ist keine messbare Größe und muss daher in meiner Analyse unberücksichtigt bleiben. Dennoch, hinter solchen Umbrüchen stecken immer Menschen, die bereit sind, ein Wagnis auf sich zu nehmen. Ein erfolgreicher Umschwung ist selten, doch das liegt in der Regel nicht an mangelndem Mut. Ich hatte Gelegenheit, den Mann kennenzulernen, der es gewagt hatte, die Wirtschaftspolitik des malawischen Diktators, Staatspräsident Hastings Banda, zu kritisieren. Dieser Mann (der, obwohl nicht mit dem Präsidenten verwandt, gleichfalls Banda heißt) legte dem Präsidenten dar, seine Unternehmung Press Holding – ein Staat im Staat –, die der Präsident als sein persönliches Eigentum führte, sei zum Scheitern verurteilt. Diese Offenheit war ein notwendiger erster Schritt, um den Präsidenten zur Abkehr von seiner bisherigen Politik zu bewegen. In Anbetracht von Bandas schlechtem Ruf ein riskantes Unterfangen. Der Präsident war zwar kein Dummkopf, aber er hasste Widerworte. Das Land würde auf eine Krise zusteuern, wenn man ihn nicht mit den Tatsachen konfrontierte, aber das konnte gefährlich sein. Es erforderte Mut, und es fand sich jemand, der diesen Mut aufbrachte. Präsident Banda ließ Banda, den Überbringer der Nachricht, nicht ermorden, er ließ ihn einsperren. Sein Mut brachte dem Mann zwölf Jahre Gefängnis ein. Ein Umschwung gelingt nur selten, denn Reformer werden oft unterdrückt, und der Preis für ihr Engagement ist manchmal hoch. Während des nun folgenden langen Marschs durch die Statistiken sollten wir also nicht aus dem Blick verlieren, was es kostet, Reformen auf den Weg zu bringen.

Um einen Umschwung statistisch zu untersuchen, mussten wir zunächst einmal definieren, was wir darunter verstehen. Das einfachste Kriterium wäre natürlich nachzusehen, ob ein Staat seinen Kurs weiter hält oder korrigiert hat, aber daraus ergäben sich schnell Widersinnigkeiten. Wurde nach einer langen Phase unterhalb des Grenzwerts dieser gerade einmal überschritten, wollten wir darin ja keinen Umschwung sehen. Berücksichtigt man, dass solche Bewertungen subjektiv sind, konnte eine so minimale Verbesserung durchaus eine Fehleinschätzung sein. Aber selbst wenn die Verbesserung real war, lag sie einfach zu niedrig, um signifikant zu sein. Wir untersuchten daher nur Umschwünge, die deutlich genug ausfielen und somit unzweifelhaft waren. Wir legten auch keine zeitliche Begrenzung fest. Bangladesch steht beispielhaft für ein Land, in dem sich der Umschwung sehr langsam vollzog. Es gab keinen dramatischen Umbruch, aber über einen Zeitraum von fünfundzwanzig Jahren hinweg verbesserten sich die wirtschaftspolitischen und einige institutionelle Rahmenbedingungen von miserabel zu ausreichend (ausgenommen die Regierungsführung).

Aber eine signifikante Verbesserung allein genügt nicht; sie muss auch dauerhaft sein. Wir definierten «dauerhaft» als einen Mindestzeitraum von fünf Jahren. Hätten wir einen extrem langen Zeitraum zugrunde gelegt, wäre ein Land wie Indonesien ausgeklammert geblieben. Der Transformationsprozess Indonesiens begann 1967 und vollzog sich auf breiter Basis bis zum abrupten Zusammenbruch 1998 im Zuge der asiatischen Finanzkrise. Es wäre uns falsch erschienen, diesen Kollaps auf das Scheitern der Reformen zurückzuführen.

Nachdem wir also definiert hatten, was wir mit «Umschwung in einem scheiternden Staat» meinen, konnten wir uns endlich der Frage zuwenden, wodurch dieser bewirkt wurde. Dazu untersuchten wir zunächst dessen Vorbedingungen und fragten dann, wovon es abhing, ob ein einmal begonnener Umschwung dauerhaft und die Merkmale eines scheiternden Staates nicht länger gegeben waren.

Die Vorbedingungen für einen Umschwung

Die Vorbedingungen für einen wirtschaftlichen Umschwung zu bestimmen, ähnelt methodologisch der Bestimmung der Vorbedingungen für einen Bürgerkrieg. Wir schätzten Jahr für Jahr die Wahrscheinlichkeit eines Umschwungs in den betreffenden Ländern und suchten aus einem breiten Spektrum möglicher Indikatoren nach den entscheidenden. Zu unserer Überraschung fanden wir nur drei hinreichend signifikante Indikatoren. Der dauerhafte Umschwung eines scheiternden Staates war umso wahrscheinlicher, je größer seine Bevölkerung und je höher deren Bildungsgrad war. Der dritte und vielleicht überraschendste Indikator war die Tatsache, dass das Land soeben einen Bürgerkrieg überwunden hatte. Zu den vielen weiteren Indikatoren, die auf die eine oder andere Art eher keine Rolle zu spielen scheinen, zählten Demokratie und politische Grundrechte. Sehen wir uns diese Indikatoren noch einmal genauer an. Ausgebildete demokratische Strukturen scheinen für einen grundlegenden Wandel der wirtschaftspolitischen Rahmenbedingungen eher bedeutungslos. Ein harter Schlag für die Verfechter demokratischer Ideale, zumal heute demokratieähnliche Regierungsformen in den Ländern der untersten Milliarde öfter zu finden sind. Eine große Bevölkerung mit einem hohen Bildungsgrad dagegen ist hilfreich. Das bedeutet: Ein Land braucht eine kritische Masse von Gebildeten, um eine Reformstrategie erarbeiten und durchführen zu können. Der Anstoß zur Veränderung muss aus dem Innern der Gesellschaft kommen, sagen wir ruhig, von den Helden. Deren Erfolgschancen wiederum hängen von der Kompetenz derer ab, mit denen sie zusammenarbeiten. China unter Mao Zedong und Tansania unter Julius Nyerere scheiterten – mit ähnlichen Strategien. Die chinesische Elite überdachte alles noch einmal und vollzog dann einen radikalen Strategiewechsel. Es gab auch kompetente und mutige Tansanier, die auf einen Wandel drängten und sich schließlich durchsetzen konnten, aber in den achtziger Jahren waren sie einfach in der Minderzahl. Zudem regte sich der Widerstand westlicher Marxisten, die der Regierung schmeichelten, was diese in ihrer Selbstzufriedenheit nur bestärkte. (Ich weiß noch, dass einer der Reformer sagte: «Wenn diese Marxisten es hier so wunderbar finden, warum kommen sie dann nicht her und leben bei uns?»)

Und dann ist da noch das sonderbare Resultat, dass die Wahrscheinlichkeit von Reformen nach einem Bürgerkrieg steigt. Aber vielleicht ist das gar nicht so sonderbar. In Ländern, die gerade einen Bürgerkrieg hinter sich haben, herrschen normalerweise desaströse staats- und wirtschaftspolitische Bedingungen, während der folgenden zehn Jahre jedoch wandelt sich die Lage deutlich zum Positiven. In einer solchen Situation ist eine Umgestaltung der Wirtschaftspolitik relativ einfach, weil die alten Interessensstrukturen erschüttert sind. Darauf werde ich in Teil 4 zurückkommen, wo es um Interventionen geht.

Und nun die schlechte Nachricht. Aufs Ganze gesehen, ist die Wahrscheinlichkeit eines Landes, in irgendeinem Jahr einen dauerhaften Umschwung zu schaffen, mit 1,6 Prozent extrem gering. Scheiternde Staaten können sich nur schwer aus dem Status quo befreien. Unserer Wahrscheinlichkeitsrechnung nach braucht es durchschnittlich ganze neunundfünfzig Jahre, bis sich in einem Staat der Zerfallsprozess umkehrt.

Beginnender Umschwung

Als Nächstes untersuchten wir die Anfangsphasen einer Reform und die Determinanten für einen dauerhaften Wandel. Der Transformationsprozess kann so lange dauern, bis das Land definitiv den Schritt aus der Entwicklungsfalle heraus geschafft hat; er kann aber auch gestört werden, so dass das Land wieder in den alten Zustand zurückfällt; oder aber das Land stagniert, über Jahre hinweg, und verharrt in einer Art Schwebezustand. Zunächst fragten wir nach den Kriterien zur Definition eines beginnenden Umschwungs. Dabei analysierten wir zwei unterschiedliche Situationen: ein Land, in dem der Umschwung bereits begonnen hatte, ohne so recht Fahrt aufgenommen zu haben; und ein Land, in dem soeben ein neuer Präsident sein Amt angetreten hatte. Die Frage, was einen beginnenden Umschwung dauerhaft macht, ist nur auf den ersten Blick mit der Frage nach dessen Startbedingungen identisch. Es galt also zu untersuchen, was im Laufe der Zeit geschieht. Die Analyse der Vorbedingungen eines Umschwungs dagegen kann sich auf ein schlichtes Vorher und Nachher beschränken.

Was also haben wir herausgefunden? Ich unterscheide hier zwischen sinnvollen externen Interventionen, die ich in Teil 4 genauer erörtern werde, und den Vorbedingungen, die erfüllt sein müssen, damit diese Interventionen effizient sind. Wir fanden sechs solcher Vorbedingungen. Die Wahrscheinlichkeit, dass eine beginnende Reform zu einem nachhaltigen und dauerhaften Umschwung wurde, stieg, wenn das Einkommen des Landes höher, die Bevölkerung größer und ihr durchschnittlicher Ausbildungsstand besser war. Die Wahrscheinlichkeit fiel geringer aus, wenn das Staatsoberhaupt schon lange im Amt war, die Terms of Trade (der reale Außenwert der heimischen Währung als Indikator internationaler Wettbewerbsfähigkeit) sich bereits positiv entwickelt hatten und das Land soeben einem Bürgerkrieg entkommen war.

Der Vergleich mit den Vorbedingungen für einen Umschwung ergibt eine Reihe von frappierenden Ähnlichkeiten und einen auffälligen Unterschied. Zunächst die Ähnlichkeiten: Länder mit einer großen Bevölkerung, die über eine gute Schulbildung verfügt, sind doppelt gesegnet, denn die Wahrscheinlichkeit eines Umschwungs *und* die Wahrscheinlichkeit von dessen Erfolg sind größer. Der entscheidende Unterschied kommt zum Tragen, wenn wir die Situation eines Landes nach einem überstandenen Bürgerkrieg betrachten. In einer Postkonflikt-Situation hat das Land gute Chancen, dass ein dauerhafter Umschwung gelingt, die Wahrscheinlichkeit dagegen, dass einzelne, beginnende Reformen weitergeführt werden, fällt geringer aus. Wie passen diese beiden scheinbar widersprüchlichen Statements zusammen? Die Erklärung scheint mir zu sein, dass in einem Land, das soeben einen Bürgerkrieg überstanden hat, die Verhältnisse extrem offen sind. Reformen jedweder Art können deshalb leichter in Angriff genommen werden als in anderen scheiternden Staaten, aber viele dieser begonnenen Reformen werden scheitern, weil ein kontinuierlicher Kurs der Veränderung nur schwer zu halten ist. Offenbar gibt es einen entscheidenden Unterschied zwischen einem Land in einer Postkonflikt-Situation und anderen scheiternden Staaten. Man denke an das niederschmetternde statistische Resultat von neunundfünfzig Jahren, die es braucht, bis sich in einem Staat der Zerfallsprozess umkehrt. Ein scheiternder Staat ist wie gelähmt, da eine schlechte Regierungsführung und Wirtschaftspolitik nur schwer abzuschütteln sind. Ein Land, das soeben einen Bürgerkrieg hinter sich hat, bildet hier die große Ausnahme. Es gehört zwar zu den scheiternden Staaten, der Wandel aber kann dennoch relativ leicht in Gang kommen. Die Schlussfolgerung lautet, dass unsere Interventionsstrategien auf diese beiden Grundsituationen scheiternder Staaten abgestimmt und Postkonflikt-Situationen als Chance begriffen werden müssen. Mehr dazu in Teil 4.

Versäumnisse sind teuer: Warum es für die Politik der G8 wichtig ist

Der typische scheiternde Staat wird sehr lange in diesem Zustand verharren. Spielt das irgendeine Rolle? Das Thema «failing states», scheiternde Staaten, ist deshalb so sehr in Mode gekommen, weil man ahnt, dass es eben doch eine Rolle spielt. Nach dem 11. September 2001 wurde das Budget der US-amerikanischen Entwicklungsbehörde USAID um 50 Prozent aufgestockt, und der Hauptgrund war der Eindruck, dass es wichtig sei, scheiternden Staaten zu helfen. In Teil 4 werden wir sehen, dass Entwicklungshilfe paradoxerweise genau das *nicht* leisten kann. Aber wie können wir über diesen vagen Eindruck, dass scheiternde Staaten ein Problem sind, hinausgelangen? Lassen sich die Kosten eines scheiternden Staates genauer beziffern?

Unsere Definitionskriterien eines scheiternden Staates waren schlechte Regierungsführung und Wirtschaftspolitik. Die Kosten beziffern im Wesentlichen den Schaden, den diese scheiternde Regierungs- und Wirtschaftspraxis der Wirtschaft des Landes selbst sowie der seiner Nachbarn zufügen. Lisa Chauvet und ich beschlossen, für diese Kosten eine Untergrenze anzusetzen und zahlreiche Konsequenzen staatlichen Scheiterns nicht mitzuberücksichtigen, die durchaus Anlass zur Sorgen geben. So ließen wir beispielsweise die Ausgaben für innere Sicherheit außer Acht, die erheblich steigen, wenn ein Bürgerkrieg droht, sowie die Humankosten aufgrund einer vermeidbar hohen Säuglingssterblichkeit. Um eine Vorstellung zu vermitteln, wie viel wir unberücksichtigt ließen, erinnere ich daran, dass ich in Kapitel 2 als durchschnittliche Kosten eines Bürgerkriegs für eine Region rund 64 Milliarden Dollar angesetzt hatte. Um die Kosten der Entwicklungsfallen nicht doppelt zu rechnen, beschränke ich mich hier auf die Kosten eines scheiternden Staates im Frieden.

Um die wirtschaftlichen Kosten eines scheiternden Staates zu schätzen, mussten wir ein neues Messinstrumentarium entwickeln. Dafür benötigten wir Zeit, doch wir standen unter Druck, weil unsere Studie von einer Gruppe von Geberländern finanziert wurde. Und wie es in der Politik so oft geschieht, gaben sie die Studie erst in Auftrag, als sie merkten, dass sie Antworten brauchten, und dann musste es schnell gehen. Politiker begegnen Forschern mit sehr viel Skepsis, nicht selten aus gutem Grund. Es liegt in der Natur der Sache, dass ein «Fortschritt» im Sinne verwertbarer Resultate erst sehr spät zutage tritt. Und diese Art Forschung ist riskant, weil sich manchmal herausstellt, dass die ermittelten Daten zur Beantwortung der Frage nicht taugen und alle Anstrengungen umsonst waren. Aber in diesem Fall kamen wir glücklicherweise zu überraschend handfesten Ergebnissen.

Die Kosten eines scheiternden Staates steigen mit jedem Jahr. Die Wachstumsrate eines scheiternden Staates ist extrem gering, nicht selten sogar rückläufig. Und dasselbe gilt für die Nachbarstaaten. Da scheiternde Staaten sehr lange brauchen, um einen Umschwung zu schaffen, bauen sich diese Kosten noch weit in die Zukunft hinein auf. Wirtschaftswissenschaftler rechnen zukünftige Kosten in der Regel zu einer einzigen Zahl zusammen, die sie als «diskontierten Gegenwartswert» bezeichnen. Nach unseren Schätzungen betragen die Kosten eines scheiternden Staates über den gesamten Zeitraum seines Scheiterns für das Land und seine Nachbarstaaten zusammengerechnet rund 100 Milliarden Dollar. Das ist die Untergrenze dessen, was ein dauerhafter Umschwung schätzungsweise «wert» ist. Ein frappierend hoher Wert, aber das Phänomen ist schließlich auch dramatisch: eine Welt ohne scheiternde Staaten wäre eine völlig andere Welt. Ist diese Zahl aberwitzig hoch? Ich glaube, man kann mit gutem Grund behaupten, sie sei noch viel zu niedrig angesetzt, denn sie berücksichtigt lediglich die Kosten für das Land selbst und seine Nachbarn.

Um eine Vorstellung zu bekommen, wie hoch reiche Länder einen solchen Umschwung beziffern, betrachten wir den Irak. Die US-geführte Militärintervention im Irak gibt uns die einmalige Gelegenheit zu berechnen, was ein zentraler internationaler Akteur für sich selbst als Nutzen eines dauerhaften Umschwungs ansieht. Das Ziel der US-geführten Intervention war ganz klar ein Regimewechsel. Das irakische Regime galt als klassisches Beispiel für einen scheiternden, aber politisch stabilen Staat, weshalb man die Gesamtkosten des Staatsversagens zu Recht extrem hoch veranschlagen konnte. Die Militärintervention im Irak kostete bisher rund 350 Milliarden Dollar, aber werfen wir einen Blick auf die ursprünglichen Schätzungen. Vor Beginn des Kriegs konnte man dessen Kosten leicht auf mindestens 100 Milliarden Dollar schätzen. Als man sich zur Intervention im Irak entschloss, ging man von einem Nutzen aus, der größer war als die erwarteten Kosten. Der erwartete Nutzen einer Intervention – nämlich der

Umschwung – ist vom Wert dieses Umschwungs abhängig, aber bei der Berechnung dieses Werts ist die Wahrscheinlichkeit mitzuberücksichtigen, dass der erhoffte Umschwung ausbleibt. Hat der Umschwung nur eine Erfolgschance von 50 Prozent, entspricht der erwartete Wert der Intervention nur der Hälfte des Nutzens, den man sich aus dem Umschwung erhoffte. Bei der Intervention im Irak muss also der erwartete Wert höher gewesen sein als die erwarteten Kosten der Intervention und somit höher angesetzt werden als 100 Milliarden Dollar. Hat die Bush-Regierung die Möglichkeit mitberücksichtigt, dass ein neues Regime den Irak wieder zu einem scheiternden Staat machen könnte, so ist der Wert eines erfolgreichen Umschwungs zwangsläufig größer als die Kosten der Militärintervention. Gewiss, die US-geführte Intervention im Irak ist in vielerlei Hinsicht ungewöhnlich. Die Kosten eskalieren, und daher erscheint die Intervention zunehmend als ein Fehler. Aber es geht mir nicht um eine Kosten-Nutzen-Analyse der Intervention im Irak, geschweige denn um eine Bewertung des größeren politischen Kontexts. Ich will einfach nur sagen, dass der Wert eines erfolgreichen Umschwungs für die internationale Gemeinschaft sehr hoch ist.

Befürworter des Irakkriegs müssen also zugeben, dass der Nutzen des Umschwungs eines scheiternden Staates enorm ist. Gegen den Irakkrieg zu sein bedeutet wiederum nicht automatisch, dass man den Umschwung scheiternder Staaten nicht für wertvoll erachtet. Die Sorge der Irakkrieg-Gegner gilt wohl eher den tatsächlichen Kosten einer ihrer Ansicht nach zweifelhaften militärischen Intervention. Stellen wir uns folgende Frage: wie viel wäre es wert gewesen, wenn die Iraker selbst Saddam Hussein gestürzt und ein stabiles Regime errichtet hätten?

In Teil 4 werde ich nichtmilitärische Interventionen als Instrument für den Umschwung in scheiternden Staaten erörtern – Interventionen also, die lokale Reformanstrengungen unterstützen. Kluge Unterstützung von außen erhöht zwar die Chance auf einen Umschwung, aber die Wahrscheinlichkeit bleibt groß, dass einzelne Reformanstrengungen trotzdem scheitern. Es ist eine Möglichkeit anzunehmen, dass man mit nichtmilitärischen Interventionen einem scheiternden Staat schneller aus der Klemme helfen kann. Solche Interventionen kosten Geld. Ob sie ihr Geld wert sind, hängt davon ab, inwieweit sie die Chancen für einen dauerhaften Umschwung erhöhen und wie viel ein erfolgreicher Umschwung wert ist. Wenn die Kehrtwende eines scheiternden Staates auch nur annähernd den Wert besitzt, von dem ich ausgehe – nämlich 100 Milliarden Dollar für die Region und vermutlich noch weit mehr für den Rest der Welt –, lohnt sich ein Engagement, selbst wenn die Wahrscheinlichkeit eines Gelingens nur geringfügig steigt. Lisa und ich sind, wie wir noch sehen werden, überzeugt, einen nichtmilitärischen Weg der Intervention gefunden zu haben, den einzuschlagen sich auch dann lohnt, wenn man einen erfolgreichen Umschwung auf lediglich 7 Milliarden Dollar beziffert. Unserer Ansicht nach ein gutes Geschäft, auch wenn sich die Welt noch nicht darauf eingelassen hat, jedenfalls nicht in großem Stil.

Teil 3

ZWISCHENFRAGE: RETTUNG DURCH GLOBALISIERUNG?

Kapitel 6

Den Zug verpasst: Die weltwirtschaftliche Marginalisierung der untersten Milliarde

Die ärmste Milliarde Menschen sitzt in der einen oder anderen oben beschriebenen Falle fest. 73 Prozent von ihnen kennen den Bürgerkrieg. 29 Prozent leben in Ländern, deren politische und wirtschaftliche Strategien an den Rohstoffeinnahmen ausgerichtet sind. 30 Prozent dieser Länder sind ressourcenarm, ohne Zugang zum Meer und von schlechten Nachbarn umgeben. Und 76 Prozent haben über einen längeren Zeitraum hinweg eine miserable Regierungspraxis und Wirtschaftspolitik erlebt. Zählt man alle diese Prozente zusammen, wird deutlich, dass einige Länder in mehreren Fallen gleichzeitig sitzen bzw. von einer Falle in die nächste tappen.

Aber Fallen sind etwas anderes als schwarze Löcher. Es ist nicht unmöglich, nur sehr schwierig, sich aus ihnen zu befreien. Nehmen wir zum Beispiel die Falle der schlechten Regierungsführung und unzureichenden Wirtschaftspolitik, und bedenken wir, dass die mathematische Erwartung bezüglich der Zeit, die es braucht, um diese Strukturen zu überwinden, annähernd sechzig Jahre beträgt. Diese Erwartung errechnet sich aus der sehr geringen Chance von weniger als zwei Prozent, binnen eines Jahres aus dieser Falle herauszukommen. Aber trotz dieser minimalen Chance schafft es natürlich ein Land von Zeit zu Zeit. Das gilt für alle Fallen: ein Frieden hält (wie derzeit in Angola); Bodenschätze gehen zur Neige (wie in Kamerun, dessen Ölreserven nahezu erschöpft sind); den Reformkräften gelingt es, die staats- und wirtschaftspolitischen Rahmenbedingungen ihres Landes zu verändern (wie derzeit in Nigeria). Solche Veränderungen haben ihrerseits Auswirkungen auf die Binnenstaaten. Während Nigeria der Umschwung gelingt, befindet sich Niger, wie eh und je ohne Zugang zum Meer, jetzt doch in besserer Nachbarschaft. In diesem Kapitel wollen wir fragen, wie es weitergehen kann.

Man möchte meinen, dass ein Land, einer Falle entronnen, endlich anfangen kann aufzuholen – dass es wachsen wird, und zwar recht schnell. Der Fachbegriff für diesen Prozess des Aufholens heißt «Konvergenz». Das am besten untersuchte Beispiel für Konvergenz ist die Europäische Union. Portugal, Irland und Spanien, anfangs die ärmsten Mitgliedsländer, sind am schnellsten gewachsen, während Deutschland, anfangs das reichste Mitgliedsland, langsam gewachsen ist. Die Staaten der Europäischen Union haben sich also einander angeglichen. Aus diesem Grund drängten relativ arme Länder Osteuropas wie Polen in die EU, während Länder wie Norwegen und die Schweiz, die reicher sind als die EU-Mitgliedsstaaten, sich gegen einen Beitritt entschieden haben. Dieser Prozess der Konvergenz vollzieht sich auch auf globaler Ebene: Länder mit niedrigerem Einkommen wachsen insgesamt schneller als die reichen Länder. Die reichen Länder sind besorgt darüber, dass China derart schnell aufholt. Dass die Länder der untersten Milliarde diesem Trend, einen Rückstand aufzuholen, nicht folgten, war das Rätsel, mit dem ich begonnen habe. Und meine Erklärung war bisher, dass sie in einer oder mehreren Fallen feststecken.

Werden aber Länder, die den Fallen entkommen sind, dem von der erfolgreichen Mehrheit der Entwicklungsländer vorgezeichneten Weg folgen? Werden auch sie aufholen und sich angleichen können? Globalisierung spaltet die Gemüter. Die einen begrüßen sie, die anderen verdammen sie als ein schreckliches Übel. Die traurige Realität ist, dass die Globalisierung zwar der Mehrheit der Entwicklungsländer den Weg zum Wohlstand geebnet hat, den Nachzüglern aber umso mehr Steine in den Weg legt. In diesem Kapitel geht es um die Frage, warum die Länder der untersten Milliarde den Zug verpasst haben.

Was ist Globalisierung? Ihre wirtschaftlichen Folgen für die Entwicklungsländer werden von drei Faktoren beeinflusst: dem Güterverkehr, den Kapitalströmen und der Migration. Diese drei Aspekte der Globalisierung sind so unterschiedlich, dass die Beurteilung einer Wirtschaft hinsichtlich des Grades ihrer Globalisierung von dem jeweils ins Auge gefassten Aspekt abhängt. Betrachtet man die Kapital- und Bevölkerungsbewegungen, waren die Entwicklungsländer vor hundert Jahren stärker globalisiert als heute. Einzig der Güterverkehr hat beispiellose Dimensionen erreicht. Aber auch dessen Entwicklung vollzog sich nicht als kontinuierlicher Prozess. Kriege und Protektionismus ließen zwischen 1914 und 1945 den Welthandel völlig zusammenbrechen. Oft heißt es, Globalisierung sei unausweichlich. Betrachtet man aber den Zeitraum zwischen 1914 und 1945, werden doch Zweifel an dieser Behauptung geweckt. Für Globalisierungsgegner dürfte der damalige Rückgang des Güter- und Kapitalverkehrs und der Migration von großem Interesse sein, als eine Art natürliches Experiment. Unglücklicherweise ein Experiment mit verheerenden Folgen. Rückschritte im Prozess der Globalisierung sind zwar theoretisch durchaus vorstellbar, der konkrete Fall jedoch zeigt, dass sie alles andere als wünschenswert sind.

Betrachten wir nun diese drei Aspekte der Globalisierung, um zu sehen, welche Folgen sie für die unterste Milliarde haben.

Der Güterverkehr und die ärmste Milliarde

Welthandel gibt es seit ein paar tausend Jahren. Die tiefgreifendsten Veränderungen in Art und Umfang des Handels vollzogen sich jedoch erst in den letzten fünfundzwanzig Jahren. Erstmals in der Geschichte drängten Entwicklungsländer auf die globalen Märkte, um Waren und Dienstleistungen und nicht mehr nur Primärgüter zu verkaufen. Bis etwa 1980 exportierten die Entwicklungsländer ausschließlich Primärgüter. Heute sind 80 Prozent ihrer Exporte Industrieprodukte, und auch der Export von Dienstleistungen wächst. Primärgüter machen sich den Produktionsfaktor Boden zunutze, und ihr Export kommt in erster Linie denen zugute, denen der Grund und Boden gehört. Manchmal gehört er Bauern, oft jedoch sind die Hauptnutznießer Bergbauunternehmen und Großgrundbesitzer. Handel, der auf dem Export von Primärgütern beruht, führt also in der Regel zu einer eklatanten Einkommensungleichheit. Und der Umfang der Exporte wird durch die Größe des Markts begrenzt: je höher die Exportquote, desto stärker wenden sich die Preise gegen die Exporteure. Waren und Dienstleistungen dagegen bieten sehr viel mehr Chancen auf eine gerechte und zügige wirtschaftliche Entwicklung. Sie nehmen die Arbeitskraft in Dienst, nicht den Boden. Mit der Möglichkeit zum Export wächst die Nachfrage nach Arbeitskräften. Aufgrund der großen Zahl unproduktiver Arbeitskräfte in Entwicklungsländern steigt mit dem Export von Waren die Wahrscheinlichkeit, dass die Entwicklung breiteren Bevölkerungsschichten zugute kommt. Und weil der Weltmarkt für Waren und Dienstleistungen riesig ist und zunächst von den reichen Ländern beherrscht wurde, sind die Expansionsmöglichkeiten für Entwicklungsländer gewaltig.

Aber bevor wir angesichts dieser Transformation des Handels zugunsten der Entwicklungsländer unbedacht ins Schwärmen geraten, wollen wir fragen, warum es so lange gedauert hat. In den sechziger und siebziger Jahren beherrschten die reichen Länder den Weltmarkt für Industriegüter, obwohl ihre Lohnkosten rund vierzigmal so hoch waren wie in den Entwicklungsländern. Warum machte diese enorme Diskrepanz bei den Lohnkosten die Entwicklungsländer nicht wettbewerbsfähig? Eine Antwort lautet: die reichen erlegten den armen Ländern Handelsbeschränkungen auf. Eine andere: die armen Länder blockierten sich selbst mit eigenen Handelsbeschränkungen, die Exporte auf den Weltmarkt unprofitabel machten. Aber Handelsbeschränkungen sind nicht die einzige Erklärung dafür, dass diese immense Lohndifferenz so lange ohne Konsequenzen blieb. Die wichtigere Erklärung lautet, dass die reichen Länder diese hohen Lohnkosten deshalb so gut verkrafteten, weil es bei der Industriegüterproduktion räumliche Skaleneffekte gibt (mit der Möglichkeit, große Mengen zu geringen Stückkosten zu produzieren). Wenn viele Betriebe am selben Standort produzieren, sinken für jeden einzelnen Betrieb tendenziell die Kosten. Fertigen viele Betriebe dasselbe Produkt, führt das zu einer Konzentration von Arbeitskräften mit den Fachkenntnissen, die in diesen Betrieben gebraucht werden. Und viele Firmen an ein und demselben Standort wiederum garantieren eine effiziente Produktion. Verlagert ein Betrieb seine Fertigung dagegen an einen Standort, wo keine anderen Firmen sind, werden dessen Kosten sehr viel höher ausfallen, selbst wenn die reinen Lohnkosten ungleich geringer sind.

Der Fachbegriff dafür lautet «economies of agglomeration», Agglomerationseffekte aufgrund der Konzentration von Betrieben in einer bestimmten Region. Agglomeration bildete gleichsam den Eckpfeiler für eine wichtige Erkenntnis von Paul Krugman und Tony Venables. Sie untersuchten die Frage, was geschieht, wenn die Lohndifferenz so groß wird, dass die vorteilhaften Skaleneffekte keine Rolle mehr spielen. Nehmen wir an, ein Betrieb überspringt als erster erfolgreich die tiefe Kluft im Lohngefüge, er verlagert also seine Produktion aus einem Land mit hohen Lohnkosten in ein Billiglohnland. Anfangs wird das Unternehmen zwar keine großen Gewinne machen, aber immerhin auch keine Verluste. Wenn man mit der Verlagerung der Produktionsstätte schnell reich werden könnte, hätte es ein anderer Betrieb längst getan. Dieser Betrieb also war der erste, der seinen Standort verlagert hat, ohne zu bankrottieren. Er kommt gerade einmal über die Runden, aber er steht allein auf weiter Flur. Es gibt keine anderen Betriebe am selben Standort, mit denen gemeinsam die Firma eine Agglomerationswirtschaft bilden könnte. Aber sie macht trotzdem weiter. Und jetzt kommt der entscheidende Punkt. Wie stellt sich die Situation für einen zweiten Betrieb dar, der eine Standortverlagerung in Erwägung zieht? Für ihn sieht die Sache etwas besser aus, denn es gibt hier ja bereits einen Betrieb. Also verlagert das zweite Unternehmen seine Produktion – und hilft damit auch dem ersten Betrieb. Beiden geht es deutlich besser. Und einem dritten Betrieb geht es noch besser. Bald werden weitere Firmen den neuen Produktionsstandort wählen. Kommt Ihnen das bekannt vor und Sie denken an die Verlagerung der Industriegüterproduktion aus den Vereinigten Staaten und Europa nach Asien? Diese Entwicklung vollzog sich explosionsartig, weil mit der Standortverlagerung ins Billiglohnland Asien dort Agglomerationen entstanden – mit der Folge, dass in Asien die Löhne steigen. Aber weil der Lohnunterschied zu Beginn immens war und es eine große Zahl billiger Arbeitskräfte in Asien gibt, wird der Konvergenzprozess noch Jahre dauern. Ich beschrieb ihn als die fortschreitende Standortverlagerung von Betrieben: Outsourcing oder Delokalisierung. Das muss nicht so sein; man kann aber die Entwicklung nicht dadurch aufhalten, dass man den Unternehmen verbietet, ihre Produktionsstätten zu verlagern. Ebenso gut wäre denkbar, dass in einem Billiglohnland neue Betriebe entstehen, mit denen die Betriebe an Standorten mit hohen Lohnkosten nicht mehr konkurrieren können. Betriebe brauchen nicht den Standort zu wechseln, damit Industrieaktivitäten ihren Schwerpunkt verlagern. Wenn an einem Standort neue Betriebe entstehen und an einem anderen Betriebe sterben, läuft es auf dasselbe hinaus.

Um auf dem Weltmarkt eine Chance zu haben, muss kostengünstig produziert werden. Hat ein Land diesen Schritt geschafft, sind seine Expansionsmöglichkeiten nahezu unbegrenzt. Ist der erste Betrieb profitabel, dann sind es auch die Folgefirmen. Eine solche Expansion schafft Arbeitsplätze, insbesondere für junge Leute. Zugegeben, die Arbeitsplätze sind alles andere als optimal; aber sie sind eine Verbesserung im Vergleich mit der Mühsal und Monotonie, die die Arbeit auf einem kleinen Bauernhof bedeutet oder das Herumlungern an einer Straßenecke, um Zigaretten zu verkaufen. Die Arbeitsplätze geben den Arbeitern und ihren Familien materielle Sicherheit. Und je größer die Nachfrage, desto kleiner wird das Angebot, und die Löhne steigen. So geschah es Ende der neunziger Jahre in Madagaskar. Die Regierung errichtete eine Exportförderzone und ergriff Maßnahmen zur Stärkung der Wettbewerbsfähigkeit von Unternehmen, die nun vom US-amerikanischen Handelsabkommen Africa Growth and Opportunity Act profitieren konnten. Fast über Nacht stieg die Zahl der Arbeitsplätze in dieser Zone auf 300 000, eine ganze Menge in einem Land mit nur 15 Millionen Einwohnern. Die Zahl der Arbeitsplätze wäre wohl noch weiter gestiegen, wäre nicht die Politik dazwischengekommen. Nach verlorener Wahl verweigerte der Präsident, Admiral Didier Ratsiraka, den Rücktritt. Er mobilisierte seine Gefolgsleute, die den Zugang zum Hafen der von ihnen kontrollierten Stadt blockierten. Acht Monate lang versuchte der ehrenwerte Admiral, seinen Job wiederzubekommen, indem er das Wirtschaftsleben des Landes lahmlegte. Es überrascht kaum, dass die Exportförderzone schrumpfte. Als sich die Verhältnisse wieder stabilisiert hatten, gab es nur noch 40 000 Arbeitsplätze, und viele Betriebe zögerten mit der Rückkehr. Der Manager einer amerikanischen Textilfirma meinte fassungslos, der Ex-Präsident habe offenbar beschlossen, sein eigenes Land zugrunde zu richten. «Wenn das so ist», sagte er, «dann ohne uns. Wir halten uns an Asien.»

Madagaskar, ein Land der untersten Milliarde, hätte es in den neunziger Jahren fast geschafft, die Weltmärkte zu erobern. Und wie steht es mit der untersten Milliarde allgemein? Unter den Ländern mit niedrigem Einkommen waren es jedenfalls nicht die der ärmsten Milliarde, die von europäischen und amerikanischen Betrieben als neuer Produktionsstandort ausgewählt wurden. Wie wurden dadurch ihre Chancen auf Konvergenz beeinflusst? Meines Erachtens war in den achtziger Jahren der Lohnunterschied groß genug, dass jedes beliebige Entwicklungsland mit niedrigem Einkommen Zugang zu den globalen Märkten hätte finden können, sofern es nicht in einer der Fallen feststeckte. In den neunziger Jahren verringerte sich diese Chance, weil Asien Agglomerationen für Industriegüter und Dienstleistungen aufbaute. Diese Agglomerationen wurden enorm wettbewerbsfähig: niedrige Löhne kombiniert mit Skaleneffekten aufgrund der Produktion großer Mengen zu geringen Stückkosten. Weder die reichen Länder noch die der untersten Milliarde konnten hier mithalten. In den reichen Ländern waren die Löhne zu hoch, und in den Ländern der untersten Milliarde, wo die Löhne niedrig waren, gab es keine Agglomerationen. Sie hatten den Zug verpasst.

Ich beschloss, dies empirisch zu untersuchen. Diesmal war mein Teamkollege Steve O'Connell, der schon beim Thema «Binnenstaaten» mit mir zusammengearbeitet hatte. Wir gingen der Frage nach, ob die Länder der untersten Milliarde in den achtziger Jahren nicht ein Eigentor geschossen hatten, als sie sich die Chancen zur Diversifizierung des Exports verbauten.

Dass wir ausschließlich Afrika und nicht «Afrika +» in den Blick nahmen, lag darin begründet, dass Steve und ich bei unserer Studie mit dem afrikanischen Forschungsnetzwerk African Economic Research Consortium zusammenarbeiteten. Ich ging davon aus, dass das, was für Afrika zutrifft, auch für die übrigen Länder der untersten Milliarde gilt. Aufs Ganze gesehen, konnte ich keinen «Afrika-Effekt» entdecken. Afrika schien eine Sonderstellung einzunehmen, weil sich hier die Merkmale der Länder der untersten Milliarde bündelten. Wie dem auch sei, wir führten eine empirische Untersuchung durch, und vielleicht stellte sich ja heraus, dass ich Unrecht hatte.

Bedenken wir zunächst, dass die Staaten Afrikas sehr viel häufiger als andere Länder entweder vom Meer abgeschnitten oder ressourcenreich sind. Aus mehreren Gründen sind sie damit bei der Exportdiversifizierung – der Entwicklung anderer Bereiche ihrer Wirtschaft – aller Wahrscheinlichkeit nach chancenlos. Diese beiden Merkmale – Binnenstaatlichkeit und Ressourcenreichtum – treffen auf nur 12 Prozent der Entwicklungsländer, aber auf zwei Drittel Afrikas zu. Selbst wenn daher alle ressourcenarmen afrikanischen Länder mit Zugang zum Meer in den achtziger Jahren auf den Weltmarkt gedrängt wären – zwei Drittel der Länder des Kontinents wären ausgeschlossen geblieben. Aber waren die ressourcenarmen Küstenstaaten Afrikas damals tatsächlich so weit, ihre Wirtschaft für den Weltmarkt zu diversifizieren? Das war die Gruppe der Länder, bei der wir die Frage untersuchten, ob sie sich nicht selbst den Weg verbaut hatten. Steve und ich verwendeten eine Klassifikation, die eines unserer Teams zur Beschreibung von nachteiligen Strukturen der Regierungsführung und Wirtschaftspolitik entwickelt hatte. Und diese Gruppe von Ländern erfüllte unserer Meinung nach die Klassifikation «scheiternde Staaten» entsprechend der Definition in Kapitel 5. In den achtziger Jahren wiesen lediglich 4 Prozent der ressourcenarmen Küstenstaaten Afrikas keine solchen nachteiligen Strukturen auf. Eigentlich nur Mauritius. Ein Unternehmen, das in den achtziger Jahren mit dem Gedanken spielte, seine Produktionsstätte in ein Niedriglohnland zu verlagern, hätte Mauritius gewählt. Und viele wagten es tatsächlich. Ein anderes afrikanisches Land kam einfach nicht in Betracht.

Aber hätten sich Unternehmen für Afrika entschieden, wenn Regierungsführung und Wirtschaftspolitik besser gewesen wären? Schwer zu sagen. Steve und ich untersuchten daher, ob diejenigen ressourcenarmen Küstenstaaten Afrikas, die der Falle eines scheiternden Staates entkamen, in der Lage gewesen waren, ihre Exporte zu diversifizieren. Das Ergebnis: jedes Jahr, in dem keine groben Fehler der Regierungs- und Wirtschaftspolitik zu verzeichnen waren, steigerte den Erfolg der Exportdiversifizierung beträchtlich. Diejenigen Länder, die aufgehört hatten, sich selbst ihre Chancen zu verbauen, waren tatsächlich in der Lage, sich neue Exportmärkte zu erschließen. Ein ermutigendes Zeichen. Es legt den Gedanken nahe, dass die Küstenstaaten Afrikas, die sich in den achtziger Jahren ihre Chance selbst verbaut hatten, vielleicht trotzdem die Möglichkeit haben könnten, den Weltmarkt zu erobern. Aber das ist heute, nach dem wirtschaftlichen Aufstieg Asiens, schwieriger geworden.

Wenn die Länder der untersten Milliarde tatsächlich den Zug verpasst hätten, wäre das ziemlich deprimierend. Denn es würde bedeuten, dass deren Regierungen wenig Sinn darin sähen, Reformen in Angriff zu nehmen, für Frieden zu sorgen oder andere Maßnahmen zu ergreifen, um sich aus den Fallen zu befreien. Mutige Reformer stehen der geballten Macht von Interessengruppen gegenüber und müssen erkennen, dass sie nur wenig ausrichten können. Denn bleibt der wirtschaftliche Erfolg von Reformen aus, stehen diese Interessengruppen schon bereit, die Reformbemühungen abzuwürgen. Oder sie greifen zum populistischen Mittel der Diffamierung. Das Deprimierendste aber für die Bevölkerung ist, wenn sie das Gefühl haben muss, das eigene Gemeinwesen sei im Innersten marode. Die langen Jahre der Misswirtschaft afrikanischer und anderer Länder der untersten Milliarde hat das Selbstvertrauen ihrer Bevölkerungen zutiefst erschüttert. Die Aussicht, dass sich an der Situation nichts ändern wird, lässt die Intelligenz des Landes ihrer Heimat den Rücken kehren.

In Teil 4 werde ich erörtern, warum diese trostlose Perspektive nicht unausweichlich sein muss. Es kann etwas getan werden. Wir müssen damit ernst machen, die Helden in ihrem Kampf zu unterstützen. In den Gesellschaften der untersten Milliarde ist er längst im Gange. Aber bleiben wir vorerst bei den gegenwärtigen Verhältnissen und untersuchen wir, wie sie sich vermutlich weiterentwickeln werden. Wann wird sich eine neue Gelegenheit ergeben, auf den Zug aufzuspringen? Mit anderen Worten: wann wird die unterste Milliarde in der Lage sein, die globalen Märkte zu erobern? Die Automatismen der globalen Wirtschaft sind so beschaffen, dass sich eine solche Gelegenheit irgendwann ergeben wird. Aber die Länder der untersten Milliarde werden lange warten müssen, bis der Lohnunterschied zu Asien so groß geworden ist wie der zwischen Asien und der reichen Welt zu Beginn der achtziger Jahre. Das heißt nicht, dass die Entwicklung der untersten Milliarde unmöglich ist. Sie wird nur zusätzlich erschwert. Dieselben Automatismen nämlich, die die Entwicklung Asiens beflügelt haben, werden die Entwicklung der untersten Milliarde behindern.

Das Wachstum von Agglomerationen in Asien hat also den Ländern der untersten Milliarde die Exportdiversifizierung erschwert. Ein weiterer Effekt dieses Wachstums ist der ständig wachsende Rohstoffbedarf Asiens, das sich beherzt Rohstoffreserven sichert. Die Chinesen schließen mit allen Staaten der untersten Milliarde Verträge zum Abbau natürlicher Ressourcen. Auf den ersten Blick eine gute Nachricht, steigen doch damit die Preise, insbesondere der Preis für Rohöl, das einige Länder der untersten Milliarde exportieren. Doch wie in Kapitel 5 dargelegt, dämpfen hohe Einnahmen aus Rohstoffexporten bei schlechter Regierungsführung (eine der Entwicklungsfallen) den Reformeifer. In Kapitel 2 sahen wir, dass gestiegene Rohstoffpreise das Risiko von Gewaltkonflikten erhöhen (eine weitere Falle), und in Kapitel 3, dass Ressourcenreichtum nur dann ein Königsweg zu mehr Wachstum ist, wenn die Regierungsführung außergewöhnlich gut ist (Stichwort Ressourcenfalle). In den Ländern der untersten Milliarde ist die Regierungsführung jedoch außergewöhnlich schlecht, und die Chinesen machen alles nur noch schlimmer, indem sie großzügig darüber hinwegsehen. Als Simbabwes Staatschef Robert Mugabe Geld brauchte, um mit den verheerenden Folgen seiner Politik fertig zu werden, verfiel er auf die Look-East-Strategie und richtete den Blick nach Osten. Nicht nach Russland, sondern nach China. Und China empfing ihn mit offenen Armen. Dasselbe gilt für Angola. Nach der Niederlage von Jonas Savimbis UNITA beschlossen die reichen Länder endlich, auf die Regierung Angolas Druck auszuüben, um dem grotesken Missbrauch der Öleinnahmen einen Riegel vorzuschieben. China gewährte Angola kurzerhand einen Kredit in Höhe von vier Milliarden Dollar, und die Regierung war aus dem Schneider. Den Ländern der untersten Milliarde gereichen ihre Rohstoffexporte also doppelt zum Nachteil: aufgrund der Folgen der Agglomerationen in den asiatischen Staaten und aufgrund von deren immensem Rohstoffbedarf.

Das Wachstum des Welthandels war für Asien ein wunderbares Geschenk. Aber der untersten Milliarde nützt dieser globale Güterverkehr nicht. Angesichts der aktuellen Tendenzen ist es wohl wahrscheinlicher, dass der Welthandel die Länder der untersten Milliarde auch in Zukunft in der Ressourcenfalle festhält. Die Exportdiversifizierung wird ihnen kaum heraushelfen.

Kapitalströme und die unterste Milliarde

In den Wirtschaften der untersten Milliarde ist Kapital knapp. Traditionell gilt es als die Aufgabe von Entwicklungshilfe, dieses fehlende Kapital bereitzustellen. Doch selbst, wenn es funktioniert, handelt es sich um öffentliches, nicht privates Kapital. Öffentliches Kapital kann zwar dazu beitragen, die notwendigen Infrastrukturen zu schaffen, es kann aber keine technischen Ausrüstungen zur Verfügung stellen, die für eine produktive Industrie notwendig sind. Hierfür bedarf es privater Investoren. In der Studie, die ich gleich vorstellen werde, berechneten wir den Kapitalbestand, der in jedem einzelnen Land jeder Arbeitskraft zur Verfügung steht. Afrika ist die kapitalärmste Region, und das wird auf dramatische Weise deutlich, wenn man das Kapital in seine öffentliche und seine private Komponente zerlegt. In einer wirtschaftlich erfolgreichen Region wie Ostasien ist mehr als doppelt so viel privates wie öffentliches Kapital vorhanden, in Afrika dagegen doppelt so viel öffentliches wie privates Kapital. Was den afrikanischen und den anderen Ländern der untersten Milliarde fehlt, sind also private Investitionen. Und aus diesem Grund fehlt es auch an technischer Ausrüstung, was wiederum Unproduktivität und niedrige Einkommen der Arbeiter zur Folge hat. Der Arbeiterschaft in den Ländern der untersten Milliarde fehlt es an privatem Kapital, das theoretisch die Globalisierung bereitstellen kann. Denn den Grundregeln der Wirtschaftstheorie zufolge sind in kapitalarmen Ländern die Kapitalrenditen hoch, was ein Anreiz für privates Kapital aus dem Ausland ist.

Zuflüsse privaten Kapitals

So *kann* globaler Kapitalismus funktionieren. China beispielsweise zieht gewaltige Mengen privaten Kapitals an sich. Gewiss, die Krise in Ostasien 1998, bei der ausländisches Geld panikartig aus der Region abgezogen wurde, hat gezeigt, dass kurzfristige Kapitalzuflüsse kein reiner Segen sind, weil sie das Land für Finanzschocks anfällig machen. Längerfristige Investitionen in Entwicklungsländern jedoch kommen allen zugute: sie schaffen Arbeitsplätze mit besseren Löhnen, und die Unternehmen erzielen höhere Erträge aus dem investierten Kapital. Solche Kapitalbewegungen sind im Allgemeinen für alle Akteure von Vorteil, genau wie der Güterverkehr. Die politische Auseinandersetzung wird gewöhnlich als ein Nullsummenspiel betrachtet, bei dem der eine gewinnt, was der andere verliert; und deshalb fällt es politisch engagierten Leuten schwer, an einen solchen beiderseitigen Nutzen zu glauben. Hier liegt womöglich der tiefere Grund für die übertriebene Skepsis gegenüber der Globalisierung.

Aber wie steht es mit der untersten Milliarde? Auch unter dem Aspekt des Kapitalverkehrs wirkt sich meiner Ansicht nach die Globalisierung hier anders aus. Die größten Kapitalströme fließen nicht in die Länder, die dieses Kapital am dringendsten benötigen. Sie fließen an der untersten Milliarde vorbei. Die größten Investitionszuflüsse verzeichnete Malaysia, ein wirtschaftlich sehr erfolgreiches Land mit mittlerem Einkommen. Privates Kapital, das in Länder der untersten Milliarde fließt, dient dagegen einzig und allein dem Abbau natürlicher Ressourcen. Aufgrund seiner Offshore-Ölvorkommen war Angola dasjenige Land der untersten Milliarde, das die größten privaten Investitionszuflüsse verzeichnen konnte.

Aber warum ziehen die meisten kapitalarmen Länder nicht mehr Kapital an sich? Historisch gesehen, lautet eine Antwort: aufgrund ihrer schlechten Regierungsführung und Wirtschaftspolitik. Offensichtlich wird dadurch zwar nicht der Zustrom von Kapital zum Ressourcenabbau verhindert (Beispiel Angola), aber private Investitionen in den Industrie-, Dienstleistungs- und Agrarsektor bleiben aus. Seit den neunziger Jahren haben nur wenige Länder der untersten Milliarde nennenswerte Reformen ihrer Regierungspraxis und Wirtschaftspolitik auf den Weg gebracht. Aber selbst diese reformwilligen Länder sind für große private Kapitalzuflüsse nicht attraktiv. Warum nicht? Cathy Pattillo, die inzwischen für den IWF arbeitet, und ich versuchten, auf diese Schlüsselfrage eine Antwort zu finden.

Sie lautet, dass der subjektive Vorbehalt von Investoren, Geld in die Wirtschaften der untersten Milliarde zu stecken, nach wie vor groß ist. Dieses subjektive Risikoempfinden ist messbar, und von überragender Bedeutung ist hier eine Studie der Zeitschrift *Institutional Investor*, die jedes Jahr das subjektiv wahrgenommene Risiko für jedes einzelne Land auf einer Skala von 1 bis 100 misst. 100 Punkte bedeutet ein Höchstmaß an Investitionssicherheit, 1 Punkt bedeutet, dass dieses Land nur etwas für Kamikaze-Investoren ist. Risikobewertungen wie diese spielen für die statistische Erklärung privater Investitionen eine entscheidende Rolle. Eine hohe Risikobewertung schreckt, kaum verwunderlich, Investoren ab.

Es hat sich jedoch gezeigt, dass der Umbruch in einem Land erst mit großer Verzögerung in dessen Risikobewertung einfließt. Auf dieses Problem reformwilliger Länder der untersten Milliarde wurde ich Anfang der neunziger Jahre aufmerksam, als ich die Regierung Ugandas beriet. Die Regierung hatte eine Reihe bemerkenswert mutiger Entscheidungen getroffen, und es begann eine, wie sich herausstellen sollte, anhaltende Phase des wirtschaftlichen Wachstums. Zu dieser Zeit aber erhielt Uganda vom *Institutional Investor* nur 5 von 100 Punkten, die schlechteste Bewertung aller afrikanischen Länder. Der Widerspruch dieser Bewertung zu den Reformanstrengungen der ugandischen Regierung war so eklatant, dass sich der Staat zu einer Imagekampagne entschloss, um sein Ansehen bei ausländischen Investoren zu steigern. Allmählich verbesserte sich das Rating Ugandas. 1997 begegnete ich bei einem Treffen in Hongkong der ugandischen Wirtschaftsdelegation. Die neueste Ausgabe des *Institutional Inves-*

tor war gerade erschienen, und die Ugander fragten mich aufgeregt: «Haben Sie gesehen?» Uganda war von 18 auf 23 Punkte vorgerückt, eine der massivsten Verbesserungen im weltweiten Vergleich. Aber mit 23 Punkten lag Uganda immer noch weit unterhalb der Grenze von 30 bis 40 Punkten, ab der ein Land als Unternehmensstandort attraktiv zu werden beginnt. Warum also dauert es so lange, bis Investoren ihre Einschätzung der Länder der untersten Milliarde korrigieren? Dafür gibt es drei Gründe.

Erstens: Paradoxerweise sind die Länder mit den größten Reformanstrengungen zugleich die, deren Regierungsführung und Wirtschaftspolitik am schlechtesten bewertet werden. Oft muss sich die Situation erst zuspitzen, bevor einschneidende Veränderungen in Angriff genommen werden. Folglich gibt vielfach erst ein wirklich miserables Rating den Anstoß zu Reformen, wie das Beispiel Uganda zeigt. Und ein Land, das mit 5 Punkten anfängt, erreicht eben erst nach einer gewissen Zeit eine Bewertung, bei der Investitionskapital zu fließen beginnt.

Zweitens: Die Wirtschaft dieser Länder ist meist sehr klein, und private Investoren verfügen daher nur über unzureichende landeskundliche Informationen, deren Beschaffung zudem zeitaufwendig ist; diese Länder sind einfach zu unbedeutend, um sich mit ihnen abzugeben. Das zeigte sich auch bei der Imagekampagne des ugandischen Staates. Uganda war zuletzt im Zusammenhang mit Idi Amin in den Schlagzeilen gewesen. Der öffentlichkeitssüchtige Amin, ein Putschist, begnügte sich nicht mit dem Präsidententitel, er ernannte sich gleich auch noch zum Feldmarschall. (Sein vollständiger Titel lautete: Seine Exzellenz Präsident auf Lebenszeit, Feldmarschall Al Hadschi Doktor Idi Amin, Träger des Viktoriakreuzes, des Distinguished Service Order, des Militärkreuzes, Herr über alle Tiere der Erde und Fische in der See, Eroberer des Britischen Reiches in Afrika im Allgemeinen und in Uganda im Besonderen.) Anfang der neunziger Jahre war Amin bereits seit über zehn Jahren im Exil, aber die meisten potentiellen Investoren glaubten, er sei nach wie vor Ugandas Präsident. Die Menschen der untersten Milliarde leben in insgesamt achtundfünfzig Ländern, die von den Investoren jedoch nicht als Einzelstaaten wahrgenommen, sondern kollektiv als «Afrika» abgetan werden. Ganz anders China. Jedes bedeutende internationale Unternehmen weiß, dass es die Entwicklungen in China sehr genau verfolgen muss. Diese Diskrepanz schlägt sich auch in den Statistiken nieder. Ein Forschungsteam konnte nachweisen, dass Investoren-Ratings die Probleme in den Ländern der untersten Milliarde systematisch übertreiben.

Drittens: Wirtschaftspolitische Maßnahmen sind oft recht fragil und Umschwünge nicht von Dauer. Die Durchsetzung von Reformen ist politisch immer schwierig, und – wie wir im folgenden Kapitel sehen werden – Auflagen der Geber («Konditionalitäten») erweisen sich als wenig hilfreich. Selbst Regierungen, die tiefgreifende Reformen wollen, werden oft in die Rolle von Reformgegnern gedrängt, die sich sträuben, die von den Gebern geforderten Veränderungen einzuleiten. Denn die Geber verlangen nun einmal die sofortige Umsetzung. Und Regierungen, die im Grunde gar keine Reformen wollen, nehmen das Geld und setzen den Reformprozess in Gang, um ihn anschließend gleich wieder einzustellen. Die wirklichen Reformkräfte sind von den falschen oft ununterscheidbar, weshalb Investoren alle diese Länder in einen Topf werfen nach dem Motto: «Ruft uns nicht an, wir werden uns melden.» Und dann gehen sie nach China.

Das Grundproblem ist die Glaubwürdigkeit. Von Gebern erzwungene Reformen gelten bei Investoren als fragwürdig; zudem ist der Ausgang von Reformen generell ungewiss, seien sie mit dem Geld der Geber finanziert oder nicht. Was also kann eine Regierung tun, die tatsächlich reformwillig ist? Die Wirtschaftstheorie gibt uns die richtige Antwort, aber diese Antwort ist nicht besonders attraktiv: die Regierung muss ein überzeugendes Signal setzen, das heißt, sie muss schmerzliche Reformen durchführen, zu denen eine reformunwillige Regierung niemals bereit wäre. Auf diese Weise dokumentiert sie ihre wahren Absichten. Genau dies tat die Regierung Ugandas. Sie restituierte Eigentum an die Asiaten, die Idi Amin vertrieben hatte, verkleinerte im Vorfeld der Präsidentschaftswahl den bürokratischen Apparat und entließ Tausende von Staatsbeamten. Durch diese Maßnahmen verbesserte sich das Rating entscheidend. So notwendig diese «Signalstrategie» sein mag, sie ist brutal und riskiert eine politische Gegenreaktion. In Teil 4 werde ich Möglichkeiten erörtern, wie ein Land seine Glaubwürdigkeit auf weniger schmerzliche Weise verbessern kann.

Abflüsse privaten Kapitals

Fehlende Kapitalzuflüsse sind jedoch nur ein Teil der Erklärung, warum die globalen Kapitalmärkte in den Ländern der untersten Milliarde nicht funktionieren. Der andere Teil lautet: aus diesen Ländern selbst fließt Kapital ab. Das geschieht zum großen Teil illegal und wird daher verschleiert. Wir sprechen von Kapitalflucht. Um zu untersuchen, ob aus den Ländern der untersten Milliarde Kapital abfließt, mussten wir einen Blick hinter die Kulissen werfen – eine schwierige und langwierige Aufgabe, die Cathy Pattillo, Anke Hoeffler und ich gemeinsam zu lösen versuchten.

Angenommen, ein Bürger aus einem Land der untersten Milliarde will sein Geld ins Ausland schaffen. Dazu braucht er Fremdwährung – Dollars, die er sich nur illegal beschaffen kann, denn in seinem Land müssen sämtliche Devisen zum offiziellen Wechselkurs an die Zentralbank verkauft werden. Was kann er also tun? Ein Trick sind gefälschte Exportpapiere. Er findet jemanden, der Kaffee im Wert von 1000 Dollar in die USA exportiert. Dieser Exporteur besticht Mitarbeiter der Zollbehörde seines Landes, so dass in den Unterlagen nur der Wert von 500 Dollar auftaucht. Der Exporteur muss also lediglich 500 Dollar an die Zentralbank verkaufen. Die anderen 500 Dollar kann er unter der Hand weiterverkaufen – an den, der sein Geld ins Ausland schaffen will. Um derartigen Machenschaften auf die Spur zu kommen, suchten wir nach Unstimmigkeiten. Der Kaffeeexporteur besticht zwar die Zollbeamten seines Landes, nicht aber die US-amerikanischen Zollbeamten, in deren Dokumenten demzufolge die korrekten 1000 Dollar auftauchen, der Wert des in die Vereinigten Staaten exportierten Kaffees. Durch Vergleich von Export- und Importdaten und unter Berücksichtigung weiterer Unstimmigkeiten lässt sich die Kapitalflucht Jahr für Jahr und für jedes einzelne Land nachvollziehen. So entdeckten wir beispielsweise, dass 1998, am Ende der Militärherrschaft in Nigeria, rund 100 Milliarden Dollar Kapital auf Auslandskonten deponiert waren. Als ich bei der Jahreskonferenz der nigerianischen Zentralbank in Abuja davon berichtete, wurde es zur Sensationsmeldung in den Zeitungen.

Anschließend schätzten wir den Wert der Privatvermögen in den einzelnen Ländern, Jahr für Jahr. Anhand von Daten zu privaten Investitionen und unter Anwendung der sogenannten «Perpetual-Inventory-Methode» ist dies einfacher, als es zunächst scheint. Dann addierten wir den Wert des ins Ausland geschafften Kapitals zu dem im Land verbliebenen privaten Kapital und errechneten daraus den Anteil der Privatvermögen im Ausland. Das Ergebnis war sensationell: im Jahr 1990 befanden sich 38 Prozent der Privatvermögen Afrikas im nichtafrikanischen Ausland. Dieser Anteil war höher als in allen anderen Regionen der Welt und sogar höher als im Nahen Osten, wo der Reichtum aus Ölquellen und die öden Wüstengebiete dieser Länder Auslandsinvestitionen geradezu herausfordern. Afrika vollzog also die Integration in die globale Finanzwirtschaft, aber in der falschen Richtung: die Region mit der weltweit größten Kapitalknappheit exportierte ihr eigenes Kapital. (Die Methode zur Berechnung dieser 38 Prozent ist nicht sehr präzise. Zuverlässig sagen können wir lediglich, dass die Kapitalflucht gewaltig ist, den genauen Umfang kennen wir nicht.)

Die Afrikaner gaben also ihr Votum mit der Brieftasche ab, indem sie ihr Kapital ins nichtafrikanische Ausland schafften. Aber was war die treibende Kraft dieser massiven Kapitalflucht? Fragt man Afrikaner, erhält man zur Antwort: die Korruption. Die herrschende Elite eignet sich öffentliche Gelder an und schafft sie außer Landes in Sicherheit. Das erklärt die Sache aber nur zum Teil. Indonesien zum Beispiel ist eines der korruptesten Länder der Erde. Mit paternalistischer Großzügigkeit verschaffte Präsident Suharto den – vornehm ausgedrückt – «asiatischen Familienwerten» neue Geltung. Trotzdem: ein Großteil der Gelder verblieb im Inland. Die Afrikaner dagegen transferierten ihr Geld, sei es durch Korruption oder legal erworben, ins nichtafrikanische Ausland, weil es in Afrika selbst kaum Investitionsmöglichkeiten gab. Ein Grund für diese geringen Investitionschancen aber sind die Fallen, in denen diese Länder feststecken. Kapitalflucht war eine Antwort auf diese Fallen. In der verfeinerten Sprache der Wirtschaftswissenschaften war Kapitalflucht eine Variante der «Portfoliogestaltung»: die Leute legen ihr Vermögen so an, dass es bei minimalem Risiko eine optimale Rendite erzielt. Woher wir das wissen? Aus statistischen Untersuchungen der Portfoliogestaltung. Warum aber legten die Indonesier 1980 fast ihr gesamtes Vermögen im Inland an, während die Ugander 1986 zwei Drittel ihres Vermögens ins Ausland geschafft hatten? Zur Beantwortung dieser Frage betrachteten wir unter anderem die Korruption und die Kapitalrendite. Das Ergebnis: nicht nur schmälerten die Fallen in diesen Ländern die Kapitalrendite, aufgrund der schlechten Ratings beispielsweise durch den oben erwähnten *Institutional Investor* wurden auch die Investitionschancen für gering erachtet. Das Glaubwürdigkeitsproblem schreckte also nicht nur ausländische, sondern auch einheimische Investoren ab.

Trotz ihres chronischen Mangels an privatem Kapital integrieren sich also die Länder der untersten Milliarde in die globale Wirtschaft – allerdings nicht durch Kapitalzuflüsse, sondern durch Kapitalflucht. Sie verlieren Kapital, und zwar nicht zuletzt deshalb, weil ein Land, das in der Falle sitzt, instabil ist, eine schlechte Wirtschaftspolitik betreibt und damit für Investoren unattraktiv ist. Aber selbst ein Land, das sich von diesen Stigmata befreien konnte, wird weiterhin als risikoreich angesehen, und ebendiese Angst vor einem Rückfall in die alte Misswirtschaft verhindert, dass Kapital ins Land fließt. Die Mobilität des globalen Kapitals ist also für die kapitalarmen Länder der untersten Milliarde kein Entwicklungsmotor. Eher vergrößert sie die Fallen.

Migration und die unterste Milliarde

Die unterste Milliarde ist aber nicht nur durch Kapitalflucht in die Weltwirtschaft eingebunden, sondern zunehmend auch durch Migration. Die Menschen geben nicht nur mit der Brieftasche, sondern auch mit den Füßen ein Votum ab. In der Menschheitsgeschichte war Migration der große Gleichmacher. Die gewaltigen Bevölkerungsbewegungen des 19. Jahrhunderts von Europa nach Nordamerika trugen in sehr viel stärkerem Maße zur Steigerung und Angleichung der Einkommen bei als der Güter- und Kapitalverkehr. Für einige Entwicklungsländer war die Migration der vergangenen Jahrzehnte ein Segen. Die indischen Auswanderer in den Vereinigten Staaten zum Beispiel trugen vermutlich entscheidend zum Durchbruch Indiens auf dem Weltmarkt für E-Services bei. Für die Länder der untersten Milliarde mit ihren düsteren Aussichten ist die Migration gewissermaßen ein Sicherheitsventil. Wie in Kapitel 4 dargelegt, kann die Auswanderung für Länder wie Niger durchaus eine gangbare Strategie sein. Aber wie sieht es für die unterste Milliarde insgesamt aus?

Anschließend an das Phänomen der Kapitalflucht untersuchten

Cathy, Anke und ich die Migration. Dabei differenzierten wir zwischen Migranten mit einer guten und mit einer schlechten Schulausbildung. Mit etwas Phantasie kann man sich Bildung als eine Form von Reichtum vorstellen. Einer der abstoßendsten Begriffe der Ökonomie lautet «Humankapital». Gemeint sind gebildete Menschen, deren Fähigkeiten und Kenntnisse einen Wert darstellen. Wir wollten wissen, ob das Migrationsverhalten der Gebildeten aus Entwicklungsländern mehr dem der Ungebildeten ähnelt oder mehr den Portfoliostrategien des Kapitals. Ich muss zugeben, ich hoffte, dass die Gebildeten mehr den Menschen als den Portfolios ähnelten und dass die unendlich vielen Gemeinsamkeiten zwischen den Menschen das in den Schatten stellten, was die Gebildeten mit Portfolios gemeinsam haben. Aber ich wurde enttäuscht. Das Migrationsverhalten der Gebildeten glich in allen Punkten den Entscheidungen zur Vermögensanlage und nicht dem Migrationsverhalten der Ungebildeten, die umso leichter auswandern, je größer die Diskrepanz zwischen den Verdienstmöglichkeiten im eigenen Land und denen im Ausland ist.

Was heißt das in Bezug auf die Länder der untersten Milliarde? Es bedeutet, dass ihre gebildeten Bewohner in sehr viel stärkerem Maße abwandern als ihre ungebildeten. Migration beginnt als dünner Strom, doch dann wird sie zum regelrechten Aderlass. Dafür gibt es einen einfachen Grund: Migration wird erleichtert, wenn bereits andere Familienangehörige ausgewandert sind. Aus unserer Analyse ergibt sich die Prognose, dass der Exodus von Kapital aus den Ländern der untersten Milliarde nur die erste Phase der globalen Integration dieser untersten Milliarde darstellt. Phase zwei ist der Exodus der gebildeten Bevölkerung. Je länger der Staatsverfall in Somalia andauert und je positiver sich andere Länder entwickeln, desto mehr Somalier werden ihr Land verlassen, da es eine wachsende Zahl von Ländern gibt, in die sie auswandern können. Aber diese Auswanderung ist ein selektiver Prozess. Die Klügsten und Besten werden von der Auswanderung am meisten profitieren. Sie sind auch diejenigen, die in den Gastländern am freundlichsten aufgenommen werden. Ein einfacher Somalier wird kaum sein Land verlassen wollen, weil er über keine Fertigkeiten verfügt und daher im Ausland keine Arbeit findet. Er wird in anderen Ländern zunehmend weniger willkommen sein und daher immer größere Schwierigkeiten haben, Somalia doch noch zu verlassen. Diejenigen, die gehen, kommen nicht mehr zurück, und die

Geldüberweisungen in ihre Heimat werden mit jeder Generation geringer ausfallen. Auswanderung nützt denen, die gehen. Die Folgen für die Zurückbleibenden aber können böse sein, insbesondere, wenn hauptsächlich die Gebildeten dem Land entzogen werden. Und das ist unsere Prognose: nicht nur Kapital fließt aus den Ländern der untersten Milliarde ab, auch immer mehr Gebildete verlassen ihr Land – Menschen wie mein Freund, der Äthiopier Lemma Sembet, führender Professor für Finanzwesen in den Vereinigten Staaten. Der Finanzsektor seiner Heimat dagegen wird von Leuten geleitet, deren Verständnis finanzieller Zusammenhänge gerade einmal ausreicht, um ein Sparschwein zu bedienen.

In Kapitel 5 wurde gesagt, ein scheiternder Staat könne nur dann einen dauerhaften Umschwung schaffen, wenn er über eine kritische Masse von Fachkräften verfügt. In den Ländern der untersten Milliarde sind qualifizierte Leute ohnehin knapp, und alles spricht dafür, dass sich diese Situation weiter verschärft. Die Abwanderung von Fachkräften ist ausgerechnet in denjenigen Ländern der untersten Milliarde am massivsten, in denen für eine Veränderung der größte Spielraum besteht: in Ländern nach einem Bürgerkrieg. Während also die Migration im Rahmen eines breiter gefassten Entwicklungsprogramms einem Land durchaus von Nutzen ist, bezweifle ich, dass sie für ein Land der untersten Milliarde eine transformierende Kraft sein kann. Der Aderlass von Fachkräften im Zuge der Migration macht es diesen Ländern eher noch schwerer, der Falle der schlechten Regierungsführung und Wirtschaftspolitik zu entkommen.

In der Schwebe: Vom Regen in die Traufe

All dies verdüstert das deprimierende Bild von den Ländern der untersten Milliarde im Zeitalter der Globalisierung. Um Akteure der Weltwirtschaft werden zu können, müssen sie sich zunächst aus den Fallen befreien, und das ist alles andere als leicht. Erinnern wir uns: damit ein Land den Umschwung schafft, braucht es ein Reservoir an gut ausgebildeten Fachkräften, aber der globale Arbeitsmarkt entzieht den ärmsten Ländern ihr ohnehin begrenztes Fachkräftepotential. Und selbst wenn sie sich reformieren, gelingt es vielen dieser Länder nur schwer, privates Kapital an sich zu ziehen, ganz im Gegenteil. Der bescheidene private Reichtum des Landes fließt ins Ausland ab. Und die Hürde, diversifizierte Exportmärkte zu erobern, ist hoch, weil China, Indien und andere aufstrebende Entwicklungsländer diese Märkte bereits besetzt haben. Selbst wenn sich also die ärmsten Länder aus ihren Fallen befreien, werden sie in einer Art Schwebezustand verharren. Der Zerfallsprozess ist zwar gestoppt, aber es gelingt ihnen nicht, das rasche Wachstum Asiens zu wiederholen. Sie schaffen es nicht aufzuholen.

In dieser Situation befinden sich viele Länder der untersten Milliarde, die sich vor kurzem aus den Fallen befreit haben. In den vergangenen vier Jahren hat das durchschnittliche Land der untersten Milliarde endlich angefangen zu wachsen. Nach meiner Einschätzung handelt es sich jedoch nur um ein temporäres Phänomen, das dem weltweiten Rohstoffboom geschuldet ist. Doch betrachten wir es einmal positiv und nehmen an, dass sie sich tatsächlich aus den Fallen befreit haben. Nun, sie wachsen zwar, aber quälend langsam, viel langsamer, als es bei den anderen Entwicklungsländern in den langsamen siebziger Jahren der Fall war. Selbst wenn es ihnen gelingt, ihr derzeitiges Wachstumstempo beizubehalten, wird die Diskrepanz zu den erfolgreichen Entwicklungsländern immer weiter zunehmen. Und es wird noch Jahrzehnte dauern, bis sie die Schwelle zu dem aus heutiger Sicht als «mittleres» Einkommen definierten Niveau überschreiten. Der Rest der Welt wird dann bereits weiter sein.

Ein ungleich deprimierenderes Szenario für die Zukunftsaussichten dieser Länder in der Schwebe ergibt sich aus der Tatsache, dass die Fallen nicht einfach verschwinden. Solange das Einkommen niedrig und das Wachstum gering ist, geht das russische Roulette weiter. Die Elfenbeinküste überstand ein paar Jahrzehnte mit niedrigem Einkommen und geringem Wachstum, doch dann kam es zum Putsch und anschließend zum Bürgerkrieg. Dasselbe in Simbabwe, und am Ende stand die politische Misswirtschaft. Tansania, gegenwärtig eines der hoffnungsvollsten Länder mit niedrigem Einkommen, wird nach der Entdeckung von Erdgas und Gold zu den ressourcenreichen Ländern gezählt werden müssen. Trotz seiner Binnenlage und Ressourcenarmut erreichte Malawi im ersten Jahrzehnt nach seiner Unabhängigkeit ein durchaus bemerkenswertes Wachstum, doch dann gerieten seine Nachbarstaaten in die Konfliktfalle, und damit begann auch in Malawi der Niedergang. Das schreckliche, aber durchaus realistische

Zukunftsszenario dieser Länder ist, dass sie in diesem unsicheren Schwebezustand von einer Falle in die nächste taumeln.

Im folgenden Teil des Buches wenden wir uns endlich von diesem deprimierenden Szenario der Fallen und Schwebezustände ab und nehmen die Lösungsmöglichkeiten in den Blick. Eines möchte ich jedoch klarstellen: nicht wir können die Retter sein. Die Gesellschaften der untersten Milliarde können sich nur selbst befreien. Es gibt Menschen in diesen Ländern, die für Veränderungen kämpfen, auch wenn sie meist von mächtigen Gegenkräften niedergerungen werden. Wir sollten diesen Helden zur Seite stehen. Bisher waren unsere Bemühungen eher kläglich. Aus Trägheit, Unwissenheit und Inkompetenz haben wir uns mit der Rolle des Zuschauers begnügt.

Teil 4

DIE INSTRUMENTE

Kapitel 7
Rettung durch Entwicklungshilfe?

So ist die gegenwärtige Lage: eine Gruppe von Ländern mit fast einer Milliarde Einwohnern ist in einer von vier Fallen gefangen. Infolgedessen stagnieren sie oder sind sogar zurückgefallen, während die übrigen Entwicklungsländer ein beispielloses Wachstum erlebt haben. Von Zeit zu Zeit haben sie die Fallen überwunden, aber die globale Wirtschaft macht es ihnen jetzt viel schwerer, dem Weg der erfolgreicheren Mehrheit zu folgen. Damit befinden sie sich im Schwebezustand, auch wenn sie nicht in einer der Fallen festsitzen, und wachsen so langsam, dass sie den Rückfall in eine Falle riskieren, bevor sie ein Einkommensniveau erreichen, das Sicherheit garantiert.

Eine künftige Welt mit einer Milliarde Menschen, die in verarmten und stagnierenden Ländern leben, ist kein Szenario, das wir hinnehmen können. Ein Sumpf des Elends direkt neben einer Welt wachsenden Wohlstands ist schrecklich für die im Sumpf und gefährlich für seine Nachbarn. Wir sollten dringend etwas dagegen tun. Die Frage ist, was. Dieses und die folgenden Kapitel wollen darauf eine Antwort geben. Ich beginne mit der Entwicklungshilfe – dem Thema von Rockgruppen, G8-Versprechen und Entwicklungsorganisationen –, aber ich bleibe nicht dabei stehen. Ich halte es für unwahrscheinlich, dass Entwicklungshilfe allein die Probleme der untersten Milliarde lösen kann, und sie ist so stark politisiert worden, dass sie häufig schlecht organisiert ist. Darum gehe ich danach weiter zu den drei anderen Instrumenten, die ich für wirksam halte, die aber bis jetzt kaum benutzt worden sind.

Was ruft an der Entwicklungshilfe so heftige politische Meinungsverschiedenheiten hervor? Sie scheint auf der Linken wie auf der Rechten die übelsten Instinkte zu wecken. Die Linke betrachtet Entwicklungshilfe anscheinend als eine Art Wiedergutmachung für den Kolonialismus. Mit anderen Worten, sie ist eine Aussage über die Schuld der westlichen Gesellschaft, nicht über die wirtschaftliche Entwicklung. In dieser Perspektive bleibt der untersten Milliarde einzig die Opferrolle: sie alle leiden wegen unserer Sünden. Die Rechte scheint Entwicklungshilfe mit Sozialschmarotzertum gleichzusetzen. Mit anderen Worten, sie belohnt die Verantwortungslosen und verschärft so das Problem. Zwischen beiden gibt es einen schmalen Bereich der Vernunft, der Hilfe zur Entwicklung heißt. Er argumentiert etwa so: Wir waren auch einmal so arm. Wir haben 200 Jahre gebraucht, um dahinzukommen, wo wir heute sind. Versuchen wir, es für diese Länder etwas zu beschleunigen.

Entwicklungshilfe tendiert zur Beschleunigung des Wachstumsprozesses. Nach einer zuverlässigen Schätzung hat sie in den letzten 30 Jahren etwa 1 Prozent zur jährlichen Wachstumsrate der untersten Milliarde hinzugefügt. Das klingt nicht nach sehr viel, aber schließlich lag die Wachstumsrate der untersten Milliarde in diesem Zeitraum viel niedriger als 1 Prozent – sie lag bei Null. 1 Prozent zusätzlich bedeutete also den Unterschied zwischen Stagnation und schwerer kumulativer Rezession. Ohne Entwicklungshilfe wären die Länder der untersten Milliarde kumulativ noch viel ärmer geworden, als sie heute sind. Die Entwicklungshilfe war ein Rückzugsgefecht, das verhinderte, dass alles zusammenbrach.

Beim Gipfeltreffen von Gleneagles im Juli 2005 verpflichtete sich die G8, die Entwicklungshilfe für Afrika zu verdoppeln. Wird das den Beitrag der Entwicklungshilfe zum Wirtschaftswachstum verdoppeln? Wird es die unterste Milliarde aus der Stagnation holen? Wenn man das Wachstum durch diese Verdoppelung um einen weiteren Prozentpunkt steigern könnte, wäre die Wirkung zwar nicht dramatisch, würde sich aber wenigstens nach und nach zu spürbar höheren Einkommen kumulieren. Ich halte das mit den richtigen ergänzenden Veränderungen für möglich, aber so wie die Dinge zur Zeit stehen, wird zusätzliche Entwicklungshilfe nicht zu so vielversprechenden Ergebnissen führen. Die statistischen Daten legen nahe, dass Entwicklungshilfe dem unterworfen ist, was man abnehmenden Ertragszuwachs nennt. Das heißt, die weitere Steigerung der Entwicklungshilfe bewirkt immer weniger: die erste Million Dollar ist produktiver als die zweite, und so weiter. Das ist keine große Überraschung, da es überall abnehmenden Ertragszuwachs gibt und es seltsam wäre, wenn die Entwicklungshilfe ihm nicht unterworfen wäre. Eine aktuelle Studie des Center for Global Development, eines Thinktanks in Washington, kam zu einer Schätzung des abnehmenden Ertragszuwachses, die besagte, dass Entwicklungshilfe mehr oder weniger wirkungslos wird, wenn sie etwa 16 Prozent des Bruttoinlandsprodukts übersteigt. Vor Gleneagles war Afrika von diesem Niveau nicht weit entfernt. Mit der Verdoppelung der Entwicklungshilfe, sofern es denn dazu kommt, haben wir also die Grenzen der Aufnahmefähigkeit erreicht, zumindest unter den bestehenden Modalitäten.

Können wir die Vergabe der Hilfe ändern, um sie wirksamer zu machen und die Aufnahmefähigkeit für sie zu erhöhen? Es gibt viele Schreckensgeschichten über die Bürokratie von Entwicklungsorganisationen. Geber stolpern oft übereinander und stimmen sich nicht ab. Ich stieß auf einen Fall, bei dem jede von drei Geberorganisationen ein Krankenhaus an derselben Stelle bauen wollte. Sie verständigten sich auf eine Zusammenarbeit, was nicht immer geschieht, standen dann aber vor dem Problem, drei unvereinbare Regelwerke für die Vergabe der Aufträge zu besitzen. Sie brauchten zwei Jahre, um einen Kompromiss zu finden, der besagte, dass jede Organisation ein Stockwerk des Krankenhauses nach ihren Regeln bauen solle. Man kann sich vorstellen, wie effizient das zu werden versprach. Es gibt also viel Raum für Verbesserungen vor Ort.

Entwicklungsorganisationen erlegen auch den Regierungen der Empfängerländer komplexe und unterschiedliche Abrechnungsprozeduren auf, obwohl diese kaum ihre eigenen Haushalte managen können, geschweige denn die der Geber. All das ließe sich stark vereinfachen. Am einfachsten ist ein Verfahren namens «Budgethilfe», was letztlich bedeutet, dass die Geber der Regierung das Geld geben, und sie es so verwendet, wie sie es für richtig hält, als wären es eigene Steuereinnahmen. Die Entwicklungshilfe hilft einfach dem Budget. In manchen Situationen ist das der beste Weg, Entwicklungshilfe zu geben, aber es hängt davon ab, ob der Haushalt vernünftig ist. In vielen Ländern der untersten Milliarde ist er nicht vernünftig und in einigen eine Katastrophe.

Die Welt hat bereits ein natürliches Experiment gemacht, indem sie der untersten Milliarde eine gewaltige Menge an Budgethilfe gab. Sie heißt Öl. In Kapitel 3 sahen wir, dass eine Reihe von Staaten der untersten Milliarde große Summen aus dem Ölgeschäft eingenommen haben, von denen ein großer Teil den Haushalt erreicht haben muss. So hat beispielsweise Nigeria in den letzten dreißig Jahren ungefähr 280 Milliarden Dollar eingenommen. Das ist viel mehr als jede realistische Entwicklungshilfe für ein Land der untersten Milliarde. Dennoch hat Nigeria erschreckend wenig dafür vorzuweisen. Das war jedoch die Vergangenheit, wie sieht es jetzt aus? Der jüngste Anstieg des Ölpreises erzeugt ein hochaktuelles natürliches Experiment. Die ölexportierenden Volkswirtschaften Afrikas haben vor kurzem einen Geldstrom erhalten, der mögliche Anhebungen der Entwicklungshilfe weit übersteigt. Also untersuchte ich, was das für den nicht-ölbezogenen Teil der Volkswirtschaften bewirkte, und verglich es mit dem Wachstum im übrigen Afrika, das ohne eigenes Öl natürlich unter dem hohen Ölpreis litt. Die aktuellsten Daten, die ich vom IWF bekam, beziehen sich auf 2004. Als ich sie zusammenfasste, ergab sich, dass beide Wachstumsraten identisch waren: die Volkswirtschaften, die vom Ölpreis profitierten, wuchsen nicht schneller als die, die darunter litten. Hoffen wir, dass dies nur eine Verzögerung ist und die Ölwirtschaften bald einen Schritt nach vorn machen. Bis jetzt stimmen die aktuellen Daten aber stark mit den früheren überein: hohe Einnahmen ohne Restriktionen scheinen in vielen Staaten der untersten Milliarde nicht gut verwendet zu werden. Letztlich macht Budgethilfe Entwicklungshilfe zu Öl: sie ist Geld für die Regierungen der untersten Milliarde ohne Einschränkungen seiner Verwendung. Gleiches gilt nach einer ersten Schätzung für den Schuldenerlass. Ich bin nicht gegen Budgethilfe und Schuldenerlass, für manche Länder sind sie durchaus sinnvoll. Als allgemeine Instrumente zur Entwicklung der untersten Milliarde wären sie aber vielversprechender, wenn die Einkommen aus Öl und anderen Ressourcen wirkungsvoller gewesen wären.

Alles in allem ist Entwicklungshilfe viel erfolgreicher gewesen als Öl, trotz der Bürokratie. Entwicklungshilfe hat das Wachstum gesteigert, Öl hat es gesenkt. Dennoch sind beides Finanztransfers an die Regierungen der untersten Milliarde. Der einzige Unterschied ist der, dass Entwicklungshilfe von den Entwicklungsorganisationen organisiert wurde. So unwahrscheinlich es auch scheinen mag, das Handeln der Entwicklungsorganisationen hat den Wert des Finanztransfers stark erhöht. Bei dem schlechten Image der Entwicklungsorganisationen und Schreckensgeschichten wie dem oben beschriebenen Krankenhausprojekt ist das schwer zu glauben, aber es ist so. Die Projekte, Prozeduren, Bedingungen und Ähnliches haben im Großen und Ganzen eine positive Wirkung gehabt, und der Wert des transferierten Geldes wurde größer, als wenn man nur einen Scheck geschickt und das Beste gehofft hätte. All das abzuschaffen und das Geld direkt zu schicken, senkt also die Wirkung der Entwicklungshilfe, statt sie zu steigern. Es gibt Dinge, die wir tun können, und ich werde noch darauf kommen, aber einfach Geld zu geben ist nur in den besser regierten Ländern die richtige Antwort.

Entwicklungshilfe war meist dort effektiver, wo Regierungsführung und Wirtschaftspolitik bereits vernünftig sind. Das klingt nicht sehr überraschend, eher wie eine Platitüde. Es ist in Wirklichkeit aber sehr umstritten. Einerseits mögen die Menschen verständlicherweise nicht die grausam klingende Implikation, dass die Länder mit den größten Problemen das wenigste Geld bekommen sollten. Sie brauchen es offensichtlich am dringendsten. Es kommt aber ein Punkt, an dem Geld in einer solchen Umgebung relativ unwirksam ist. Erinnern wir uns an die Ausgabenkontrolle im Tschad: weniger als 1 Prozent des Geldes vom Finanzministerium für Krankenhäuser auf dem Land kam dort auch wirklich an. Die EU gab dem Tschad 2005 20 Millionen Euro als Budgethilfe. Wie viel davon wurde wohl richtig verwendet? Vergessen wir nicht, dass diese Kontrolle nur das Geld verfolgte, das bereits für den Gesundheitssektor bestimmt war. Leider besitzt dieser Sektor für die Regierung des Tschad keine besonders hohe Priorität. Sie gibt das Geld lieber für die Armee aus. Die Budgethilfe der EU kann so ausgegeben werden, wie die Regierung es will. Ich bezweifle, dass viel davon für Gesundheit verwendet wurde. Und wir wissen, wie viel von dem Geld, das dafür bestimmt ist, wirklich dort ankommt. Also hat die gut gemeinte Unterstützung der Europäischen Kommission für den bitterarmen Tschad wahrscheinlich vor allem seine Armee finanziert.

Gilt das für Entwicklungshilfe im Allgemeinen? Die Geber bemühen sich, die ungewollte Finanzierung von Militärausgaben zu vermeiden, aber was zeigen die Daten darüber, wie viel Entwicklungshilfe in die Militärhaushalte fließt? Das war nicht leicht festzustellen, weil die Daten über Militärausgaben nicht besonders verlässlich sind. Regierungen neigen dazu, sozusagen sparsam mit der Wahrheit umzugehen. Die Analyse von Anke Hoeffler und mir basiert auf den Daten des Stockholmer Instituts für Friedensforschung. Das Institut würde sofort zugeben, dass die Daten nicht unproblematisch sind, aber es sind wahrscheinlich die besten, die zu bekommen sind (ob man es glaubt oder nicht, sogar die Daten über Entwicklungshilfe sind unzureichend – man sollte meinen, die Geber würden besser dokumentieren, wie viel sie wem und in welcher Form geben). Jedenfalls kam nach den Daten das Problem, die Kausalzusammenhänge zu interpretieren. Sie verlaufen in beide Richtungen: Entwicklungshilfe beeinflusst die Militärausgaben, und Militärausgaben beeinflussen die Entwicklungshilfe. Das heißt, Geberverhalten ist zweckgerichtet. Regierungen mit hohen Militärausgaben bekommen im Allgemeinen weniger Entwicklungshilfe. Das rechneten wir ein. Wir kamen zu dem Schluss, dass ein Teil der Entwicklungshilfe tatsächlich in die Militärausgaben fließt, aber überraschend wenig – unsere Schätzung liegt bei 11 Prozent. Das ist keine Lappalie, aber es wäre auf dieser Grundlage stark übertrieben zu sagen, die Entwicklungshilfe werde verschwendet. Trotzdem sind in den Gesellschaften der untersten Milliarde, die viel Entwicklungshilfe bekommen, auch 11 Prozent ein recht großer Beitrag zum Militärbudget. Wir schätzen, dass etwa 40 Prozent der Militärausgaben in Afrika ungewollt durch Entwicklungshilfe finanziert werden. Darum haben die Geber ein berechtigtes Interesse, die Militärausgaben zu begrenzen oder sich zumindest deswegen Sorgen zu machen.

Um fair zu sein, muss man zugeben, dass die Entwicklungsorganisationen sich in einem Dilemma befinden. Wenn sie die Hilfe nur nach der Bedürftigkeit vergeben, finanzieren sie schließlich die Armee im Tschad. Wenn sie sie nur nach ihrer Wirksamkeit für das Wachstum vergeben, kommt sie zu denen, die sie nicht so dringend brauchen. Mit meinem Kollegen David Dollar von der Weltbank entwickelte ich die Idee, Entwicklungshilfe solle so vergeben werden, dass sie so viele Menschen wie möglich aus der Armut holt. Wir untersuchten, wie sich Bedürftigkeit und Effektivität in der Praxis versöhnen ließen. Als Verbeugung vor der technokratischen Denkweise tauften wir unsere Idee «Armutseffizienz» (ebenso ein Sprachauswuchs wie «Humankapital»). Die tatsächliche Zuweisung von Entwicklungshilfe war jedenfalls weit davon entfernt, armutseffizient zu sein. Die größte Abweichung bestand darin, dass viel zu viel Hilfe an Länder mit mittlerem Einkommen ging statt an die unterste Milliarde. Länder mit mittlerem Einkommen erhalten Entwicklungshilfe, weil sie kommerziell und politisch von viel größerem Interesse sind als die winzigen Märkte und die Machtlosigkeit der untersten Milliarde. Nicht alle Entwicklungsorganisationen sind hier gleichermaßen schuldig. Wenn wir die beiden größten nehmen, so ist die Weltbank sehr viel besser vor politischem Einfluss geschützt als die Europäische Kommission, darum war ihre Entwicklungshilfe sehr viel stärker auf die ärmsten Länder konzentriert. Aber hierin liegt ein Paradox: bis vor kurzem konnte die Weltbank nur Kredite vergeben, während die Entwicklungshilfe der Europäischen Kommission nicht zurückgezahlt zu werden braucht. Also gingen die Kredite an die ärmsten Länder und die Hilfen an die Länder mit mittlerem Einkommen. Der Gedanke ist durchaus berechtigt, dass dies nicht besonders sinnvoll ist und die Zuweisung von Entwicklungshilfe sich sehr verbessern ließe. Würde es aber bei der Überwindung der Fallen helfen, wenn man die Hilfe auf die unterste Milliarde konzentrierte?

Die Entwicklungshilfe und die Konfliktfalle

Kann Entwicklungshilfe die Dinge sogar verschlimmern? Manche Forscher sind dieser Meinung. Entwicklungshilfe kann ein Anreiz für Rebellion und Staatsstreiche sein, weil die Übernahme des Staates lukrativer wird. In den Gesellschaften der untersten Milliarde ist Entwicklungshilfe wahrscheinlich das Schlüsselelement dessen, was manchmal «Souveränitätsrendite» genannt wird – der Lohn der Macht. Ist also hohe Entwicklungshilfe ein Anreiz für Rebellion oder Staatsstreiche? Wie bekommt man das heraus – indem man eine Befragung von Rebellen und Putschisten durchführt?

Anke und ich wandten dieselbe Methode bei Rebellionen wie bei Staatsstreichen an. Wir untersuchten alle Fälle und versuchten die Tatsache einzuberechnen, dass Entwicklungshilfe zielgerichtet vergeben wird, darum geht das wenigste an die Länder mit den höchsten Risiken. Wenn man das beachtet hat, bringt man die Entwicklungshilfe in die Ursachenanalyse von Rebellion und Staatsstreichen ein. Natürlich kann man mit diesem Ansatz nicht erklären, ob die Entwicklungshilfe in einem bestimmten Fall eine Wirkung gehabt hat, aber man sieht, ob sie eine nennenswerte Wirkung im Allgemeinen hat.

Soweit wir sagen können, hat Entwicklungshilfe im Durchschnitt keine direkte Auswirkung auf das Bürgerkriegsrisiko, allerdings hat sie indirekte Auswirkungen (auf die ich gleich kommen werde). Das bedeutet nicht, dass sie niemals direkte Auswirkungen hat. Experten für bestimmte Situationen können einem Geschichten über beides erzählen, wie Entwicklungshilfe zum Krieg reizt oder ihn abwendet. Diese Geschichten mögen durchaus stimmen, aber sie ergeben kein einheitliches Bild. Bei Staatsstreichen ist es anders: hohe Entwicklungshilfe macht einen Putsch tatsächlich wahrscheinlicher. Um also auf einige Ergebnisse von Kapitel 2 zurückzukommen, Rebellionen werden durch Ressourcenreichtum ermutigt, aber nicht durch Entwicklungshilfe, und Staatsstreiche werden durch Entwicklungshilfe ermutigt. Woher kommt dieser Unterschied? Vielleicht, weil eine Rebellion meistens viele Jahr braucht, so dass die Aussicht auf Entwicklungshilfe nach der Eroberung des Staates kein so starker Anreiz ist. Profite aus Ressourcen nützen Rebellen dagegen im aktuellen Konflikt, weil sie sich unterwegs aufsammeln lassen; man braucht nicht den ganzen Staat zu kontrollieren, um eine Diamantenmine in der Wildnis zu kontrollieren. Und warum ist Entwicklungshilfe ein Anreiz für Staatstreiche und nicht für Rebellionen? Vielleicht, weil ein Putsch nicht viele Jahre braucht, bis er entschieden ist. Er ist fast vorbei, bevor er begonnen hat, und im Erfolgsfall gehört die Entwicklungshilfe dem Sieger.

In gewisser Hinsicht verschärft also Entwicklungshilfe die Konfliktfalle. Sie kann die Situation aber auch verbessern. Erinnern wir uns, dass die wichtigsten Risikofaktoren für Rebellionen und Staatsstreiche geringes Wachstum und niedriges Einkommen sind. Die indirekten Auswirkungen von Entwicklungshilfe auf Konfliktrisiken sind positiv. Indem sie das Wachstum und dadurch kumulativ das Einkommen steigert, reduziert sie diese Risiken. Ist die Einsparung die Kosten wert? Anke und ich versuchten diese Frage zu beantworten. Wir besaßen bereits eine Schätzung der Kosten des typischen Bürgerkriegs – etwa 64 Milliarden Dollar –, und wir hatten gerade geschätzt, wie sehr Entwicklungshilfe das Kriegsrisiko durch die Steigerung des Wachstums reduzieren würde. Indem wir beides zusammenfügten, kamen wir zu einer Schätzung, wie viel Entwicklungshilfe durch verbesserte Sicherheit eingespart würde. Zu unserer Überraschung stellte sich heraus, dass die Einsparung nicht groß genug war, um die Kosten zu rechtfertigen. Der Grund lag in der mangelnden Effektivität der Entwicklungshilfe für die Steigerung des Wachstums in einer Umgebung von schlechter Regierungsführung und Wirtschaftspolitik, die für die unterste Milliarde typisch ist. Jeffrey Sachs, der meinte, wir hätten die richtige Frage gestellt, aber die falsche Antwort gegeben, regte uns zum Experimentieren an. In Ländern mit besserer Regierungsführung und Wirtschaftspolitik – d. h. den Ländern, die sich bereits aus der Falle der schlechten Regierungsführung befreit hatten –, begann der finanzielle Nutzen der Sicherheit zu steigen und erreichte vielleicht die Hälfte der Entwicklungshilfe. Und unsere Schätzung der Konfliktkosten enthielt natürlich keine negativen Auswirkungen auf reiche Länder wie Drogen und Terrorismus. Obwohl also Sicherheitserwägungen allein wahrscheinlich kein großes Hilfsprogramm rechtfertigen, sind sie in einigen Ländern ein wichtiger Zusatz zum normalen Nutzen der Entwicklungshilfe – höheres Einkommen und steigender Binnenkonsum.

In Postkonflikt-Situationen sieht die Kosten-Nutzen-Analyse von Entwicklungshilfe für die Sicherheit aber anders aus. In diesen Situationen reichen schon die Vorteile für die Sicherheit völlig aus, um ein umfangreiches Hilfsprogramm zu rechtfertigen. Denken wir daran, dass dies die Zeiten des höchsten Risikos sind – etwa die Hälfte aller Bürgerkriege entstehen, wenn die Situation nach einem Konflikt kippt. Entwicklungshilfe steigert die Wachstumsrate in solchen Situationen besonders wirksam. Die Weltbank hieß ursprünglich Internationale Bank für Wiederaufbau und Entwicklung, und «Entwicklung» war nur ein Zusatz. Die Entwicklungshilfe wurde erfunden, um Europa nach dem Zweiten Weltkrieg wiederaufzubauen. Und es funktionierte. In jüngerer Zeit lag der Fehler beim Einsatz von Entwicklungshilfe nach Konflikten darin, dass zu wenig zu schnell kam. Jawohl, zu *schnell*. Die Friedensverträge kamen in die Medien, und die Politiker zückten das Scheckbuch. Entwicklungshilfe fließt in den ersten Jahren reichlich, dann versiegt sie rasch. Aber im typischen Land nach einem Konflikt sind Regierungsführung, Institutionen und Wirtschaftspolitik zunächst wirklich sehr schlecht. Es dauert einige Zeit, sie soweit zu verbessern, dass Entwicklungshilfe viel nützen kann. Also müssen große Hilfsprogramme nach einem Konflikt ein ganzes Jahrzehnt durchgehalten werden, nicht nur die ersten paar Jahre. Man muss den Gebern zugute halten, dass sie lernen. Interventionen nach einem Konflikt kamen erst nach dem Ende des Kalten Kriegs wirklich in Gang – bis dahin war alles zu polarisiert. Der Erfahrungsschatz war also recht begrenzt. Beispielsweise bezog die Weltbank erst ungefähr ab dem Jahr 2000 Überlegungen über Postkonflikt-Situationen in ihre Kriterien für die Hilfsvergabe ein. In den Jahren des Kalten Kriegs war ihre Rolle beim Wiederaufbau in Vergessenheit geraten. Und selbst dann, wenn sie besondere Mittel nach einem Konflikt zuwies, sollte die Extrahilfe für ein Land nach drei Jahren auslaufen. 2005 wurden die Regeln geändert, sodass die Extrahilfe nun sieben Jahre gezahlt wird, was ein sehr viel vernünftigerer Zeitrahmen ist. Die Entwicklungsorganisationen lernen dazu, und die so verwendete Entwicklungshilfe spielt eine wichtige Rolle bei der Befreiung aus der Konfliktfalle. Aber Entwicklungshilfe allein reicht nicht aus. Wachstum ist ein langsamer Prozess, und die Risikosenkung dauert ihre Zeit. Nach einem Jahrzehnt hohen Wachstums sinken die Risiken nach einem Konflikt meist auf ein beherrschbares Niveau. Aber in diesem ersten Jahrzehnt kann sogar hohe Entwicklungshilfe nicht viel zur Senkung der Risiken beitragen. Wir müssen andere Wege der Risikobeherrschung in dem Zeitraum betrachten, in dem die Entwicklungshilfe langsam am Wiederaufbau der Wirtschaft mitwirkt.

Entwicklungshilfe ist nicht nur in der Zeit nach einem Konflikt nützlich, sondern sie senkt durch die Verstärkung des Wachstums auch das Konfliktrisiko. Das Problem liegt aber darin, die Hilfe so zu planen, dass sie auch in Ländern mit schlechter Regierungsführung und Wirtschaftspolitik funktioniert, in denen das Konfliktrisiko am höchsten ist.

Die Entwicklungshilfe und die Ressourcenfalle

Die zweite Falle ist die Ressourcenfalle. Hier ist die Entwicklungshilfe offen gesagt ziemlich machtlos. In ressourcenreichen Ländern fließt Geld an die Regierung. Sie verwendet es nicht gut. Dennoch gibt es einen Ansatzpunkt für Entwicklungshilfe in diesen Situationen. Dieser Moment kommt, wenn sie versuchen, Reformen durchzuführen – ein beginnender Umschwung. Darauf werde ich bei der Diskussion der Falle von schlechter Regierungspraxis und Wirtschaftspolitik zurückkommen.

Die Entwicklungshilfe und die Falle des Abgeschnittenseins vom Meer

Die dritte Falle ist der fehlende Zugang zum Meer. Diese Länder werden über lange Zeit von internationaler Unterstützung abhängig sein. Irgendwann sind sie vielleicht lebensfähig, je nachdem, wann ihre glücklicheren Nachbarn zu wachsen beginnen und welche Marktnischen sich für sie auftun. Aber wir sollten nicht so tun, als gäbe es einfache Antworten. Bis dahin gibt es keine Abkürzung für diese Länder. Im Rückblick war es vielleicht ein Fehler des internationalen Systems, es wirtschaftlich nicht lebensfähigen Gebieten zu erlauben, unabhängige Staaten zu werden. Aber es ist nun einmal geschehen, und wir müssen mit den Konsequenzen leben. Eine davon ist die Notwendigkeit umfangreicher Entwicklungshilfe, um den Binnenkonsum zu steigern, auch wenn die Hilfe nicht viel für das Wirtschaftswachstum bewirkt. Bei diesen Länder muss die Psychologie der Entwicklungshilfe anerkennen, dass sie nicht als befristeter Anschub der Entwicklung dient, sondern um einen annähernd menschenwürdigen Lebensstandard zu ermöglichen.

Die Schlüsselfunktion für die Entwicklungshilfe in Binnenländern – im Gegensatz zur direkten Unterstützung des Konsums – ist wahrscheinlich die Verbesserung ihrer Verkehrsverbindungen zur Küste. Wir hatten gesehen, dass die Transportkosten zur Küste sich enorm unterscheiden und die Verkehrsinfrastruktur der Nachbarländer widerspiegeln. Die Entwicklungshilfe hätte die regionalen Transportkorridore finanzieren sollen, die Lebensadern der Binnenstaaten sind. Doch das hat sie kaum getan. Warum nicht?

Ein Grund ist der, dass Infrastruktur in den neunziger Jahren aus der Mode kam, zumindest für Entwicklungsorganisationen. Das geschah zum Teil deshalb, weil ein übertriebener Glaube herrschte, der private Sektor werde die Infrastruktur finanzieren, also müssten die Entwicklungsorganisationen etwas anderes finden, um ihre weitere Existenz zu rechtfertigen. So wurde beispielsweise bei der Weltbank, einer Organisation, deren Kerngeschäft früher die Infrastruktur gewesen war, diese nun mit der Entwicklung des privaten Sektors und der Finanzen zusammengeworfen, und das Ganze war nur noch eines von fünf «Netzwerken». Die Verlagerung weg von der Infrastruktur geschah auch, weil es wachsenden Druck gab, die Entwicklungshilfe für fotogene soziale Prioritäten – Gesundheit und Bildung – und für die immer heiligeren Umweltziele zu verwenden (beide bekamen eigene Netzwerke bei der Weltbank). So verschoben Entwicklungsorganisationen ihre Budgets weg von der Infrastruktur, um die Ausgaben für neue Prioritäten zu steigern.

Der andere Grund, warum regionale Transportkorridore vernachlässigt wurden, ist der, dass fast alle Hilfsprogramme nach Ländern getrennt organisiert waren. Ugandas Verbindung zur Küste hing von der Verkehrsinfrastruktur in Kenia ab, nicht der in Uganda. Aber der kenianischen Regierung war Uganda egal, und da die Betonung von nationaler Eigenverantwortung («country ownership») bei Hilfsprogrammen wuchs, war es den Geldgebern Kenias dann auch egal. So verhinderten sowohl die Unterfinanzierung der Infrastruktur als auch die länderkonzentrierten Hilfsprogramme die regionalen Transportkorridore, die die Binnenstaaten brauchten.

Die Entwicklungshilfe und die Falle schlechter Regierungsführung

Die vierte Falle ist das Gefangensein in schlechter Regierungsführung und Wirtschaftspolitik. Kann Entwicklungshilfe Ländern bei der Überwindung dieser Probleme helfen? Hier gibt es meiner Meinung nach das größte Potential für zusätzliche Hilfe. Auf drei Arten kann Entwicklungshilfe potentiell einen Umschwung unterstützen: durch Anreize, durch Kompetenz und Verstärkung. Sehen wir uns an, wie das funktioniert.

Entwicklungshilfe als Anreiz

Der Einsatz von Entwicklungshilfe als Anreiz zu besserer Politik begann in den achtziger Jahren. Es wurde Konditionalität genannt. Die Geber leisteten Entwicklungshilfe, wenn die Regierung Reformen versprach. Das Programm scheiterte hoffnungslos. Es hatte zwei grundsätzliche Probleme: das psychologische und das ökonomische. Die psychologische Reaktion, wenn einem gesagt wird, was man tun soll, ist Widerstand. Alle Eltern wissen das, und es gilt für Regierungen genau wie für Kinder; wie sollen sie sonst ihre Freiheit bekunden? Also drängte die Konditionalität Regierungen und sogar ganze Gesellschaften in die Opposition zu Politikwechseln, die sehr nützlich gewesen wären. Die Konditionalität schadete auch der Verantwortlichkeit. Wenn Regierungen von Geberorganisationen Anweisungen erhielten, wem sollten die Wähler die Schuld geben, wenn es schiefging? Regierungen nutzten rasch das volle Potential für das Abwälzen der Verantwortung aus. 1998, in der Woche, als die Regierung von Simbabwe Wirtschaftsreformen in Gang setzte, sagte der Informationsminister der nationalen Presse: «Es sind nicht unsere Reformen, es sind die des IWF. Wir mussten sie machen.» Diese Art der Aussage schob die Verantwortung nicht nur ab, sondern erleichterte es auch sehr, die Reformen wieder rückgängig zu machen. Und die Regierung von Simbabwe machte sie natürlich wieder rückgängig.

Konditionalität, wie sie damals praktiziert wurde, hing vom Versprechen der Regierung ab, Veränderungen herbeizuführen. Für die, die lieber auf Lateinisch denken, ist sie als Ex-ante-Konditionalität bekannt. In der Ökonomie nennt man den Vorgang, Geld auf der Basis eines Versprechens zu bekommen, Zeitkonsistenzproblem. Wenn die Anreize nicht stimmen, werden Regierungen etwas versprechen, das Geld nehmen und dann tun, was sie wollen. Ein reales Beispiel: die kenianische Regierung versprach der Weltbank über fünfzehn Jahre hinweg als Gegenleistung für Entwicklungshilfe fünfmal dieselbe Reform. Jawohl, sie nahm fünfmal das Geld und tat entweder nichts oder führte symbolische Reformen durch, die sie dann rückgängig machte. Das Erstaunliche ist, dass das Geld weiter floss. Wie konnten die kenianischen Regierungsvertreter eine ernsthafte, ehrliche Miene aufsetzen, als sie zum fünften Mal dasselbe versprachen? Wie konnten die Vertreter der Weltbank sich einreden, dieses Mal werde es wirklich geschehen? Aber Entwicklungsorganisationen haben sehr wenig Anreiz, Bedingungen durchzusetzen: man wird befördert, wenn man Geld ausgibt, nicht wenn man es zurückhält. Schließlich erkannten die Weltbank und andere Geberorganisationen diesen Fehler und schwenkten weitgehend um zur Auszahlung von Entwicklungshilfe auf der Basis des erreichten Niveaus der Wirtschaftspolitik, statt auf der des Versprechens von Verbesserungen. Für die Lateiner heißt das Ex-post-Konditionalität. Es folgte stärker den Forschungsergebnissen, die besagten, dass die Wirkung der Entwicklungshilfe eher vom Niveau der Wirtschaftspolitik abhing, als davon, ob sie sich veränderte, und es vermied die Notwendigkeit von Versprechen. Das einzige Problem war, dass es die Entwicklungshilfe gerade aus den Ländern mit den größten Problemen abzog. Positiv interpretiert war es eine realistische Erkenntnis der Grenzen der Entwicklungshilfe in solchen Ländern. Weniger positiv interpretiert bedeutete es, genau die Länder aufzugeben, wo die Entwicklungsorganisationen am dringendsten gebraucht wurden. Wie dem auch sei, eine Ex-ante-Konditionalität als Anreiz zur Verbesserung der Politik in scheiternden Staaten kann man vergessen, sie funktioniert einfach nicht.

Ich sehe die Konditionalität von Regierungsführung ganz anders. Das Schlüsselziel der Konditionalität von Regierungsführung ist nicht die Übertragung der Macht von Regierungen zu Gebern, sondern zu ihrer eigenen Bevölkerung. Der Kampf um diesen Machttransfer dauerte in Europa etwa zweihundert Jahre, und wir sollten unbedingt interessiert sein, ihn bei der untersten Milliarde zu beschleunigen. Die verbreitetste Darstellung dieses Kampfes lautet folgendermaßen: die militärische Bedrohung zwang die Regierungen, sich mit großen Armeen zu verteidigen. Um diese Armeen zu bezahlen, mussten die Regierungen Steuern erheben. Damit sie dafür Zustimmung erhielten, mussten sie Volksvertretung und Rechenschaft zulassen. Bei der untersten Milliarde kann dieser Prozess nicht stattfinden. Die Kriegsdrohung in Europa wurde so oft zur Wirklichkeit, dass der ganze Prozess mörderisch wurde, und das würde wahrscheinlich wieder geschehen. Es ging außerdem langsam. Aber die rein internen Prozesse, durch die Bürger ihre Regierungen zwingen, Kontrolle zu akzeptieren, sind wahrscheinlich sehr schwach. Druck von außen ist notwendig, und er ist völlig legitim. Warum sollten wir Regierungen Entwicklungshilfe geben, die nicht bereit sind, ihren Bürgern zu sagen, wofür sie dieses Geld ausgeben?

Konditionalität von Regierungsführung wird in ihrer Ex-post-Form immer populärer. Am spektakulärsten war, dass Präsident George W. Bush die Zuweisungskriterien seines neues Millenium Challenge Account-Programms weitgehend an das erreichte Niveau der Regierungsführung koppelte. Er beschloss klugerweise, die zusätzlichen amerikanischen Hilfsgelder nicht durch die etablierte amerikanische Entwicklungsorganisation zu vergeben, denn über die Jahre war USAID unter den Einfluss kommerzieller Lobbys im Kongress geraten. Bei der Abstimmung über jeden einzelnen Posten des USAID-Haushalts hat der Kongress die Ausgaben so gelenkt, dass sie bestimmten amerikanischen Exporteuren nutzen, unabhängig von den Bedürfnissen Afrikas. Überraschenderweise arbeitet aber keine Organisation mit Ex-ante-Konditionalität. Ein Vorteil des neuen Ansatzes ist, dass viel klarer wäre, was eine Regierung tun müsste und in welchem Zeitraum, um zusätzliche Entwicklungshilfe zu bekommen. Und die Entwicklungshilfe ließe sich in Länder lenken, die ursprünglich eine schlechte Regierungsführung besaßen – dies wäre eine Konzentration auf die unterste Milliarde, nicht ihr Ausschluss. Ich werde in Teil 5 ausführlicher beschreiben, was der Inhalt der Konditionalität von Regierungsführung sein könnte. Wir müssen akzeptieren, dass die Möglichkeiten der Entwicklungshilfe bei der Verbesserung der Regierungsführung eng begrenzt sind. Aber wir haben diese Grenzen noch nicht erreicht.

Kompetenz als Entwicklungshilfe

Konditionalität spielt in Diskussionen über Entwicklungshilfe eine große Rolle, weil sie so heikel ist, aber die Reform von Regierungsführung und Wirtschaftspolitik ist nicht nur eine Frage von politischem Willen und politischem Druck. Sie erfordert auch Menschen mit der notwendigen Kompetenz. Im typischen Fall hat die Staatsverwaltung in den Gesellschaften der untersten Milliarde alle Fähigkeiten verloren, die sie einmal besaß. Einmal erzählte mir beim Essen der frühere Chef der Verwaltung in einem der großen Länder der untersten Milliarde, was mit der Verwaltung passiert war, die er mit aufgebaut hatte. Er bat mich, mir vorzustellen, ein Schuljunge in seinem Land am Vorabend der Unabhängigkeit zu sein. Die intelligenten Jungen in der Klasse wollten Beamte werden, um das Land aufzubauen. Was hatte dagegen der dumme Klassenschläger für Ziele? Die Verwaltung mit ihrer strengen Aufnahmeprüfung konnte er vergessen. Also ging der Klassenschläger zur Armee. Zwei Jahrzehnte und einen Staatsstreich später regierte die Armee das Land. Zwischen den Klassenschlägern, die jetzt Generäle waren, und ihrem Ziel, den öffentlichen Sektor zu plündern, standen die guten Schüler, die jetzt die Verwaltung lenkten.

Das gefiel den Generälen gar nicht. Nach und nach ersetzten sie die schlauen Jungen durch Leute, die ihnen selbst glichen. Und als sie die Dummen und Korrupten anstelle der Klugen und Ehrlichen beförderten, beschlossen die Klugen zu gehen. Ökonomen nennen so etwas «Auswahl durch innere Motivation». Zu dem Zeitpunkt, als das Militär die Macht an die zivilen Politiker zurückgab, war die Verwaltung gebrochen. Statt ein Vehikel zur Entwicklung des Landes zu sein, war sie nun ein Vehikel zu seiner Ausplünderung.

Politik ist voller Überraschungen, und von Zeit zu Zeit kommen tatsächlich reformwillige Minister und Präsidenten an die Macht. Doch es ist sehr schwer für sie, Veränderungen durchzuführen, weil sie eine Verwaltung erben, die eher ein Hindernis als eine Hilfe ist. Sie steht Veränderungen feindlich gegenüber, weil die einzelnen Beamten von dem Durcheinander der Regeln und Ausgaben profitieren, das sie lenken. Entwicklungshilfe hat die potentielle Rolle, die Kompetenz zu liefern, die der Verwaltung fehlt, wenn sie am dringendsten gebraucht wird.

In Kapitel 5 sagte ich, dass ich mit Lisa Chauvet die Voraussetzungen für den Umschwung in einem scheiternden Staat untersuchte und die Bedingungen, die den Erfolg verstärkten, sobald der Umschwung begonnen hatte. Tatsächlich wollten wir vor allem herausfinden, ob Entwicklungshilfe als Voraussetzung oder nach dem Beginn des Umschwungs helfen konnte. Wir beschlossen, zwischen zwei Formen der Entwicklungshilfe zu unterscheiden: technischer Hilfe und Geld für Regierungen. Technische Hilfe bedeutet, kompetente Menschen zur Verfügung zu stellen, die vom Geber bezahlt werden. Obwohl der Geber Geld ausgibt, erhält die Empfängerregierung kompetente Ausländer, die für sie arbeiten. Technische Hilfe macht etwa ein Viertel aller für Entwicklungshilfe ausgegebenen Mittel aus. Die anderen drei Viertel werden an die Regierungen gezahlt, entweder zur Finanzierung spezieller Projekte wie einer Schule oder ohne besonderen Verwendungszweck, als sogenannte Budgethilfe. Selbst die Unterscheidung zwischen technischer Hilfe und dem Geld für Regierungen war schwierig, weil sich die Geberorganisationen einfach nicht die Mühe gemacht haben, ihre Aktivitäten ordentlich zu dokumentieren. Wir arbeiteten mit Daten des Pariser Entwicklungsausschusses der OECD, die der wichtigste Geberclub ist. Selbst dort meinte man, die Daten seien nicht besonders verlässlich.

Ich werde mich auf die technische Hilfe konzentrieren. Meist wird die Tatsache, dass ein Viertel der Entwicklungshilfe als technische Hilfe vergeben wird, als eine Art Skandal dargestellt, mit der Begründung, dass die Länder das Geld gar nicht sehen – sie bekommen nur Leute. Entscheidend ist aber in Wirklichkeit, ob die Leute von Nutzen sind. Reformen brauchen Kompetenz, und der untersten Milliarde fehlt diese Kompetenz – erinnern wir uns, dass die kompetenten Menschen bereits weg sind. Sie sind in London, New York und Paris, nicht in Bangui. Die politisch korrekte Antwort auf die Notwendigkeit technischer Hilfe besteht darin, stattdessen den «Kapazitätsaufbau» zu unterstützen, d. h., lieber die Einwohner auszubilden, als Experten einzufliegen. Kapazitätsaufbau ist durchaus sinnvoll, aber es ist ein Problem wie bei der Henne und dem Ei. Bis das Land den Umschwung geschafft hat, ist der Kapazitätsaufbau sehr schwierig. Man bildet Menschen nach internationalem Standard aus, und wenn es keine Aussichten gibt, benutzen sie ihre Kompetenz als Reisepass, um das Land zu verlassen. Ich weiß es – ich bilde seit drei Jahrzehnten Menschen aus. In den frühen Phasen der Reform brauchen die Reformer nicht nur Kompetenz, die im Land nicht vorhanden ist, sondern manche dieser Fähigkeiten werden auch nicht mehr gebraucht, sobald der Übergang geschafft ist. Es ist für ein Land tatsächlich sinnvoll, vorübergehend Kompetenz zu importieren, während es über den Reformberg klettert.

Also bezogen Lisa und ich technische Hilfsleistungen in unsere Analyse der Umschwünge ein. War sie als Voraussetzung eines Umschwungs hilfreich? Half sie, wenn der Umschwung bereits eingesetzt hatte? Half sie, wenn ein neuer Staatschef gerade an die Macht gekommen war? Wie gewöhnlich bei Entwicklungshilfe standen wir vor dem Problem, dass Kausalität in beide Richtungen laufen kann: je besser die Aussichten auf einen Umschwung, desto mehr technische Hilfe sind die Geber bereit zu leisten. Soweit die Geber damit richtig liegen, wird die Entwicklungshilfe eher in Situationen gelenkt werden, die reif für Verbesserungen sind und sich daraufhin auch verbessern. Bei einem solchen Verhalten scheint die Entwicklungshilfe die Chancen des Umschwungs zu steigern, aber nur deshalb, weil der Beziehung die falsche Kausalität aufgezwungen wurde. Wir hätten auch herausfinden können, dass gute Reformaussichten die Entwicklungshilfe erhöhen. Der Weg zur Lösung des Problems besteht darin, eine

Komponente der technischen Hilfe zu finden, die man für jedes einzelne Land und für jedes einzelne Jahr voraussagen kann und die nicht von der Regierungsführung und Wirtschaftspolitik des Landes beeinflusst wird. Zum Glück wird ein nicht geringer Anteil der Entwicklungshilfe eines Empfängerlandes nicht von seiner aktuellen Situation bestimmt, sondern von den besonderen Merkmalen des Gebers. Beispielsweise erhält Äthiopien einen relativ großen Teil seiner Entwicklungshilfe von Italien, weil die Italiener ihre kurze Besetzung Äthiopiens als historisches Bindeglied ansehen. Die Elfenbeinküste wiederum erhält einen relativ großen Teil ihrer Entwicklungshilfe von Frankreich, der früheren Kolonialmacht (Abidjan wurde einmal das Paris Afrikas genannt). Wenn also der italienische Entwicklungshilfeetat steigt und der französische sinkt, wird Äthiopien wahrscheinlich einen Anstieg der Entwicklungshilfe im Verhältnis zur Elfenbeinküste verzeichnen. Da diese Komponente der Entwicklungshilfe nichts mit der politischen Situation der Empfängerländer zu tun hat, können wir ihre Wirkung auf die Chancen eines Umschwungs analysieren und relativ sicher sein, dass die Kausalität nur von der Entwicklungshilfe zum Umschwung verläuft. Um das Beispiel weiterzuführen, von Zeit zu Zeit haben Äthiopien oder die Elfenbeinküste Glück oder Pech mit der Zusammensetzung der Geber, und wir können betrachten, ob dieses Glück oder Pech eine Wirkung auf die Chancen des Umschwungs hat.

Leider hat, soweit wir sehen, technische Hilfe in einem scheiternden Staat vor dem Umschwung wenig Wirkung auf die Aussichten eines Umschwungs. Die Experten kommen und predigen, und die Menschen hören höflich zu, aber es geschieht nicht viel. Das ist eine schlechte Nachricht für die Entwicklungsorganisationen, die sich hierauf konzentrieren, und auch eine schlechte Nachricht für scheiternde Staaten, weil der Einsatz umfangreicher technischer Hilfe relativ leicht wäre. Sobald aber der Umschwung begonnen hat oder es einen neuen Staatschef gibt, sehen die Dinge dramatisch anders aus. Technische Hilfe in den ersten vier Jahren einer beginnenden Reform, vor allem in den ersten beiden, wirkt sich sehr positiv auf die Chancen aus, dass der Reformschwung beibehalten wird. Sie reduziert auch stark die Chance, dass die Reformen völlig zusammenbrechen. Mir erscheint das sinnvoll, denn in diesen frühen Phasen des Umschwungs trifft der Mut von ein paar couragierten Politikern auf eine Mauer aus

Sturheit und Inkompetenz in der Verwaltung. Bis auf die wenigen Reformen, bei denen der Minister nur etwas unterschreiben muss, brauchen die meisten Reformen Technokraten und Manager, die eine Veränderung durchführen können.

Lisa und ich waren recht überrascht, dass die Wirkung der technischen Hilfe sich so deutlich zeigte, und wir verfolgten diese Richtung weiter. Ließ sich irgendwie herausfinden, wie viel technische Hilfe in dieser frühen Reformphase nützlich war? Zu unserer erneuten Überraschung sahen wir, dass wir eine Antwort bekamen, auf die wir uns statistisch einigermaßen verlassen konnten. Sie besagte, dass Programme zur technischen Hilfe während der Reform sehr groß sein konnten – bis zu 250 Millionen Dollar pro Jahr konnten für technische Kompetenz ausgegeben werden, bevor zusätzliches Geld nutzlos wurde.

Wir verglichen dies zunächst mit der tatsächlichen technischen Hilfe während Reformepisoden. Die wirkliche Höhe der technischen Hilfe war normalerweise viel niedriger, deshalb schienen die Geber eine Gelegenheit zu verpassen. An diesem Punkt hatten wir aber noch nicht die Kosten mit dem Nutzen verglichen: wenn der Nutzen nicht groß genug war, hätten die Geber recht gehabt, diese scheinbaren Gelegenheiten zu ignorieren. Um herauszufinden, ob der Einsatz von technischer Hilfe während beginnender Reformen das Geld wert ist, mussten wir feststellen, ob der Nutzen die Kosten übersteigt. Das war recht einfach, denn wir besaßen bereits eine Schätzung der Kosten eines scheiternden Staates – rund 100 Milliarden Dollar –, die ich in Kapitel 5 beschrieben habe, und nun hatten wir das Maß, um das ein technisches Hilfsprogramm die Chancen steigern würde, einen beginnenden Umschwung nachhaltig zu unterstützen. Wir mussten nur beides zusammenbringen. Die Ersparnis lag bei etwa 15 Milliarden Dollar, und die Kosten der technischen Hilfe über vier Jahre liegen bei maximal einer Milliarde. Also verpassten die Geber wirklich eine gute Gelegenheit für Entwicklungshilfe: gib 1 Dollar für eine erwartete Rendite von 15 Dollar aus. Und vergessen wir nicht, dass der einzige Nutzen, der in diese 100 Milliarden einberechnet ist, sich auf die Nachbarstaaten bezieht; der Zuwachs an weltweiter Sicherheit ist ein zusätzlicher Bonus.

Warum verpassen Entwicklungsorganisationen also diese Gelegenheit? Schließlich ist die technische Hilfe keine Lappalie – das Geld, das dafür ausgegeben wird, Länder mit kompetenten Menschen zu versorgen, die technische Hilfe leisten, beträgt ein Viertel der Gesamtsumme, ist also gewaltig. Das Problem liegt nicht darin, dass die technische Hilfe unzureichend ist, sondern eher darin, dass sie ihrer Organisation nach nicht auf die Situation eines Landes eingehen kann. Im Sprachgebrauch der Entwicklungsorganisationen ist technische Hilfe angebotsgesteuert, nicht nachfragegesteuert. Die gleiche Hilfe wird Jahr für Jahr an dieselben Orte ausgeschüttet, ohne große Beachtung der politischen Gelegenheiten. Angesichts der Dominanz der Ex-post-Konditionalität – das Geld wird dorthin geschickt, wo die Dinge bereits zufriedenstellend sind – können die Entwicklungsorganisationen ihre Mittel nicht einfach bei einem möglichen Umschwung früh in scheiternde Staaten stecken; das ist gegen die Regeln. Technische Hilfe muss neu organisiert werden, damit sie eher der Katastrophenhilfe ähnelt und weniger einer Abfolge von Projekten. Genauso schnell wie Katastrophenhilfe-Teams eingeflogen wurden, als der Tsunami im Dezember 2004 Südostasien traf, müsste Kompetenz verfügbar sein, wenn sich politische Gelegenheiten ergeben. Im Idealfall müssen reformwillige Minister auf ein großes Konto an technischer Hilfe zurückgreifen können, über dessen Verwendung sie selbst bestimmen. Das wäre sogar bei ressourcenreichen scheiternden Staaten nützlich. Obwohl die Regierungen ressourcenreicher Länder Einnahmen haben, die im Prinzip zur Bezahlung großer technischer Hilfsprogramme verwendet werden könnten, ist es unwahrscheinlich, dass sie das tun. Die politischen Kosten, Einnahmen auf diese Art zu Beginn einer Reform zu verwenden, wären gewaltig. Und so kann Entwicklungshilfe zur rechten Zeit und für die richtigen Dinge sogar sehr wirksam bei der Überwindung der Ressourcenfalle sein.

Entwicklungshilfe als Verstärkung

Entwicklungshilfe in Form technischer Hilfe kann also scheiternden Staaten beim Umschwung helfen. Wie ist es mit Entwicklungshilfe in Form von Geld, das der Regierung für Projekte oder als Budgethilfe gegeben wird? Wir folgten demselben Ansatz und kamen zu völlig anderen Ergebnissen. Geld ist in der Frühphase der Reform sogar kontraproduktiv. Es senkt die Wahrscheinlichkeit, dass die Reform an Schwung gewinnt. Ich zweifelte sehr an diesem Ergebnis, bis wir ein davon völlig unabhängiges Resultat fanden, das bemerkenswert ähnlich aussah. Ich erwähnte es kurz in Kapitel 5, aber jetzt möchte ich es weiter ausführen. Das ist die Wirkung von «Terms of Trade»-Gewinnen, etwa bei einem Öl- oder Kaffeeboom. Man sollte erwarten, dass eine Zunahme des Handels Reformen einfacher macht – schließlich kommt mehr Geld ins Land, und es geht den Menschen besser. In Wirklichkeit geschieht aber das Gegenteil: unerwartete Handelsgewinne in der Frühphase der Reform haben den gleichen Bremseffekt wie ein Entwicklungshilfe-Boom, da frühes Geld die Aussichten mindert, die Reform zu Ende zu bringen. Da es hierfür keinen streng ökonomischen Grund gibt, muss es einen politischen geben. Ich wollte verstehen, ob es in der Politik wirklich so sei, deshalb fragte ich Ngozi Okonjo-Iweala, zu jenem Zeitpunkt die Finanzministerin Nigerias (und zwar nicht irgendeine Finanzministerin – sie wurde 2005 für ihre Reformbemühungen von der Zeitschrift *The Banker* zur Finanzministerin des Jahres gekürt). Ich lernte sie zuerst Mitte der neunziger Jahre kennen, als sie mir völlig unerwartet nach Oxford schrieb. Ich leitete ein Forschungszentrum für die Wirtschaft Afrikas, und sie war Direktorin bei der Weltbank. Sie fragte, ob sie einen Monat lang das Zentrum besuchen könne, um ihren Urlaub zum Studium zu benutzen. Das tun nicht viele Weltbankdirektoren. Jedenfalls war sie 2005 die ideale Politikerin für meine Frage; mitten in einem Ölboom führte sie Reformen durch, und zwar mit bemerkenswertem Erfolg. Ich fragte sie, ob der hohe Ölpreis, der der nigerianischen Regierung hohe Einnahmen bescherte, die Reform leichter oder schwerer machte. Sie lachte. «Schwerer, viel schwerer.» Warum? Weil die Menschen ihre Aufmerksamkeit darauf konzentrierten, das zusätzliche Ölgeld zu bekommen, von dem sie wussten, dass es vorhanden war, statt auf den häufig schmerzhaften, langweiligen und angespannten Reformprozess. Warum Leute entlassen, wenn Ölgeld da ist? Warum Projekte aufschieben, indem man darauf besteht, dass die Aufträge ausgeschrieben werden, wenn Geld da ist, um mehr zu bezahlen als das niedrigste Angebot. Und vielleicht ist das ein Beispiel für ein allgemeineres Muster: plötzliches zusätzliches Geld, ob nun aus einem Exportboom oder aus Entwicklungshilfe, lenkt von den harten Entscheidungen ab, die bei Reformen getroffen werden müssen.

Nachdem die Reform ein paar Jahre gelaufen ist, kehren sich die statistischen Effekte von technischer Hilfe und Geld um. Technische

Hilfe wird nutzlos oder sogar kontraproduktiv – vermutlich deshalb, weil Regierungen zu irgendeinem Zeitpunkt ihre eigene Kompetenz aufbauen müssen, statt sich weiter auf die Hilfe von Experten von außen zu verlassen –, und Geld wird nützlich und fördert den Reformprozess, statt ihn zu untergraben. Es scheint sich also eine Reihenfolge zu ergeben. Entwicklungshilfe ist nicht sehr effektiv, um einen Umschwung in einem scheiternden Staat anzuregen, dafür muss man auf eine politische Gelegenheit warten. Wenn sie kommt, muss man so schnell wie möglich technische Hilfe leisten, um die Durchführung der Reformen zu unterstützen. Nach einigen Jahren kann man dann anfangen, der Regierung Geld zu geben.

Entwicklungshilfe, die so gebraucht wird, um beginnende Umschwünge zu unterstützen, wäre ziemlich riskant, denn viele würden dennoch scheitern. Der Gewinn ist groß, denn wenn Erfolge eintreten, sind sie enorm wertvoll. Die Unterstützung für Umschwünge ist damit, was das Risiko betrifft, analog zu einem Risikokapitalfonds – die meisten Firmen, in die ein Risikokapitalfonds investiert, scheitern, aber wegen einiger Gewinner kann der Fonds im ganzen erfolgreich sein. Wenn Entwicklungsorganisationen sich wirklich auf die unterste Milliarde konzentrieren wollen, müssen sie sich an dieses Handeln mit hohem Risiko gewöhnen. Ich glaube, der Risikokapitalfonds ist das richtige Managementmodell für den Umgang mit solchen Risiken, weil er Verantwortlichkeit und Anreize versöhnt. Ein «Risikohilfsfonds» behält die Verantwortlichkeit für die gesamte Wertentwicklung bei, aber die Manager können trotz vieler Misserfolge einen Gesamterfolg erreichen. Ohne diese Art von Modell können Bürokratien einfach nicht mit dem Risiko umgehen. Ihre Angestellten werden keine hohen Risiken eingehen, weil sie ein gelegentliches Scheitern implizieren, und Scheitern bedeutet einen Karrierestopp. Es überrascht nicht, dass Menschen unter diesen Bedingungen keine Risiken eingehen wollen. Die Situation verschlechtert sich, da Menschen immer mehr nach den «Ergebnissen», die sie erzielen, bewertet werden. Innerhalb von Entwicklungsorganisationen gibt eine Mode der Erfolgsorientierung, und bis zu einem gewissen Grad ist das sinnvoll – leitende Manager versuchen zu erreichen, dass ihre Mitarbeiter sich auf Ergebnisse, nicht auf den Input konzentrieren. Aber eine Konzentration auf Ergebnisse kann sehr leicht dazu ermutigen, Scheitern um jeden Preis zu vermeiden. Und wenn das geschieht, wird die Hilfe zunehmend auf die sichere Option jener Länder setzen, deren Entwicklung bereits zufriedenstellend ist. Man muss der britischen Regierung zugestehen, dass sie dieses Problem erkannt und die Weltbank mit dem Geld ausgestattet hat, um einen Fonds zur Unterstützung von Umschwüngen anzuschieben. Werden andere Regierungen in diesen Fonds einzahlen? Für mich ist das in den nächsten Jahren einer der entscheidenden Schritte für die Entwicklungshilfe. Wenn wir wollen, dass unsere Kinder in einer Welt mit weniger scheiternden Staaten aufwachsen, ist eines der praktischen Dinge, die wir tun können, unsere Regierungen zur Unterstützung dieser Art von Entwicklungshilfefinanzierung zu drängen.

Entwicklungshilfe vor Reformen

Die Wirksamkeit von Geld, das vor dem Umschwung gegeben wird, hängt davon ab, wie das geschieht. Der traditionelle Weg, die richtige Verwendung der Entwicklungshilfe zu sichern, ist die Projektbindung. Statt der Regierung einfach Geld zu geben, einigt sich die Entwicklungsorganisation mit der Regierung und unterstützt Planung und Ausführung des Projekts. Das ist eine umständliche Methode, die für Länder mit ordentlicher Regierungsführung unpassend ist, aber bei Ländern mit sehr schlechter wahrscheinlich sinnvoll. Sie hat aber einen Haken: Projekte in Ländern mit schlechter Regierungsführung und Wirtschaftspolitik sind bekanntlich eher zum Scheitern verurteilt.

Vor kurzem wurden Lisa und ich gebeten zu untersuchen, ob man etwas tun könne, um Projekte in scheiternden Staaten erfolgreicher zu machen. Die Geber waren mit unserer Arbeit über Umschwünge so zufrieden, dass sie eine zweite Phase finanzierten. Wir benutzten einen riesigen Datensatz, der Tausende von Geberprojekten auf der ganzen Welt evaluierte. Wir brauchten lange, um ihn zu interpretieren, und ich mache hier einen Vorbehalt: die Ergebnisse, die ich hier mitteile, sind noch unveröffentlicht und daher noch nicht von anderen Wissenschaftlern geprüft. Natürlich sahen wir, dass Projekte in scheiternden Staaten sehr viel geringere Erfolgsaussichten hatten. Unsere Frage war aber, ob man daran etwas ändern könne – zumindest etwas, das innerhalb der Reichweite des Gebers lag. Das konnte zum Beispiel die Art des Projekts sein oder die Art und Weise seiner Durchführung. Es stellte sich heraus, dass das Geld, das die Entwicklungsorganisationen für die Projektaufsicht ausgaben, in scheiternden Staaten von wechselnder Wirksamkeit war. Diese unterschiedliche Wirksamkeit ist das Schlüsselergebnis. Wenn man die viel niedrigere Erfolgsrate von Projekten in scheiternden Staaten mit der unterschiedlichen Wirksamkeit der Aufsicht kombiniert, gibt es eine klare Schlussfolgerung, wie eine Entwicklungsorganisation funktionieren sollte. Aufsicht kostet Geld: dieses kommt aus den Verwaltungsbudgets der Organisationen. Eine Schlussfolgerung ist also, dass Entwicklungsorganisationen bei der Arbeit in scheiternden Staaten sehr viel höhere Verwaltungskosten im Verhältnis zum tatsächlich ausgezahlten Geld einkalkulieren sollten. Natürlich stehen sie unter dem Druck, ihre Verwaltungskosten im Verhältnis zum gezahlten Geld zu reduzieren, dies wird manchmal als Maßstab ihrer Effizienz benutzt. Aber es ist verfehlt. Die Situationen, in denen Entwicklungsorganisationen zunehmend handeln sollten, sind solche, in denen sie mehr, nicht weniger für die Verwaltung aufwenden müssen, um wirksam zu sein. Die Fehlkalkulation der bürokratischen Effizienz ist ein allgemeines Problem. Sie ermutigt Entwicklungsorganisationen zu Operationen mit niedrigem Risiko und niedrigen Verwaltungskosten, die genau das Gegenteil dessen sind, was nötig wäre, um die kommenden Herausforderungen der Entwicklungspolitik zu meistern.

Es gibt einen anderen Ansatz, den ich in scheiternden Staaten gern ausprobiert sehen würde, und dieser heißt «unabhängige Leistungsautorität» (ISA). Das bedeutet, in Ländern, wo die grundlegenden öffentlichen Leistungen wie Grundschulbildung und Gesundheitsversorgung völlig darniederliegen, könnten Regierung, Zivilgesellschaft und Geber gemeinsam versuchen, ein alternatives System für die Verwendung öffentlicher Gelder aufzubauen. Seine Schlüsselmerkmale wären ein hoher Grad an Ausgabenkontrolle durch die Zivilgesellschaft, konkurrierende Anbieter der Leistungen, darunter öffentliche, private und Nichtregierungsorganisationen, außerdem ständige Evaluation, um zu sehen, welche am besten funktionieren. Die Autorität wäre eine allgemeine Organisation für den Einkauf von grundlegenden Leistungen, die manche von den Regierungen, manche von Nichtregierungsorganisationen wie den Kirchen und manche von Privatfirmen kaufen würde. Sie würde nicht nur den Bau von Schulen und

Krankenhäusern finanzieren, sondern auch deren Betrieb. Sobald eine solche gemeinschaftlich von Regierungen, Zivilgesellschaft und Gebern geführte Organisation existierte, würden Geber wie Regierung Geld darin einzahlen. Wenn sie zeigen würde, dass das Geld gut verwendet sei, würden die Geber die Zuwendungen erhöhen. Bei einer verschlechterten Leistung würden die Zuwendungen versiegen. Nicht alle Regierungen scheiternder Staaten würden ein solches Modell akzeptieren, aber manche schon. Es ist noch nie ausprobiert worden, aber ich möchte ein Beispiel geben, das für kurze Zeit in diese Richtung ging.

Die Tschad-Kamerun-Ölpipeline ist berühmt geworden, weil die Nichtregierungsorganisationen zu Recht besorgt waren, die Öleinnahmen der Regierung des Tschad würden nicht gut verwendet. Es war sogar wahrscheinlicher, dass sie die Probleme verschärfen würden, statt sie zu lösen. Der Lösungsversuch war die Schaffung eines Systems der zivilgesellschaftlichen Kontrolle mit dem Namen Collège de Contrôle et de Surveillance des Ressources Pétrolières. Die Öleinnahmen flossen auf ein Konto unter der Kontrolle des Collège, das alle Ausgaben genehmigen musste. Diese Ausgaben waren gesetzlich auf soziale Prioritäten wie Gesundheit und Bildung beschränkt. Dass dieses System im Grunde funktionierte, zeigte sich darin, dass die Regierung des Tschad es wenige Monate nach seinem Inkrafttreten im Januar 2005 veränderte. Es überrascht nicht, dass sie «Sicherheit» zur Priorität machen wollte – sprich: Geld für das Militär. Offenbar hinderte das Collège die Regierung wirksam daran, die Öleinnahmen für das Militär auszugeben, warum hätte sie sonst die Peinlichkeit und Nachteile einer Gesetzesänderung auf sich nehmen sollen? Damit können wir das Collège für die Tschad-Kamerun-Pipeline als Vorform einer unabhängigen Leistungsautorität ansehen.

Paradoxerweise passt die Idee viel besser für Entwicklungshilfe, obwohl sie bisher erst für Öleinnahmen getestet wurde. Der Grund liegt im Problem der Zeitkonsistenz, das wir schon in anderen Zusammenhängen kennengelernt haben. Das Tschad-Abkommen war leider nicht zeitkonsistent. Es besagte, die Regierung des Tschad solle ein Gesetz zur Gründung des Collège verabschieden sollten und die Ölfirmen, im Gegenzug 4,2 Milliarden Dollar in die Ölförderung investieren. Was war wohl leichter rückgängig zu machen, das Gesetz oder die Investition? Wenn man das beantworten kann, hat man das Problem verstanden und sieht, warum es kein so großes Problem wäre, wenn es um Entwicklungshilfe statt um Öl ginge. Bei Entwicklungshilfe muss man nicht gleich zu Beginn 4,2 Milliarden Dollar investieren. Im Gegensatz zum Fließen des Öls ist es nur ein Geldfluss, der gestoppt werden kann. Da die Regierung das weiß, hat sie keinen Anreiz, das Abkommen zu brechen.

Worin liegt der Nachteil einer unabhängigen Leistungsautorität? Er liegt darin, dass man neu anfängt, statt die Regierungsbehörden Schritt für Schritt innerhalb des Systems zu reformieren, darum kommt sie nur in Frage, wenn die Situation wirklich schlimm ist und eine schrittweise Verbesserung unwahrscheinlich. Um es ganz klar zu sagen, ich will diese Autoritäten nicht überall in den Ländern der untersten Milliarde. Ich will sie als Option in den schlimmsten Situationen, wo die realistische Aussicht ist, dass wir sonst lange auf eine entscheidende Veränderung warten müssen. Ich nenne sie mit gutem Grund unabhängige Leistungsautoritäten – viele Regierungen haben bereits Behörden mit dem Namen unabhängige *Steuer*-Behörde geschaffen, um die Steuereinnahmen zu steigern. Diese Funktion wurde aus der traditionellen Verwaltung aus genau demselben Grund ausgegliedert, aus dem ich grundlegende staatliche Leistungen ausgliedern will – es bestand keine realistische Aussicht, das traditionelle System zum Funktionieren zu bringen. Warum ergreifen Regierungen die radikale Option bei den Steuern, aber nicht bei den Leistungen? Die Antwort ist deprimierend offensichtlich: von Steuereinnahmen profitieren die Regierungen, aber von grundlegenden Leistungen profitieren gewöhnliche Menschen. Die Regierungen waren nicht bereit, die traditionelle Verwaltung weiterhin die Steuereinnahmen sabotieren zu lassen, weil die Regierungen selbst die Opfer waren. Sie waren aber bereit, die grundlegenden staatlichen Leistungen unreformiert zu lassen, weil die herrschende Elite ihre Leistungen anderswo bekam.

Entwicklungshilfe und Marginalisierung

In Kapitel 6 habe ich die These vertreten, dass die Globalisierung die Situation der untersten Milliarde erschwert. Exportdiversifizierung ist wegen China und Indien schwieriger geworden, die Kapitalflucht wegen der globalen finanziellen Integration dagegen einfacher. Emigration ist attraktiver geworden, weil sich die Kluft zwischen Arm und Reich vergrößert hat, und einfacher, weil Diasporagemeinden der untersten Milliarde sich im Westen angesiedelt haben. Darum finden sich sogar Länder, die den Fallen entkommen sind, im Niemandsland der Stagnation wieder und sind unfähig, die Erfolge armer Länder vor zwanzig Jahren zu wiederholen. Wie wirkt sich Entwicklungshilfe auf diese Marginalisierung aus?

Die Hauptsorge bei der Entwicklungshilfe ist, dass sie das Problem des Durchbruchs neuer Exporte auf die internationalen Märkte verschlimmert. Grund ist die holländische Krankheit, die ich in Kapitel 3 erwähnte. Entwicklungshilfe neigt genau wie die Einnahmen aus natürlichen Ressourcen dazu, andere Exportgüter weniger konkurrenzfähig zu machen. Der IWF ist davon so überzeugt, dass sein jetziger Chefökonom Raghuram Rajan, ein brillanter Finanzprofessor von der University of Chicago, im Juni 2005 kurz vor dem G8-Gipfel eine heftige Attacke gegen die Entwicklungshilfe führte. Sie wurde die Titelmeldung der *Financial Times*. Seine Forschungen zeigten, dass Entwicklungshilfe dazu neigte, das Wachstum arbeitsintensiver Exportaktivitäten zu bremsen, genau die Aktivitäten, die für die Diversifizierung in den ärmsten Ländern notwendig waren. Es gibt also tatsächlich ein Problem, und man muss sich ihm stellen, statt es zu leugnen. Zum Glück lässt sich einiges dagegen tun.

Zunächst einmal kann die Entwicklungshilfe zur Förderung des Exportsektors ausgegeben werden, etwa der Infrastruktur der Häfen. Auch wenn solche Entwicklungshilfe zunächst zur holländischen Krankheit führt, wird es, wenn der Hafen erst ausgebaut ist und die Entwicklungshilfe reduziert wird, keine holländische Krankheit mehr geben, nur einen besseren Hafen. Notwendig ist ein einmaliger starker Anschub in jedem Land. Solche Entwicklungshilfe würde darauf abzielen, die Kosten der potentiellen Exporteure zu senken. Es ist nicht sinnvoll, einen solchen Ansatz überall zu verfolgen. Die Binnenstaaten und die ressourcenreichen Staaten sind wahrscheinlich aus dem Rennen, und es ist wenig sinnvoll, Entwicklungshilfe auszugeben, um sie einzubeziehen. Und selbst unter den ressourcenarmen Küstenstaaten könnten die mit wirklich schlechter Regierungsführung und Wirtschaftspolitik ausscheiden (obwohl das oben geschilderte Beispiel Bangladesch zeigt, dass schlechte Regierungsführung nicht zwangsläufig dem Export schadet). Die unterste Milliarde würde sehr viel hoffnungsvoller aussehen, wenn ein paar ihrer Volkswirtschaften an der Küste auf die globalen Märkte vordringen könnten. Erfolg zu ermöglichen ist auch wegen des Vorzeigeeffekts von Vorbildern eine sinnvolle Verwendung von Hilfsgeldern. Und vergessen wir nicht, solange es den Küstenstaaten nicht gut geht, haben die Binnenstaaten kaum Optionen. Der Anschub des Exports durch Entwicklungshilfe ist riskant, weil man vor einem Versuch einfach nicht wissen kann, ob es funktioniert. Meiner Meinung nach ist es das Risiko wert, aber wie auch andere riskante Verwendungsweisen der Entwicklungshilfe wird es bei den gegenwärtigen Anreizen für Entwicklungsorganisationen nicht zustande kommen. Die Gelder für ein paar Jahre lang auf wenige Länder zu konzentrieren und für eine Strategie zur Exportsteigerung auszugeben, bricht einfach zu viele Regeln – nicht nur die Regeln der Vorsicht, über die ich schon gesprochen habe, sondern auch die Regeln der fairen Verteilung.

Entwicklungsorganisationen arbeiten mit zwei Typen von Regeln zur fairen Verteilung. Der eine gilt für Länder: es ist schwierig, ein Land einem anderen vorzuziehen, auch nur vorübergehend; wenn aber die Krugman-Venables-These über wirtschaftliche Agglomeration zutrifft, dann ist eine ihrer Konsequenzen, dass solche vorübergehenden Konzentrationen der Entwicklungshilfe wahrscheinlich wirksam sind. Der andere Typ der Regeln über faire Verteilung ist vielleicht noch schwerer zu überwinden: faire Verteilung zwischen den internen Interessen der Entwicklungsorganisation. Jede Organisation dieser Art ist in einzelne Machtbereiche aufgeteilt – Agrarentwicklung, Bildung, Gesundheit und so weiter. Der Versuch, eine Organisation dazu zu bringen, ihre Ressourcen auf eine Strategie für das Exportwachstum zu konzentrieren, verletzt all diese Interessen, denn wenn mehr Geld für ein Land ausgegeben wird, kann man sicher sein, dass die Gruppe für Agrarentwicklung um ihren Anteil an den Ausgaben kämpfen wird, ob das nun wichtig für den Export ist oder nicht, und das Gleiche gilt für die Bildungsgruppe, die Gesundheitsgruppe und alle anderen. In Bürokratien bedeuten Ausgaben Jobs, Beförderungen, Erfolg; in der Praxis bewerten sich die Angestellten danach. Darum ist das gegenwärtige Entwicklungshilfesystem auf schrittweises Vorgehen ausgelegt – ein bisschen mehr Geld hier, ein bisschen mehr Geld da – und nicht auf strukturelle Veränderung. Wir wissen aber, dass schrittweises Vorgehen wegen des abnehmenden Ertrags der Entwicklungshilfe unwirksam ist. Einfach mehr von derselben Sache zu tun, wird wahrscheinlich nur geringen Nutzen bringen. Damit Entwicklungshilfe strukturelle Veränderungen in den Empfängerländern fördern kann, müssen strukturelle Veränderungen in den Entwicklungsorganisationen vorgenommen werden.

Was lässt sich sonst noch gegen die holländische Krankheit tun? Die Entwicklungshilfe kann für Aktivitäten verwendet werden, die eine hohe Importwirkung haben. Entwicklungshilfe erhöht automatisch das Angebot an Importen, aber je nachdem, wofür man sie benutzt, kann sie auch die Importnachfrage steigern. Das ist ein Vorteil der technischen Hilfe: sie wird direkt für den Import von Kompetenz ausgegeben und führt darum nicht zur holländischen Krankheit. Entwicklungshilfe für die Infrastruktur hat eine viel höhere Importwirkung als Entwicklungshilfe für die Bildung und erzeugt so bei jedem Dollar weniger holländische Krankheit.

Schließlich lassen sich die negativen Folgen von Entwicklungshilfe auch durch Veränderungen der Handelspolitik ausgleichen, aber darauf komme ich in Kapitel 10.

Ist Entwicklungshilfe Teil des Problems oder Teil der Lösung?

Eines der Schreckgespenster der politischen Rechten ist, dass Entwicklungshilfe auf Schweizer Bankkonten landet. Manchmal tut sie das, es gibt gut dokumentierte Fälle. Aber wie sieht die Situation generell aus? Finanziert Entwicklungshilfe die Kapitalflucht, so wie sie Militärausgaben finanziert? Auch das ist letztlich eine empirische Frage und nichts, was man aus den Grundsätzen einer Ideologie ableiten kann. Es ist leicht, sich Wege vorzustellen, wie Entwicklungshilfe Teil der Kapitalflucht werden kann, zum Beispiel, indem der Präsident sie einfach stiehlt. Es gibt aber auch Wege, wie die Entwicklungshilfe die Kapitalflucht reduzieren könnte. Es ist wahr, dass man dafür etwas mehr nachdenken muss, da das Bild des Präsidenten, der Dollarscheine in seinen Aktenkoffer stopft, einfacher ist, aber es gibt auch einen alternativen Mechanismus. Entwicklungshilfe verbessert die Gelegenheiten für private Investitionen, sodass Geld, das sonst aus dem Land geflohen wäre, dort investiert wird. Das ist offensichtlich durchaus möglich. Die Frage ist, was empirisch dominiert.

Bei diesem Projekt arbeitete ich wieder mit Anke und Cathy zusammen. Wir hatten schon zweimal über Kapitalflucht geforscht und wussten inzwischen, wie wechselseitige Kausalität bei der Interpretation der Wirkung von Entwicklungshilfe zu kontrollieren war. (Ich sollte hier bemerken, dass unsere Arbeit bereits von anonymen Gutachtern für eine Fachzeitschrift bewertet wurde, und die Kommentare waren so ermutigend, dass wir die Überarbeitung fortsetzten, aber sie ist noch nicht veröffentlicht.) Unsere Ergebnisse zeigen, dass Entwicklungshilfe die Kapitalflucht spürbar *reduzierte*. Das überraschte uns, vielleicht weil das machtvolle Bild des Präsidenten, der sich seine Aktentasche vollstopft, auch unsere Phantasie geprägt hatte. In Wirklichkeit scheint Entwicklungshilfe private Investitionen attraktiver zu machen und hilft so, das Kapital im Lande zu halten.

Entwicklungshilfe ist aber nicht die einzige Lösung für die Probleme der untersten Milliarde. In letzter Zeit ist sie wahrscheinlich überbetont worden, zum Teil, weil es für den Westen der einfachste Kurs ist, zum Teil, weil es so bequem in ein moralisches Universum passt, das sich um die Prinzipien Schuld und Sühne dreht. Diese Überbetonung, die von der Linken kommt, hat eine vorhersehbare Reaktion der Rechten provoziert. Entwicklungshilfe hat wirklich ernste Probleme und vor allem ernste Begrenzungen. Sie reicht allein nicht aus, um einen Umschwung für die Gesellschaften der untersten Milliarde zu bewirken. Aber sie ist eher Teil der Lösung als Teil des Problems. Die Herausforderung besteht darin, sie durch weitere Strategien zu ergänzen.

Kapitel 8
Militärische Intervention

Seit dem Irakkrieg ist es schwer, viel Unterstützung für militärische Interventionen zu bekommen. Für mich ist dieses Kapitel das schwierigste des ganzen Buches, weil ich die Leser überzeugen möchte, dass militärische Interventionen eine wichtige Rolle bei der Hilfe für die Gesellschaften der untersten Milliarde spielen und dass die Armeen dieser Länder häufig eher Teil des Problems als ein Ersatz für ausländische Truppen sind.

Was ausländische Truppen tun können

Bis ungefähr 1990 waren internationale militärische Interventionen in scheiternden Staaten bloß eine Variante des Kalten Kriegs. Die Sowjetunion ließ die angolanische Regierung durch Kuba bewaffnen und die USA die angolanische Rebellenbewegung UNITA durch Südafrika. Diese Interventionen waren für Angola sicherlich keine Hilfe. Erst nach dem Ende des Kalten Kriegs wurde es möglich, militärische Interventionen aus anderen Gründen durchzuführen. Die neunziger Jahre begannen positiv für militärische Interventionen – die Niederschlagung der irakischen Invasion in Kuwait war ein Triumph des neuen Internationalismus. Kuwait war ein ziemlich klarer Fall für eine internationale Intervention: ein Aggressor wurde herausgeworfen. Es gibt aber noch drei andere wichtige Gründe für militärische Interventionen: Wiederherstellung der Ordnung, Friedenssicherung nach einem Konflikt und Verhinderung eines Putsches.

Wiederherstellung der Ordnung

Nach Kuwait kam eine weitere Situation, die ich für ein klaren Fall für eine Intervention halte: die Wiederherstellung eines zusammengebrochenen Staates. Ein totaler Zusammenbruch ist selten, aber er kommt vor. In diesem Fall war es Somalia. Ich sage, die Begründung für diese Intervention war klar, weil es gewiss unverantwortlich ist, ein so riesiges Territorium wie Somalia ohne Regierung zu lassen. Die USA sahen es genauso und schickten ihre Truppen bei der «Operation Restore Hope» ins Land.

Vielleicht war die US-Armee nach dem großen Erfolg in Kuwait zu optimistisch, oder sie wurde von den Politikern überstimmt. Auf jeden Fall lud die medienintensive Intervention – die Invasion Somalias durch die US-Truppen wurde sogar um 24 Stunden aufgeschoben, damit Fernsehteams vor den Truppen an Land gehen konnten – zur Hybris ein. Vielleicht war die Intervention nicht umfangreich genug angesichts der Sicherheitsprobleme, auf die sie stieß, aber in Anbetracht der Berichterstattung in den Medien waren die achtzehn amerikanischen Gefallenen, die wiederholt im Fernsehen gezeigt wurden, der Grund für das Scheitern der Intervention. Ich möchte nicht missverstanden werden; es ist schrecklich, wenn Soldaten von Friedenstruppen sterben, und es ist wunderbar von einer Nation, ihre Truppen in eine so gefährliche Situation zu schicken. Aber das ist der Zweck moderner Armeen: das globale öffentliche Gut des Friedens in Gebiete zu tragen, die sonst zu einem potentiellen Albtraum werden könnten. Manchmal werden Soldaten in Ausübung ihrer Pflicht sterben, und dann sind sie Helden, die man ehren muss, aber Armeen können nicht völlig ohne Risiko funktionieren. Was also als großer Mediencoup für die amerikanische Regierung geplant war, war im Oktober 1993 zu einem Medienalbtraum geworden, und die Truppen wurden rasch abgezogen. Natürlich erscheint seit dem Irakkrieg die Tatsache, dass die USA wegen nur achtzehn Gefallenen abzogen, noch seltsamer, aber so war es.

Die Folgen für Somalia waren schrecklich. Mehr als zwölf Jahre später hat es immer noch keine funktionierende nationale Regierung. Bis 1995 waren etwa 300 000 Menschen gestorben, und seitdem gibt es keine Schätzungen der Anzahl der Toten durch den Konflikt und den Zusammenbruch des Gesundheitssystems. Aber die tödlichste

Folge des Abzugs war nicht das, was in Somalia geschah, sondern die Lektion, die daraus gezogen wurde: niemals intervenieren.

Nur wenige Monate später zeigte sich, wie falsch diese Lektion war. Erinnern wir uns, dass 1994 das Jahr von Ruanda war. Wir wollten kein zweites Somalia mit achtzehn gefallenen amerikanischen Soldaten, also bekamen wir Ruanda, wo eine halbe Million Menschen abgeschlachtet wurde, was zu verhindern gewesen wäre, wenn die internationale Intervention ausgereicht hätte. Dieses Kapitel ist für Menschen geschrieben, die sich nicht vorstellen können, dass es besser ist, eine halbe Million Ruander sterben zu lassen, als achtzehn Amerikaner zu opfern. Aber es ist noch ein weiterer Faktor zu berücksichtigen. Die Folgen des Bürgerkriegs erreichen die reiche Welt in Form von Seuchen, Terrorismus und Drogen. Manche Bewohner der reichen Welt werden sterben, wenn Chaos in der untersten Milliarde herrscht. Wir haben die Wahl, ob diese Toten infolge des Überschwappens Zivilisten sein werden oder Soldaten, die sich freiwillig gemeldet haben, um die Dinge wieder in Ordnung zu bringen. Und es hat tatsächlich ein Überschwappen aus Somalia gegeben. Als Folge des anhaltenden Chaos fand ein Exodus junger somalischer Männer in entwickelte Länder statt. Im Juli 2005 füllte einer von ihnen, ein Asylbewerber in England, seinen Rucksack mit Sprengstoff und versuchte, Pendler in der Londoner U-Bahn in die Luft zu sprengen. Im November 2005 ermordete eine somalische Bande eine Polizistin bei einem Bankraub im nordenglischen Bradford. Ich habe einen kleinen Sohn, und wenn er älter ist, möchte ich nicht, dass er den Risiken eines Soldaten bei einer Friedensmission ausgesetzt ist. Ich möchte aber auch nicht, dass er dem Risiko ausgesetzt ist, von einem Flüchtling aus einem scheiternden Staat in London in die Luft gesprengt oder in Bradford erschossen zu werden. Ebenso wenig will ich, dass er dem Risiko von Krankheiten ausgesetzt ist. Somalia war das letzte Land auf der Welt, wo es noch Pocken gab. Sie wurden dort durch internationale Gesundheitsprogramme beseitigt, nur wenige Jahre vor dem Zusammenbruch des somalischen Staates. Jetzt wäre das nicht mehr möglich. Hätte der somalische Staat nicht so lange existiert, gäbe es immer noch die Pocken. Alles in allem glaube ich, mein Kind und alle anderen Kinder werden sicherer sein, wenn wir auf das Problem scheiternder Staaten mit der Wiederherstellung der Ordnung reagieren, statt uns nur auf unzählige Defensivmaßnahmen zu verlassen.

Friedenserhaltung nach einem Konflikt

Nach Ruanda waren militärische Interventionen wieder möglich, und ihre neue Rolle war die Friedenserhaltung nach dem Ende eines Konflikts. Es war ziemlich unsystematisch. Manche Länder bekamen viele Soldaten, andere wenige. Den höchsten Anteil an ausländischen Friedenstruppen im Verhältnis zur Bevölkerung gab es in Ost-Timor. Ich begegnete dort einem Soldaten aus Gambia, einem der kleinsten und ärmsten Länder Afrikas. Als ich ihn nach der Situation in Ost-Timor fragte, sagte er, sie sei verheerend. «Diese Leute sind *wirklich* arm.» Wenn er das sagte, stimmte es wirklich. Als ich dort später Diplomaten traf, fragte ich, warum so viele Friedenstruppen im Land seien. Die Antwort fasste die Probleme ausländischer Militärinterventionen zusammen. Weil es dort sicher war. Regierungen, die Soldaten zu UN-Friedensmissionen schicken, erhalten im Monat 1000 Dollar pro Soldat. Für einige Länder ist das keine schlechte Art, Einnahmen durch ihre Armee zu erzielen. Damit wird es wichtig, dass die Soldaten nicht getötet werden, also sind sichere Gegenden wie Ost-Timor ideal und riskante Gegenden wie die Demokratische Republik Kongo unattraktiv. Selbst wenn Truppen in gefährliche Gegenden geschickt werden, sind sie oft mehr um die eigene Sicherheit besorgt. Das bekannteste Beispiel fand 1995 bei Srebrenica in Bosnien statt, wo holländische Soldaten eine Schutzzone bewachen sollten, aber die verängstigten Flüchtlinge nicht schützten, die daraufhin massakriert wurden. Die Holländer scheinen daraus nichts gelernt zu haben – als Liberia 2004 wieder einmal besorgniserregend aussah, schickten sie ein Schiff der Kriegsmarine, aber sein Befehl war mehr oder weniger, sich zu entfernen, wenn die Lage gefährlich würde. Ein weiterer aufschlussreicher Fall ist die zusammengewürfelte UN-Friedenstruppe in Sierra Leone. Im Jahr 2000 nahm die Rebellenarmee RUF fünfhundert dieser Soldaten als Geiseln und nahm ihnen ihre Ausrüstung ab. War die RUF eine so starke Armee? Kaum – als wenige Monate später ein paar hundert britische Soldaten ankamen, die bereit zu eigenen Opfern waren, brach die ganze RUF rasch zusammen. Die UN-Soldaten waren ein leichtes Ziel, weil die RUF wusste, sie würden keinen Widerstand leisten. Sie trugen ihre Gewehre mit sich herum wie Touristen ihre Juwelen.

Soviel dazu, wie internationale Militärinterventionen nicht aussehen sollten. Im Gegensatz dazu war die eben erwähnte britische Intervention in Sierra Leone, «Operation Palliser», ein großer Erfolg. Sie hat Sicherheit geschaffen und aufrechterhalten, nachdem die RUF zerschlagen war. Die ganze Operation war verblüffend billig. Ich weiß nicht, wie man den Frieden in Sierra Leone sonst hätte wiederherstellen und erhalten sollen. Anke Hoeffler und ich versuchten sogar eine Kosten-Nutzen-Analyse der ganzen Operation zu erstellen. Die Recherche der Kosten war erstaunlich einfach – ich rief das Außenministerium an, und dort kannte man die Kosten nicht nur ungefähr, sondern sagte sie mir auch. Der schwierigere Teil war die Schätzung des Nutzens. Schließlich ist in Sierra Leone nicht viel passiert, seit die britischen Truppen für Frieden sorgten. Genau das ist natürlich der Punkt. Ohne sie wären wahrscheinlich viele sehr schlimme Dinge passiert. Diese vermiedene Wahrscheinlichkeit ist der Schlüssel zum Nutzen der britischen Truppen. Wir benutzten unser Konfliktmodell, um das wahrscheinliche Risiko eines Rückfalls von Sierra Leone in den Bürgerkrieg zu schätzen – zugegeben eine recht grobe Annäherung, weil wir das Modell eines typischen Postkonflikt-Landes benutzten, was die Besonderheiten Sierra Leones außer Acht lässt. Doch um den durchschnittlichen Nutzen von Postkonflikt-Interventionen zu schätzen, ist das Ignorieren der Besonderheiten gar nicht so schlecht. Dann multiplizierten wir diese vermiedene Konfliktwahrscheinlichkeit mit den typischen Kosten eines Bürgerkriegs, die wir bereits auf etwa 64 Milliarden Dollar geschätzt hatten. Ich muss zugeben, dass ich solche Kalkulationen nicht gerne mache; unser Modell eignet sich besser dazu herauszufinden, welche Maßnahmen typischerweise funktionieren könnten, als die Risken eines besonderen Falles abzuschätzen, weil ein Modell so viele wichtige Informationen über die Einzelsituation beiseite lassen muss. Trotz aller Einschränkungen schätzten wir den Nutzen einer Intervention etwa dreißigmal so hoch ein wie die Kosten. Bei einem solchen Kosten-Nutzen-Verhältnis steckt durchaus eine gewisse Fehlertoleranz in den Berechnungen, bevor sie irreführend werden.

Die «Operation Palliser» war brillant, und die britische Armee kann stolz auf ihren Beitrag zur Entwicklung Sierra Leones sein. Sie ist auch ein Vorbild für militärische Interventionen in Ländern der untersten Milliarde: billig, selbstbewusst und nachhaltig. Sie war außerdem willkommen – die Einwohner des Landes waren wirklich dankbar. Aber es wird überhaupt nicht von ihr gesprochen. Stattdessen steht jeden Tag der Irak in den Schlagzeilen. Wie bei Somalia ist offenbar die Lektion aus dem Irak, niemals zu intervenieren. Das ist nicht nur die populäre Reaktion, sondern auch die der Fachleute. Im November 2005 wurde ich eingeladen, in Brüssel vor einer Versammlung von Spezialisten zu sprechen, und der Raum war voller Uniformen. Als ich Sierra Leone erwähnte, war die erste Reaktion: «Aber das ist doch durch den Irak unmöglich geworden.» Wir müssen uns aber daran erinnern, dass wir bereits wissen, was geschieht, wenn wir den Kopf in den Sand stecken: wir bekommen ein Ruanda.

Also sollten wir intervenieren, aber nicht unbedingt überall. Sierra Leone ist eher die Zukunft der Interventionsmöglichkeiten in den Ländern der untersten Milliarde als der Irak. Vergleichen wir die beiden Situationen. In Sierra Leone wurden die britischen Truppen von der Regierung eingeladen und von der Bevölkerung begrüßt. In Sierra Leone konnte man ihnen nicht vorwerfen, sie kämen wegen des Öls, weil es keines gab. Man musste sich wenig Gedanken darum machen, zu reparieren, was man kaputtmachte, denn es gab kaum etwas kaputtzumachen, und die RUF wurde mit minimalem Aufwand vertrieben. In Sierra Leone brauchte man weniger als tausend Soldaten, um einen entscheidenden militärischen Wandel zu erreichen. Die Unterschiede sind wohl offensichtlich.

Schutz vor Staatsstreichen

Das Argument, die Truppen reicher Länder hätten in den Ländern der untersten Milliarde nichts mehr zu suchen, ist politisch korrekt. Aus Angst, antikolonialistische Gefühle zu wecken, haben sich die Franzosen sogar in die seltsame Lage gebracht, zahlreiche Soldaten in Afrika zu haben, die sie nicht einzusetzen wagen. So ließen sie beispielsweise 1999 den Chef der winzigen Armee der Elfenbeinküste, Robert Gueï, erfolgreich gegen die legitime Regierung putschen, obwohl sie 2000 Soldaten im Land stationiert hatten. Damit die französischen Soldaten in den Kasernen blieben, versprach Gueï, binnen sechs Monaten Wahlen abzuhalten. Also ließen die Franzosen den Putsch geschehen – es sollte schließlich nur für kurze Zeit sein. Offensichtlich war sich die französische Regierung nicht des Problems der Zeitinkonsistenz bewusst: manchmal ist nämlich der Anreiz übermächtig, ein Versprechen zu brechen. Man muss zugeben, dass der Putschführer sich an den Buchstaben seines Versprechens hielt und Wahlen ansetzte. Allerdings trat er als Kandidat an und schloss die beiden prominentesten Politiker des Landes von der Kandidatur aus. Wie man sich vorstellen kann, führte das zu keinem glücklichen Ergebnis, und so musste die französische Armee schließlich doch intervenieren, um eine Rebellengruppe an der Besetzung der Hauptstadt zu hindern. Statt aber entweder die Rebellion niederzuschlagen oder einen Kompromiss zu erzwingen, verteidigten die Franzosen einfach eine Linie, die Regierungs- und Rebellentruppen trennte, und akzeptierten eine De-facto-Teilung des Landes, die nun seit mehreren Jahren besteht. Beide Seiten haben die Feuerpause dazu genutzt, sich neu zu bewaffnen; danach griff die Regierung die französischen Truppen an, die sie als Beschützer der Rebellen ansah.

Das französische Zögern, zu intervenieren, ähnelt der Aufstellung der Schnellen Eingreiftruppe durch die Europäische Union. Angeblich dient diese Truppe dem Einsatz bei Notfällen in Afrika. Ich hege den Verdacht, dass sie niemals eingesetzt wird. Beispielsweise wurde sie nicht in der sudanesischen Provinz Darfur eingesetzt, wo von der Regierung unterstützte Milizen weiterhin die Einwohner der Region abschlachten und terrorisieren, und auch nicht, um den Putsch vom August 2005 in Mauretanien niederzuschlagen. Ihre Aufstellung erlaubt es Europa, den Eindruck zu erwecken, als täte es etwas, genau wie die fortgesetzte französische Militärpräsenz in Afrika die Illusion französischer Macht erzeugt. In der Realität sind diese Truppen aber machtlos, weil Europa keine Befugnis für ihren Einsatz besitzt. Die Vereinten Nationen besitzen sie, aber in vielen Situationen der untersten Milliarde können wir etwas Besseres tun: wir könnten uns den regionalen politischen Gruppierungen zuwenden. Der Hauptteil der Kosten eines gescheiterten Staates entfällt auf seine Nachbarn – d. h., ein Staatskollaps ist ein regionales öffentliches Übel. Also hat die Region das größte Interesse daran, etwas dagegen zu tun. Doch in Afrika hat kein Land wirklich die Mittel oder die politische Vorherrschaft, scheiternden Nachbarn Ordnung aufzuzwingen. Die EU hat also die Truppen und die Ambitionen, und die betroffenen Regionen haben die Interessen und können Legitimität verleihen. Diese Situation enthält das Potenzial für eine Ehe: die Afrikanische Union könnte die politische Autorität für eine militärische Intervention geben, und die Schnelle Eingreiftruppe der EU könnte das Rückgrat einer Truppe bilden, die zur Intervention aufgestellt würde. Ich werde ein Beispiel geben, das fast funktioniert hätte: Togo.

Togo wurde 38 Jahre lang als persönlicher Besitz des Diktators Gnassingbé Eyadéma regiert, eine längere ununterbrochene Herrschaft als irgendwo sonst auf der Welt, ausgenommen Kuba. Seine Regierung war zugleich wirtschaftlich ruinös und politisch erstickend. Er starb im Februar 2005, und sein Sohn Faure Gnassingbé erklärte sich zum Präsidenten. An diesem Punkt stufte die Afrikanische Union zu ihrer Ehre das Ereignis als Putsch ein und bestand auf einem verfassungsmäßigen Vorgang. Sie hatte genug Macht gegenüber Togo, dass Gnassingbé in Wahlen einwilligte. Ein Triumph? Fast. Gnassingbé beschloss nicht nur, als Kandidat anzutreten, sondern die Wahlen auch zu organisieren. Niemand war sonderlich überrascht, als er sich zum Sieger erklärte. Hätte er sich allerdings die Mühe gemacht, die Stimmen auszuzählen, dann hätte er entdeckt, dass er der Verlierer war. Was hätte also passieren sollen? Die Afrikanische Union hätte sicherlich den Putsch sofort zum Verfassungsbruch erklären sollen, eine internationale Truppe hätte rasch im Land eintreffen müssen, um vorübergehend die Macht zu übernehmen. Sie hätte nicht einmal sehr groß zu sein brauchen. Schnelligkeit wäre wichtiger gewesen als Größe. Was also gebraucht wurde, war eine Schnelle Eingreiftruppe, wie sie die Europäische Union bereits besaß. Eine vorübergehende militärische Intervention hätte freie und faire Wahlen ermöglicht. Niemand hätte eine solche Intervention als neokolonialistisch ablehnen können, da die internationale Truppe Togo nicht kolonialisiert hätte. Sie wäre vielleicht vier Monate geblieben. So wie es jetzt aussieht, muss die Welt vielleicht lange warten, bis Gnassingbé seinen Beitrag zur Entwicklung des Landes leistet, indem er stirbt, denn er wurde mit 38 Jahren Präsident.

Staatsstreiche wie der, welcher die Elfenbeinküste destabilisierte, sind für die unterste Milliarde immer noch ein Problem. Erinnern wir uns, dass sie von denselben Faktoren angetrieben werden wie Aufstände: Armut und Stagnation. Und trotzdem wäre es relativ einfach, Staatsstreiche zu einem Phänomen der Vergangenheit zu machen. Wir brauchen nur die glaubwürdige Garantie eines militärischen Eingreifens von außen. Offensichtlich wird die EU nicht jedem Regime in den Ländern der untersten Milliarde einen Blankoscheck ausstellen, aber man könnte demokratischen Regierungen unter der Bedingung international anerkannter freier und fairer Wahlen eine Sicherheitsgarantie anbieten. Ich werde in Kapitel 10 über internationale Normen auf die Bedingungen eingehen.

Ist einheimisches Militär eine Alternative?

Man kann durchaus bereit sein zu akzeptieren, dass in Extremsituationen wie in Somalia, wo die Autorität total zusammenbricht, eine Intervention von außen notwendig ist. Aber warum verlassen sich die Regierungen der untersten Milliarde in Postkonflikt-Situationen und beim Risiko eines Staatsstreichs nicht auf ihre eigene Armee? Weil gerade in den Situationen, wo Regierungen den größten Risiken gegenüberstehen, ihre eigenen Armeen nicht die Lösung, sondern eher ein Teil des Problems sind.

Frieden durch Stärke?

In Kapitel 2 untersuchte ich das Risiko, dass Länder nach einem Bürgerkrieg erneut in einen Konflikt zurückfallen. Das ist ein ernstzunehmendes Risiko, und Regierungen in dieser Situation wissen das. Meistens halten sie weiterhin die Militärausgaben hoch – fast so hoch wie während eines Bürgerkriegs. Sie verzichten auf die Chance einer Friedensdividende, weil sie das für zu riskant halten. Das ist eine natürliche Reaktion, und sie ist überall zu sehen – hohe Militärausgaben sind in Postkonflikt-Situationen typisch. Aber es könnte auch bloße Trägheit sein. Ich fragte mich, ob es möglich wäre zu testen, ob Regierungen die Höhe ihrer Militärausgaben dem jeweiligen Bürgerkriegsrisiko anpassen. Anke und ich arbeiteten bereits in der spezialisierten Welt der Militärausgaben, um herauszufinden, ob sie durch Entwicklungshilfe finanziert würden, wie in Kapitel 7 besprochen. Und wir arbeiteten an dem Modell über das Bürgerkriegsrisiko aus Kapitel 2. Nun kombinierten wir beides. Die Höhe der Militärausgaben einer Regierung spiegelte offensichtlich das Bürgerkriegsrisiko wieder, dem sie sich gegenübersah. Regierungen nach einem Konflikt gaben vor allem deshalb mehr für das Militär aus, weil sie außergewöhnlich großen Risiken gegenüberstanden. Dann beschlossen wir, die Frage zu analysieren, ob diese hohen Militärausgaben zur Verhinderung eines neuen Konflikts wirksam waren. Das war nicht leicht zu beantworten, weil die Regierungen, die am meisten ausgeben, wahrscheinlich auch die sind, die den größten Risiken gegenüberstehen. Das Ergebnis lautet, sofern die Militärausgaben nicht total effizient sind, stehen hohe Ausgaben in einer Korrelation zum Rückfall in einen Bürgerkrieg. Mit anderen Worten, weil die Kausalität vom Risiko zu den Ausgaben verläuft, ist es schwer, eine Kausalität davon zu unterscheiden, die von den Ausgaben zum Risiko läuft. Ich glaube, es ist uns gelungen, dieses Problem zu überwinden, und unsere veröffentlichten Ergebnisse zeigen, dass hohe Militärausgaben in Postkonflikt-Situationen ein Teil des Problems und nicht der Lösung sind. Sie machen weitere Konflikte erheblich wahrscheinlicher. Es ist natürlich, wenn sich eine Regierung nach einem Konflikt verteidigt, aber es funktioniert nicht. Wir haben eine Vermutung, was da nicht funktioniert, und es hängt mit der Zeitinkonsistenz zusammen. In Postkonflikt-Situationen traut keine Seite der anderen. Die Rebellen haben das größere Problem, weil Regierungen ihre Armeen in Friedenszeiten viel leichter aufrechterhalten können als sie. Obwohl also die Regierung einen Anreiz hat, einen umfassenden Friedensschluss zu versprechen, wird der Anreiz, ihr Wort zu halten, mit der Zeit immer kleiner. Infolgedessen wird es unter den Rebellen bestimmt Fraktionen geben, die präventiv wieder Krieg führen wollen, solange noch die Möglichkeit besteht. Hohe Militärausgaben der Regierung können den Rebellen unbeabsichtigt signalisieren, dass die Regierung tatsächlich jedes Abkommen brechen und durch Repressionen herrschen will.

Ich hielt einmal einen Vortrag vor einer deprimierend großen Gruppe von Finanzministern aus Postkonflikt-Ländern und äußerte das Argument, hohe Militärausgaben seien wahrscheinlich ineffizient. Obwohl Militärausgaben oft ein Tabuthema sind, gab es enthusiastische Unterstützung, angeführt durch die Finanzministerin von Mosambik, Luisa Diogo. Später setzte Diogo als Premierministerin ihres Landes ein Beispiel. Völlig gegen den Trend kürzte ihre Regierung die Militärausgaben fast auf Null, und der Friede hat gehalten. Es stellte sich heraus, dass die Finanzminister weit davon entfernt waren, hohe Militärausgaben zu wünschen, und Fakten wollten, um ihre Ausgabenprioritäten gegen die Ansprüche der mächtigen Militärlobby zu verteidigen.

Die entscheidende Schlussfolgerung ist, dass in Postkonflikt-Situationen die Risiken hoch sind. Regierungen erkennen diese Risiken. Wenn sie eine gute Wirtschaftspolitik machen, wird das die Risiken schließlich senken, aber es dauert etwa ein Jahrzehnt. Es gibt keine politische Zauberformel, deshalb muss es eine gewisse Armeestärke geben, um den Frieden in dieser gefährlichen Periode zu sichern. Aber wenn diese Armee aus dem Land selbst stammt, verstärkt sie das Problem. In der typischen Situation nach einem Konflikt werden ausländische Soldaten für lange Zeit gebraucht.

Die große Erpressung

Ein offensichtliches Merkmal von Staatsstreichen ist, dass sie vom Militär geführt werden. Unsere Arbeit über Staatsstreiche und Militärausgaben zeigt recht deutlich, dass die neue Staatsführung nach einem erfolgreichen Putsch die Militärausgaben stark erhöht. Anke und ich fragten uns aber, ob die Regierung bei einem hohen Putschrisiko versuchte, sich die Duldung durch das Militär zu erkaufen. Wenn das der Fall war, würde das Militär Schutzgeld im großen Stil erpressen. Wir nannten es die große Erpressung. Unsere Frage lautete daher: Trieb ein hohes Putschrisiko die Militärausgaben in die Höhe? Auch das war nicht leicht zu beantworten. Unsere Forschungen (die noch neu und bis jetzt unveröffentlicht sind) zeigten ein typisches Verhalten bei den Regierungen der untersten Milliarde. In Ländern, die reicher sind als die der untersten Milliarde, ist das Putschrisiko niedrig, und wenn es geringfügig steigt, werden die Militärausgaben nicht angehoben – wenn überhaupt, wird bei der Armee gespart, falls sie aufsässig wird. Im Gegensatz dazu ist das Putschrisiko in den Ländern der untersten Milliarde viel höher. Die Bedrohung durch das Militär ist wahrscheinlich für die meisten dieser Regierungen das höchste Risiko des Machtverlusts. Und sie bezahlen: höheres Risiko führt zu mehr Geld für das Militär.

Wenn wir aber recht haben, stehen die Regierungen der untersten Milliarde vor einem Dilemma. Sie sind durch ihre eigene Armee wirklich bedroht, und wegen dieser großen Erpressung bezahlen sie. Ich sage, «sie» bezahlen, aber erinnern wir uns an Kapitel 7, wo es hieß, dass in vielen Ländern der untersten Milliarde etwa 40 Prozent des Militärbudgets ungewollt durch Entwicklungshilfe finanziert wird. Also bezahlen in Wirklichkeit wir im Westen. Die Armeen der untersten Milliarde erpressen Schutzgeld, und unsere Hilfsprogramme sind das Opfer. Staatsstreiche funktionieren als Mittel des Regierungswechsels meist nicht gut, und das ist der Hauptgrund, warum wir externe militärische Garantien dagegen geben müssen. Wir sollten aber auch daran denken, dass die Schutzgelderpressungen zusammenbrechen würden, wenn wir militärische Garantien gäben. Die Regierungen könnten unsere Hilfe für die Entwicklung verwenden, statt sie an Erpresser zu bezahlen.

Kapitel 9

Gesetze und Chartas

Bis jetzt habe ich Entwicklungshilfe und militärische Interventionen betrachtet. Beide sind nützlich, aber auch recht kostspielig, das eine finanziell und das andere, was den Mut betrifft: den politischen Mut und manchmal den Mut der Soldaten. Jetzt will ich ein Spektrum von erstaunlich kostengünstigen Maßnahmen betrachten. Sie fallen in zwei Gruppen: Änderungen unserer Gesetze, die der untersten Milliarde nützen würden, und die Einführung internationaler Normen, die das Verhalten leiten können.

Unsere Gesetze, ihre Probleme

In Kapitel 1 untersuchte ich die Gefahr, dass die Gesellschaften der untersten Milliarde Zufluchtsorte für Kriminelle, Terroristen und Krankheiten werden könnten. Paradoxerweise wirkt manches davon in beide Richtungen, denn die reichen Gesellschaften sind ein Zufluchtsort für Kriminelle aus diesen Ländern geworden.

Eine groteske Form dieser Rolle als Zufluchtsort ist, dass westliche Banken Einlagen angenommen haben, die aus der Plünderung von Gesellschaften der untersten Milliarde stammten. Sie bewahrten das Geld unter großer Verschwiegenheit auf und weigerten sich dann, es zurückzugeben. Viele westliche Länder sind an dieser beschämenden Praxis beteiligt. In den USA kam 2004 ans Licht, dass die Riggs Bank in Washington, D.C., gewaltige Einlagen des Präsidenten von Äquatorialguinea besaß und ihm unterwürfige Ermutigungsbriefe schrieb. Sobald die Sache ans Licht kam, wurde sie gestoppt und die Bank radikal umorganisiert. In England wurde 2000 enthüllt, dass die Familie von Sani Abacha, einem früheren Militärdiktator von Nigeria, große Bargeldkonten bei Londoner Banken besaß, ohne irgendwelche unbequemen Fragen beantworten zu müssen. Aber die Krone gebührt wohl der Schweiz. Ebenfalls um das Jahr 2000 kam heraus, dass Abacha auch dort vor seinem Tod im Jahr 1998 Geld deponiert hatte. Als die neue nigerianische Regierung die Spur des Geldes verfolgte, waren die Schweizer nicht gerade kooperativ. Sogar nachdem ein Schweizer Gericht schließlich entschieden hatte, die Einlagen seien Eigentum des Staates Nigeria, weigerte sich der Justizminister, das Geld zurückzugeben. Er musste moralisch dazu gezwungen werden. Hat die Schweiz es wirklich nötig, ihr Geld auf diese Art zu verdienen?

Veruntreutes Geld zurückzubekommen ist so teuer und komplex, dass es fast unmöglich ist, außer in den extremsten und publik gewordenen Fällen. Ist eine Veränderung dieser Situation möglich? Würde es unser Finanzsystem ernsthaft beschädigen, wenn wir die Meldung aller potentiell veruntreuten Gelder zu einer Voraussetzung des Bankgeschäfts machten und das Einfrieren und Zurückzahlen solcher Einlagen radikal vereinfachten? Ich glaube nicht, denn wenn das Geld im Ruch des Terrorismus steht, tun wir es bereits. Die aktuelle Hauptsorge des Westens ist der Terrorismus, also tun wir etwas dagegen. Das Problem der Regierungsführung in den Ländern der untersten Milliarde gilt nicht als unser Problem, darum tun wir nur das Minimum. Infolgedessen deponieren korrupte Politiker aus Ländern der untersten Milliarde weiterhin ihr Geld auf westlichen Banken. Natürlich sind die meisten Bankiers integre Leute, aber die Bankenbranche hat die Pflicht, ihr Geschäftsgebaren so zu reformieren, wie De Beers es im Diamantenhandel getan hat. Gegenwärtig lebt eine kleine Minderheit von Bankiers von den Profiten der Aufbewahrung veruntreuter Gelder. Es gibt ein Wort für Leute, die von den unmoralischen Einnahmen anderer leben: Zuhälter. Zuhälterbankiers sind nicht besser als andere Arten von Zuhältern. Sie müssen aus der Bankenbranche vertrieben werden, und das liegt vor allem in der Verantwortung der Branche selbst, denn die Bankiers haben das Insiderwissen, genau wie die Hauptbarriere gegen Quacksalber der Ärztestand ist. Die Behörde mit der offiziellen Verantwortung für die Aufsicht über den Finanzsektor ist meistens die Zentralbank. Zentralbanken sind so weit von Entwicklungsministerien entfernt wie möglich, gehören aber immer noch zur selben Regierung. Politisch zum Beispiel steht das Entwicklungsministerium innerhalb der Regierung weit links, während die Zentralbank weit rechts steht. Entwicklungsministerien haben wenig andere Möglichkeiten, als sich auf die unterste Milliarde zu konzentrieren; sie können den Problemen nicht einfach ausweichen. Die Führung der Zentralbank kann dagegen den Problemen sehr gut ausweichen und behaupten, sie hätte nichts damit zu tun und ihre Prioritäten lägen woanders. Irgendwie müssen die Zentralbanken das auf ihre Agenda setzen.

Es sind nicht nur die Banken. Bis vor kurzem war es von der Steuer absetzbar, wenn eine französische Firma einen Beamten in einem Land der untersten Milliarde bestach. Man bedenke: die französischen Steuerzahler subventionierten Bestechung. Natürlich war so etwas in Frankreich selbst nicht möglich; wenn eine französische Firma erklärt hätte, einen französischen Politiker bestochen zu haben, hätte es eine polizeiliche Untersuchung gegeben, keinen Steuernachlass. Frankreich stand mit dieser Praxis nicht allein. Keine westliche Regierung wollte ihre Firmen zu anständigem Verhalten zwingen, weil es die begründete Sorge gab, dadurch würden die Firmen bei der Vergabe von Aufträgen benachteiligt. In den Gesellschaften der untersten Milliarde war es üblich, sich lukrative Aufträge durch Bestechung zu sichern. Das ist ein Beispiel für ein Koordinationsproblem, das die Spieltheoretiker das Gefangenendilemma nennen. Es ginge uns allen besser in einer Welt, in der unsere Firmen die Regierungen der untersten Milliarde nicht bestechen würden, aber am schlimmsten ist es, wenn die Firmen eines Landes nicht mehr bestechen, während die aus anderen Ländern es weiterhin tun. Und so waren wir alle lange Zeit im Bestechungskreislauf gefangen.

Schließlich gelang es der OECD nach langem Druck, 1999 die notwendige Koordination zu organisieren, um diesem Dilemma zu entkommen: ein Abkommen ihrer Mitgliedsstaaten, das die Bestechung eines Beamten im Ausland zur Straftat machte. Die Frage ist jetzt, wie streng diese Gesetze durchgesetzt werden. Auch hier sind alle Anreize auf Firmen- und nationaler Ebene vorhanden, keine Scherereien zu machen. Zumindest sind Bestechungsgelder nicht mehr von der Steuer absetzbar. Aber natürlich ist es sehr einfach, eine Bestechung als «Vermittlungshonorar» für irgendeine Leistung zu deklarieren. Erst wenn Menschen innerhalb einer Firma einen Anreiz haben, die Wahrheit mitzuteilen, kann das Gesetz richtig angewandt werden. Innerhalb der Regierung liegt dies in der Verantwortung des für Handel und Industrie zuständigen Ministeriums. Diese Ministerien sehen ihre externe Rolle darin, beim Akquirieren von Exportaufträgen zu helfen. Es ist schwer, sie dazu zu bringen, über die Wirkung ihres Handelns auf die Regierungsführung der untersten Milliarde nachzudenken. Wie die Zentralbanken sehen sie das nicht als ihr Problem an.

Korruption hat ihre Epizentren. Ich begann mit unseren Banken, wo ein großer Teil der Beute deponiert ist. Bei den Firmen, die Bestechungsgelder bezahlen, sind zwei Sektoren besonders betroffen: Ressourcenförderung und Bauen. Ich werde gleich noch darüber sprechen, wie man mit den Problemen der Ressourcenförderung umgehen kann; seit dem Beginn von Tony Blairs Transparenzinitiative für Ressourcenförderung 2002 ist das zumindest als Problem anerkannt. Im Gegensatz dazu war die Korruption im Bausektor ein schmutziges Geheimnis. Transparency International brachte sie stärker an die Öffentlichkeit, indem sie den *Global Corruption Report 2005* diesem Sektor widmete. Das Bauwesen besitzt alle Elemente, die die Korruption fördern. Jedes Projekt ist einmalig, deshalb ist sein Preis nicht leicht festzulegen. Es gibt bei der Ausführung so viele Unsicherheitsfaktoren, dass man nicht das entwerfen kann, was Ökonomen einen «complete contract» nennen, der jede Eventualität regelt. Infolgedessen ist es leicht, der Disziplin auszuweichen, die sonst bei einer Projektausschreibung nötig wäre. Eine betrügerische Baufirma arbeitet mit einem Beamten zusammen, um den Auftrag zu einem künstlich niedrigen Preis zu bekommen, aber dann verhandelt sie über Details nach, die während des Bauvorgangs ans Licht kommen. Ein Freund von mir war Finanzminister von Eritrea, damals einer der am wenigsten korrupten Staaten der untersten Milliarde. Dennoch war ihm klar, dass er Korruption bei Bauprojekten nicht verhindern könne und dies der Regierungsführung allgemein schaden würde. Seine drastische Lösung bestand in einer Minimierung der Ausgaben für Bauprojekte, und er legte wo immer möglich sein Veto gegen Projekte ein. Er war nicht dumm. Es gibt jetzt glaubhafte Studien über einige Länder, die ab schätzen, wie viel Korruption im Bausektor die Kosten der Infrastruktur erhöht und damit das Wachstum senkt, und diese Wirkung ist groß.

Warum ist die Korruption im Bausektor für die unterste Milliarde jetzt ein besonders wichtiges Problem? Nun, der G8-Gipfel von Gleneagles im Juli 2005 kündigte eine Verdoppelung der Entwicklungshilfe an, die sich auf die Infrastruktur konzentrieren sollte. Bei der Durchführung wird es in vielen dieser Länder zu einem Bauboom kommen. Unter den gegebenen Umständen wird es das bereits bestehende ernste Korruptionsproblem noch verstärken. Korruptes Geld ist nicht bloß Verschwendung. Denken wir an die Ressourcenfalle. Große Summen korrupten Geldes untergraben sehr wahrscheinlich den politischen Prozess und ermöglichen der Patronagestrategie den Sieg über ehrliche Politik. Entwicklungshilfe für die Infrastruktur ist sinnvoll, aber nur, wenn sie mit einer radikalen Verschärfung von Antikorruptionsnormen und Regeln im Bausektor verbunden ist. Die Baufirmen stammen vor allem aus unseren Ländern. Ihr Verhalten hängt von unseren Gesetzen und deren Durchsetzung ab.

Normen für die unterste Milliarde: Die Durchsetzung internationaler Standards und Codes

Verhalten wird meist eher von Normen als von Gesetzen bestimmt. Normen sind freiwillig und funktionieren, weil sie vom Gruppenzwang durchgesetzt werden. In den letzten fünfzig Jahren hat die Welt eine große Zahl davon hervorgebracht, die in internationalen Standards und Codes festgelegt sind. Die meisten sind freiwillig, andere haben letztlich Gesetzeskraft und beschränken so die nationale Souveränität, werden aber eher durch Gruppenzwang als durch rechtliche Sanktionen durchgesetzt. Normen können eine große Wirkung bei der Durchsetzung von Veränderungen der Regierungsführung haben. Diese Wirkung ist an Osteuropa im letzten Jahrzehnt ablesbar. Die typische Situation war, dass die Länder Osteuropas Demokratien mit Marktwirtschaft werden wollten, nachdem sie dem Sowjetblock entkommen waren. Sie hatten eine überaus attraktive Option: die Mitgliedschaft in der Europäischen Union (bis 1992 Europäische Gemeinschaft). Aber die EU besaß ein Regelwerk, die *acquis communautaires*, an das sich alle Mitglieder halten mussten. Im Lauf des Jahrzehnts unternahmen die osteuropäischen Länder große Anstrengungen, ihre Gesellschaften zu Marktdemokratien zu machen, um diese Standards zu erfüllen und damit die Chance einer Mitgliedschaft zu bekommen. Hier war die Macht internationaler Normen am erstaunlichsten. Wenn man verstehen will, warum einige Staaten der früheren Sowjetunion sich gut entwickelt haben und andere auf dem Weg sind, scheiternde Staaten zu werden, ist die Geographie ein recht guter Anhaltspunkt. Je weiter von der EU entfernt und je geringer darum die

Aussicht auf eine Mitgliedschaft, desto schlechter die Entwicklung. Die Gesellschaften der untersten Milliarde brauchen ein Normenwerk, das ähnlich wie das der EU wirkt.

Sie brauchen aber keine identischen *acquis communautaires*. Diese Regeln wurden für Westeuropa geschrieben. Die Länder der untersten Milliarde brauchen Regeln, die ihrem Entwicklungsniveau entsprechen. Es gibt viele Standards und Codes, aber meistens legen sie ein erwünschtes Verhalten für die bereits entwickelten Länder oder die sich entwickelnden Marktwirtschaften fest. Die Länder der untersten Milliarde haben andere Probleme und brauchen andere Normen. In diesem Kapitel werde ich untersuchen, welche Normen wirklich wichtig für sie sind. Wie diese Normen durchzusetzen sind, wird in Teil 5 besprochen. Ich werde fünf internationale Chartas vorschlagen – Normen, von denen ich glaube, dass sie Reformern innerhalb der Gesellschaften der untersten Milliarde beim Erreichen und Sichern von Veränderungen helfen.

Eine Charta für das Einkommen aus natürlichen Ressourcen

In Kapitel 3 habe ich erläutert, was in ressourcenreichen Ländern schief läuft. Internationale Standards sind unsere größte Hoffnung, den Reformern in diesen Gesellschaften zu helfen, und der Erfolg wäre gewaltig. Die Ressourceneinnahmen der untersten Milliarde sind höher als die Entwicklungshilfe und werden weit schlechter verwendet. Wenn wir die Wirksamkeit von Ressourceneinnahmen auch nur auf den gegenwärtigen Stand der Effektivität der Entwicklungshilfe steigern könnten, wäre die Wirkung gewaltig. Die britische Regierung hat bereits internationale Standards vorgeschlagen, als sie 2002 die Transparenzinitiative für Ressourcenförderung startete. Das ist ein guter Anfang, aber erst ein Anfang. Was sollte in einer umfassenderen Charta stehen?

Folgen wir dem Weg von den unentdeckten Bodenschätzen zu den grundlegenden öffentlichen Leistungen, die damit finanziert werden könnten. Der erste Schritt ist die Vergabe der Förderlizenzen. Dieser Schritt war meistens eine Katastrophe. Firmen sind durch Bestechung zu Verträgen gekommen, die für sie und die bestochenen Politiker lukrativ, aber für das Land sehr schlecht waren. Der Ökonomin Maggie McMillan von der Tufts University ist es dank der Informationsfreiheit, die in den USA viel größer ist als irgendwo sonst, gelungen, Daten über die internationale Investitionsrendite amerikanischer Ölfirmen zu bekommen. Sie kommt zu dem Ergebnis, dass die Renditen umso höher waren, je schlechter die Regierungsführung in den Ländern war, wo sie tätig sind. Natürlich werden die Firmen dies als Kompensation für das Risiko rechtfertigen, und zum Teil stimmt das auch. Aber die Rendite spiegelt wahrscheinlich auch das Fehlen von transparenter Konkurrenz wieder. Ein Ölfeld in einem entwickelten Land wird in einem transparenten Prozess versteigert. Das sollte eine Grundforderung in einer internationalen Charta über Ressourcenförderung sein. Da die Durchführung solcher Auktionen kompliziert ist und in scheinbar transparenten Prozessen trotzdem Korruption vorkommen kann, könnte eine Charta einige der Schlüsselmerkmale eines effektiven Prozesses darlegen.

Der zweite Schritt ist der Vertragsinhalt – vor allem, wer welches Risiko trägt. Im Moment liegt das Risiko bei den Regierungen, nicht bei den Firmen. Winzige Länder, deren Regierungen nicht einmal kompetent genug sind, ein Dorfpostamt zu organisieren, versuchen mit Konjunkturzyklen zurechtzukommen, statt diese Aufgabe den riesigen und finanziell hochorganisierten Ölfirmen zu überlassen. Das ist nicht zwingend. Ölfirmen sollten zumindest einen Teil des Preisrisikos tragen – beispielsweise indem sie sich verpflichten, eine festgelegte Menge Öl zum Weltmarktpreis (einem Durchschnittswert über mehrere Jahre) abzunehmen, wodurch ein Teil der gesamten Öleinnahmen stabilisiert wird.

Der dritte Schritt besteht darin, alle Zahlungen aus dem Ölgeschäft transparent zu machen. Dies stand im Mittelpunkt der Transparenzinitiative für Ressourcenförderung und ihres Vorgängers, der Kampagne «Publish What You Pay». Es war der richtige Ansatzpunkt. Wenn die Bürger nicht wissen, wie viel Geld ins Land kommt, besteht wenig Hoffnung, dass sie seine Verwendung kontrollieren können. Alle Firmen müssen einbezogen werden, vor allem die nationalen Ölfirmen, die manchmal Regierungen innerhalb der Regierung sind. Man braucht auch einen ehrlichen Makler, um die Informationen der Einzelfirmen zu einem einheitlichen Bild der Regierungseinnahmen zusammenzufügen. In Angola zum Beispiel gibt es 34 ausländische

Ölfirmen und eine nationale Ölfirma in Staatsbesitz. Es ist ein anspruchsvoller Job, die Informationen der einzelnen Firmen zu durchleuchten. Der naheliegende Ort für eine solche Aufgabe wäre die Weltbank oder der Internationale Währungsfonds, denn beide haben die Experten und gewinnen nichts durch gefälschte Berechnungen. Der Makler würde lediglich als Buchprüfer auftreten, nicht als Polizist, und einen verwirrenden Sumpf von Informationen in Wissen verwandeln, das die Bürger nutzen könnten.

Der vierte Schritt ist die Transparenz der öffentlichen Ausgaben. In ressourcenreichen Ländern sind wirksame öffentliche Ausgaben der entscheidende Weg zur Entwicklung, und das ist ohne Transparenz nicht möglich. Obwohl Transparenz bei öffentlichen Ausgaben immer wünschenswert ist, ist sie in den ressourcenreichen Ländern lebenswichtig. Darum ist es notwendig, Minimalstandards dafür festzulegen. Ich werde das im Folgenden weiter ausführen, wenn ich die Haushalts-Charta bespreche.

Schritt fünf ist ein Regelwerk für die Reduzierung öffentlicher Ausgaben bei Einnahmeschocks. Die Geschichte der Einnahmeschocks ist ziemlich traurig: Booms sind oft das Vorspiel von Krisen gewesen. Erstaunlicherweise hat der IWF trotz seiner Hauptrolle bei der Krisenbewältigung und -vermeidung noch keine einfachen Regeln entwickelt, wie Schwankungen bei den Ressourceneinnahmen zu bewältigen sind. Es ist wahr, dass Vollkommenheit unmöglich ist und die Details komplex werden können. Doch ein Regelwerk braucht nicht hochraffiniert zu sein, um ein Fortschritt gegenüber dem zu sein, was früher geschehen ist. Im Augenblick muss jedes ressourcenreiche Land für sich ein Ad-hoc-System erfinden. Oft sind das Lieblingsprojekte von reformwilligen Ministern, und sie enden mit deren Amtszeit. Ein internationaler Standard würde die Einführung von Dämpfungsverfahren erleichtern und ihre Abschaffung erschweren. Es ist wichtig, zwischen dem Dämpfen von Schocks als einer mittelfristigen Strategie und dem Sammeln finanzieller Mittel für künftige Generationen zu unterscheiden. Norwegen, wohl das reichste Land der Welt, legt einen Teil seiner Öleinnahmen in einem «Fonds für künftige Generationen» an, und mehrere Länder der untersten Milliarde haben versucht, ihm darin zu folgen. Das ist vielleicht eine gute Idee für Norwegen, dem das Kapital aus den Ohren kommt, aber eine ziemlich zweifelhafte für die Gesellschaften der untersten Milliarde, die unter extremer Kapitalknappheit leiden. Sie müssen lernen, wie sie ihr Geld gut im Inland anlegen können, nicht wie sie es auf dem amerikanischen Aktienmarkt parken. Fonds für künftige Generationen sind in Ländern mit niedrigen Einkommen sogar politisch riskant. Wenn sie wachsen, werden sie eine zunehmende Versuchung zum Populismus. Infolgedessen ist es unwahrscheinlich, dass solche Fonds bei einer künftigen Generation ankommen und viel wahrscheinlicher, dass sie ein Transfer von sparsamen Regierungen zu späteren nicht sparsamen Regierungen sind, die die Fonds auflösen. So ist leider im Moment die Situation.

Wäre eine solche Charta wirkungsvoll? Zum ersten Mal war ich von der Notwendigkeit einer Charta überzeugt, als ich Ost-Timor besuchte. Die Indonesier waren kurz zuvor abgezogen und die neue Regierung noch nicht gewählt. Die kleine Gruppe von Emigranten, die aus Portugal zurückgekehrt war und die provisorische Regierung bildete, hatte beschlossen, ein Planungsseminar abzuhalten, da Ost-Timor vor sehr hohen Öl- und Gaseinnahmen stand. Die Emigranten wussten, das Management der Einnahmen würde schwierig sein, und zu ihrer großen Ehre wussten sie, dass sie nichts wussten – und sie hatten etwas dagegen getan, indem sie nach einem Modell für den Umgang mit den Einnahmen suchten. Wenn es ein Modell in einer internationalen Charta gegeben hätte, so hätten sie es wahrscheinlich übernommen und ihre Aufmerksamkeit einem der tausend anderen Dinge zugewandt, mit denen eine Regierung sich nach einem Konflikt befassen muss. Aber so eine Charta gab es nicht. Stattdessen benutzten sie zwei naheliegende Kriterien, um ein Modell zu finden. Kriterium Nummer eins war, dass es aus einem Land mit Ölvorkommen stammen musste. Das war kaum zu widerlegen. Kriterium Nummer zwei war, dass es aus einem portugiesischsprachigen Land stammen musste, damit sie es verstehen konnten. Auch darin scheint einige Logik zu liegen – aber wenn man beides zusammenfügt, kommt man leider auf Angola. Sie schickten also ein Team nach Angola, um etwas über das Management von Öleinnahmen zu lernen, aber genauso gut hätten sie ein Team ins Bordell schicken können, um etwas über Keuschheit zu lernen. Sie waren klug genug, Angola nicht als Modell zu benutzen, aber leider benutzten sie stattdessen Norwegen. Diese Episode überzeugte mich vom Nutzen einer Charta.

Und es hat sich bewahrheitet. Die Transparenzinitiative für Ressourcenförderung, die 2002 von der britischen Regierung als Quasi-

Charta gestartet wurde, ist nun eine internationale Organisation mit Sitz in Oslo, sie wird von dem Deutschen Peter Eigen geleitet. Die Transparenzinitiative ist von Ost-Timor und mehreren westafrikanischen Regierungen übernommen worden, nicht zuletzt dem Reformteam in Nigeria. Ich erinnere mich an eine Konferenz mit westafrikanischen Ministern, auf der der Umgang mit Öleinnahmen diskutiert wurde. Die Delegationen, die nicht viel von Transparenz hielten, saßen stumm da, und hofften vielleicht, von einer Afrika-gegen-die-Fremden-Mentalität geschützt zu werden. Das geschah nicht. Mehrere andere afrikanische Delegationen wollten Veränderungen und Transparenz. Es folgte eine intensive Debatte innerhalb einiger der zögernden Regierungen, ob man sich der Charta anschließen solle oder nicht. Offenbar gab es selbst in den schlechtesten Regierungen Stimmen, die Veränderungen wollten, genau wie es natürlich Stimmen gab, die alles beim Alten lassen wollten. Ist es vorstellbar, dass dies ohne den Ansporn einer internationalen Charta geschehen wäre? Dieser Gruppenzwang ist ein Weg, wie internationale Standards angenommen werden können. Wenn Reformer ab und zu in Staaten der untersten Milliarde an die Macht kommen, ergreifen sie die Gelegenheit, die Standards zu übernehmen, und dann wird es politisch schwierig, sie wieder abzuschaffen. Je mehr Länder die Charta übernehmen, desto mehr wächst der Druck auf den Rest, weil sie allmählich als Komplizen der Korruption dastehen.

Der Hauptdruck zur Annahme internationaler Standards käme aus den Gesellschaften der untersten Milliarde selbst, vor allem aus der Zivilgesellschaft. Eine internationale Charta ist eine sehr konkrete Forderung: entweder die Regierung nimmt sie an, oder sie erklärt, warum nicht. In allen Gesellschaften der untersten Milliarde gibt es viel latente Opposition gegen schlechte Regierungsführung, aber es ist schwierig, sie in konkreten Druck zu verwandeln. Selbst in der besten Situation ist solcher Druck ein öffentliches Gut und damit all den Problemen des Trittbrettfahrerverhaltens unterworfen – die Haltung «was geht mich das an, soll sich doch jemand anders engagieren.» Und in manchen Gesellschaften erfordert es natürlich nicht nur Anstrengung, sondern auch Mut. Darüber hinaus sind Reformen kompliziert, darum können Menschen unterschiedliche vernünftige Meinungen über die nötigen Schritte vertreten, aber solche Meinungsunterschiede spalten die reformwillige Opposition. Oft wird aus solchen Meinungsunterschieden ein Führungsstreit. Die Unterstützung der Reformidee von jemandem gilt dann als Anerkennung der Führungsrolle dieser Person und Verzicht auf den eigenen Anspruch. Wo Schurken an der Macht sind, sollten sie nicht unterschätzt werden. Sie haben nicht nur Geld, sondern auch Erfahrung in der Taktik des Teilens und Regierens. Sie werden aktiv versuchen, Streitigkeiten zu erzeugen und zu schüren. Ein internationaler Standard bietet etwas, um das sich die Opposition scharen kann, ohne die Führung einer bestimmten Person zu übertragen.

Ein dritter wichtiger Ansatzpunkt für den Druck zur Transparenz bei Ressourceneinnahmen sind die internationalen Förderfirmen. Das Modell ist hier De Beers und sein Kimberley-Prozess für die Zertifizierung von Diamanten. Viele Jahre hatte De Beers bestritten, dass es ein Problem mit Blutdiamanten gebe. Dann überzeugte der Druck von Nichtregierungsorganisationen die Firma, dass Leugnen nicht funktionierte. Wenn das Bild des Blutdiamanten sich im Kopf der Konsumenten festsetzte, konnte es Diamanten so gehen wie Pelzen. Zu seiner Ehre nahm De Beers einen radikalen Kurswechsel vor. Die Firma entwickelte einen Plan zur Zertifizierung und bemüht sich weiterhin, diesen Prozess effektiver zu gestalten. Sie tritt zum Beispiel für eine neue Smartcard-Technologie ein, durch die Rohdiamanten, die von privaten Schürfern ausgegraben werden, viel schwerer zu schmuggeln sind. Je wirksamer die Zertifizierung wird, desto mehr von den Einnahmen geht an die Regierungen statt an die Händler. Ein Experte sagte mir, er schätze, dass Schürfer im Moment nur etwa 10 Prozent des echten Marktpreises bekämen.

De Beers zeigt, dass große Firmen ein zentraler Teil der Lösung werden können, statt ein Teil des Problems zu bleiben. Was bei Diamanten funktioniert, funktioniert vielleicht nicht bei Öl, aber in einer Hinsicht ist die Schaffung von Transparenz ein gutes Stück einfacher: es ist viel schwieriger, Öl zu schmuggeln, als Diamanten. Es hat schon «Konfliktöl» gegeben; einmal wurde Öl im Wert von einer Milliarde Dollar aus dem Delta von Nigeria «gebunkert», d. h. gestohlen. Wegen der Spurenelemente im Öl ist seine Herkunft aber nachweisbar, darum kann die Zertifizierung funktionieren. Sobald die nigerianische Regierung herausbekam, wo das Öl verkauft wurde, konnte sie das Problem lösen.

In anderer Hinsicht aber ist es bei Öl schwieriger als bei Diamanten, nämlich der Organisation der Industrie. De Beers ist für den Diamantenmarkt weit wichtiger als irgendeine einzelne Ölfirma für den Ölmarkt. Als BP sich in Angola um mehr Transparenz bemühte, drohte die angolanische Regierung den 33 anderen dort vertretenen Ölfirmen, die erste, die sich BP anschließe, werde hinausgeworfen. Keine tat es. Ölfirmen konkurrieren viel zu sehr miteinander, als dass die Industrie sich allein organisieren könnte. Hier beginnt die Aufgabe der westlichen Zivilgesellschaft. Brent Spar war eine Ölquelle in der Nordsee, deren Vorrat erschöpft war. Shell, dem die Bohrinsel gehörte, wollte sie auf eine Weise entsorgen, die möglicherweise die Umwelt geschädigt hätte. Die Reaktion europäischer Umweltschützer war so negativ für Shells Image und Umsätze, dass die Firma ihre Methode der Ölquellenschließung änderte. Zunächst versuchte das Shell-Management hart zu bleiben, aber als die Verkäufe in Deutschland um 30 Prozent sanken, scherte der Manager von Shell Deutschland aus. Woher kam diese Macht? Vielleicht war es die akkumulierte Wirkung von deutschen Teenagern auf dem Rücksitz des Familienautos, die sagten: «Nein, nicht an dieser Tankstelle – habt ihr nicht gehört, was Shell machen will?», und deren Eltern anscheinend keine Lust hatten, darüber zu streiten. Brent Spar bewies, dass es wirklich darauf ankommt, was gewöhnliche Menschen im Westen über Ölfirmen denken. Die bekannten Marken haben Milliarden ausgegeben, um ihren Ruf aufzubauen, und wollen ihn nicht zerstören lassen. Das Problem liegt darin, dass zur Zeit Druck ausgeübt wird für Anliegen, die für die unterste Milliarde nicht so wichtig sind. Firmen spüren Druck aufgrund ihres Umweltverhaltens und ihrer Arbeitsplatzpolitik, und beides ist offen gesagt marginal, wenn es darauf ankommt, Druck aufgrund ihrer Haltung zur Regierungsführung auszuüben. Wenn es eine internationale Charta über Standards gemäß der fünf genannten Punkte gäbe, könnten Nichtregierungsorganisationen die Forderung stellen, dass Firmen sich daran halten. Zum Beispiel würde eine Firma gerügt, die einen Fördervertrag ohne Ausschreibung bekäme. Potentiell ist es sogar möglich, dass Ölfirmen an ihren Tankstellen anzeigen müssen, wo das Öl herstammt. Natürlich wird Öl aus verschiedenen Quellen gemischt, aber hinsichtlich des Konsumentendrucks ist die Herkunft des Öls ein finanzielles Konzept, kein physikalisches. Wenn 1000 Barrel Öl aus Angola in einen Tank fließen, könnte man 1000 Barrel von dem Öl, das herauskommt, als angolanisch bezeichnen.

Wenn die Konsumenten kein Benzin «aus» Angola kaufen wollten, würden die Firmen zögern, es überhaupt in ihre Vorratstanks zu schütten. Angolanisches Öl wäre schwerer zu verkaufen, es sei denn mit Rabatt, und das würde für die Regierung Angolas einen Anreiz schaffen, für Transparenz zu sorgen. Der gleiche Druck, der Shell so wirksam dazu brachte, Brent Spar sauber zu entsorgen, würde auf die viel wertvollere Aufgabe gelenkt, Öleinnahmen wirksam für die Entwicklung einzusetzen.

Konsumentendruck funktioniert nur bei den Firmen, die Markennamen zu schützen haben. Manche haben das nicht. Ich habe bereits das Gespenst des chinesischen Ressourcenhungers ohne Rücksicht auf die Regierungsführung der ressourcenreichen Länder erwähnt. Westlicher Konsumentendruck wird auf die Chinesen nicht viel Eindruck machen, und man braucht auch nicht gespannt auf chinesischen Konsumentendruck zu warten. Dies ist das Argument, das zumindest einige westliche Ölfirmen benutzen: wenn man ihnen Standards auferlegt, treten bloß die Chinesen an ihre Stelle. Lässt sich daran etwas ändern? Ich meine schon. Was die chinesische Regierung zum Teil will, ist ein oberer Platz am Tisch – die Anerkennung der Weltgemeinschaft, dass China ein mächtiger und wichtiger Schlüsselstaat ist. Die Vereinbarung muss sein, dass mit der Macht auch Verantwortung einhergeht, und dazu gehört, sich an internationale Standards der Ressourcenförderung zu halten. Wenn westliche Konsumenten die bekannten Ölfirmen dazu zwingen, internationale Standards zu übernehmen, dann werden die Ölfirmen ihrerseits ihre Regierungen – in den USA, England, und Frankreich – drängen, zu einer Übereinkunft mit China zu kommen. Der Westen muss China eine größere Beteiligung an der Macht im Austausch gegen die Anerkennung internationaler Standards bieten. Es muss in Chinas Interesse liegen, dass die unterste Milliarde sich entwickelt, statt unterzugehen.

Eine Charta für die Demokratie

Seit dem Untergang der Sowjetunion hat die Demokratie sich in den Entwicklungsländern rasch ausgebreitet. Die Politologen versuchen sie sogar zu messen. Es gibt einen Datensatz namens «Polity», der den Grad der Demokratie auf einer Skala von 0 bis 10 angibt. In den achtziger Jahren lag das durchschnittliche Entwicklungsland nur bei etwa 2, heute liegt der Durchschnitt bei 4,5. Bis jetzt ist dieser Übergang zur Demokratie aber fast nur in Hinsicht auf Wahlen definiert worden. Das war unvermeidlich. Parteienwettstreit ist sogar in den schwierigsten Ländern der untersten Milliarde wie Afghanistan sehr schnell möglich. Wenn die Aussicht auf Wahlen sich verwirklicht, haben viele Einzelpersonen und Gruppen Anreize, sich so zu verhalten, dass ihre Einführung erleichtert wird. Sie bilden politische Parteien als Mittel, um an die Macht zu kommen. Aber erinnern wir uns, Wahlen sind nicht genug. Parteienwettstreit kann die Dinge verschlimmern, weil Patronage im Wahlkampf oft gegenüber ehrlicher Politik gewinnt – denken wir ans Überleben des Reichsten.

Gewaltenteilung einzuführen, dauert dagegen seine Zeit und hat keine politischen Befürworter. Die Parteien, die zu regieren erwarten, haben ein direktes Interesse, deren Einführung zu verhindern, und die gesamte politische Klasse hat etwas zu verlieren, wenn die Patronagepolitik unmöglich wird. Wahlen bestimmen, wer an der Macht ist, aber nicht, wie diese Macht benutzt wird. Wegen des unterschiedlichen Zeitrahmens von Wahlen und Gewaltenteilung muss die sofortige Demokratie fast unvermeidlich eine Phase durchlaufen, in welcher der Parteienwettstreit kaum eingeschränkt ist. Die echte Frage ist, ob das nur eine Phase ist oder ob es zu einem bleibenden Merkmal des Gemeinwesens wird – ob diese Länder in einer Parodie der Demokratie stecken bleiben.

Warum haben Wahlen sich auf der ganzen Welt verbreitet? Ihre Ausbreitung demonstriert sicherlich die Macht des internationalen Einflusses, vor allem die der internationalen Medien. Da Wahlen Events sind, wird ausführlich darüber berichtet. Die Bürger der Entwicklungsländer sehen inzwischen Wahlen als das entscheidende Merkmal demokratischer Legitimation an. Die internationale Berichterstattung verbreitet nicht nur ein Modell, dem die lokale Bevölkerung folgt, sondern ermöglicht ihr auch, die Macht des internationalen Drucks für sich zu nutzen. Viele Plakate bei politischen Demonstrationen sind auf Englisch und zeigen, dass die Weltöffentlichkeit zum Publikum dieser Proteste gehören soll. Aus diesem Grund kommt es auf unsere Botschaft an, aber bis jetzt bezieht sich diese Botschaft fast nur auf Wahlen. Gewaltenteilung ist kontinuierlich und komplex, kein Event, darum hat sie viel weniger Nachrichtenwert. Die reifen Demokratien müssen unseren offensichtlichen Einfluss jetzt dazu nutzen, die weniger sichtbaren Aspekte der Demokratie zu fördern.

Da Wachstum das Einkommen nach und nach auf ein Niveau anhebt, wo die Gewaltenteilung gesichert ist, wird ihre Verbesserung schließlich selbsttragend. Eine internationale Anstrengung zur Förderung der Gewaltenteilung bräuchte darum nur vorübergehend zu sein. Die Welle des Parteienwettstreits, die in den neunziger Jahren über die Entwicklungsländer schwappte und jetzt vielleicht den Nahen Osten erreicht, muss darum durch eine Welle des Enthusiasmus für politische Machtbeschränkungen ergänzt werden.

Wie bei den Ressourcenrenten würde es helfen, wenn es einen internationalen Mindeststandard gäbe, entsprechend den Mindeststandards der Europäischen Union. Ich würde mit Regeln für die Medien beginnen, die das wirksamste Instrument der Kontrolle sind. In den Gesellschaften der untersten Milliarde sind die Schlüsselmedien wahrscheinlich die Radiosender und zunehmend auch das Fernsehen. Das lässt sich durch eine seltene und dramatische Geschichte aus Peru illustrieren. Die Regierung Alberto Fujimoris war bekanntermaßen korrupt, und zwar so sehr, dass der Chef der Geheimpolizei, Vladimiro Montesinos, der die Bestechungen steuerte, sorgfältige Aufzeichnungen darüber führte. Diese Aufzeichnungen geben jetzt einen sehr seltenen quantitativen Einblick in die politische Korruption, und John McMillan von der Stanford Business School hat sie analysiert. Seine Arbeit zeigt, dass die Fujimori-Regierung versuchte, systematisch jeden Aspekt der Gewaltenteilung zu untergraben, der sie behinderte. Sie bestach Abgeordnete, Richter, Zeitungsredakteure und die Angestellten von Radio- und Fernsehsendern. Wo es eine Machtbeschränkung gab, wurde sie von der Regierung untergraben. Die Summe, die sie dafür jeweils bezahlte, spiegelte ihre Meinung über die Bedeutung jeder einschränkenden Instanz wider. Aus unserer Perspektive erzeugt es nicht nur schaudernde Faszination, ein System der schlechten Regierungsführung in Aktion zu sehen; es zeigt uns auch, was zu seiner Bekämpfung wirklich wichtig ist. Wo das Fujimori-Regime am meisten bezahlte, ist wahrscheinlich der Bereich, wo wir am wachsamsten sein sollten. Für die Bestechung der offiziellen verfassungsmäßigen Kontrollinstanzen wie Parlament und Gerichtshöfe gab das Regime keine großen Summen aus. Die Zeitungen wurden auch gekauft, aber da war es genauso: Tausende von Dollar pro Monat, keine Millionen.

Wirklich in die Höhe schossen die Summen bei der Bestechung der Fernsehsender. Es gab zehn Sender, und die Regierung bestach sie mit einer Ausnahme jeweils mit fast einer Million Dollar pro Monat. Für dieses Geld gab es einen richtigen Vertrag – jeden Tag musste der Sender seine Abendnachrichten zunächst Montsesinos vorlegen und die gewünschten Änderungen vornehmen. Für die Regierung waren also die Fernsehnachrichten die entscheidende Machtbeschränkung, die kontrolliert werden musste. War das Paranoia? Nein, denn es stellte sich heraus, dass die Regierung ganz recht hatte. Wir wissen das, weil sie nur die neun größten Sender gekauft hatte – den zehnten hielt sie nicht für wichtig, einen kleinen Finanzsatellitensender mit nur 10 000 Abonnenten. Das war ihr Untergang. Jemand übergab dem Sender ein Video, auf dem Montesinos einen Richter bestach, und es wurde nur hier gezeigt. Die Proteste eskalierten unkontrollierbar. Also waren in Peru die Medien die entscheidende Machtbeschränkung für die Regierung, und bei den Medien das Fernsehen. Ich glaube, in den meisten Ländern der untersten Milliarde ist das Fernsehen noch nicht verbreitet genug, um das Schlüsselmedium zu sein, es ist wohl eher das Radio. Ich halte es also bei der Gewaltenteilung für entscheidend, das Radio nicht unter ein Regierungsmonopol kommen zu lassen. Radiosender sind billig genug, um sicherzustellen, dass es, wenn es bei der Gründung keine Regierungsbeschränkung gibt, zu viele werden, als dass die Regierung sie alle kontrollieren könnte.

Was gibt es noch außer den Medien? Demokratie ist an verschiedenen Orten sehr unterschiedlich organisiert, also hat es keinen Sinn, ein großartiges Muster zu entwerfen, dem alle Demokratien folgen sollten. Es gibt jedoch einen weiteren Aspekt der Demokratie, wo internationale Standards helfen würden, massiven Missbrauch zu bekämpfen, und zwar die Art, wie Wahlkampfspenden gesammelt und ausgegeben werden. Ich bin in England aufgewachsen, wo es strenge Vorschriften gibt, wie Geld gesammelt und wie es ausgegeben werden darf. Früher war ich über die Wahlkampffinanzierung im amerikanischen Stil erstaunt, aber das war, bevor ich mich umsah. Noch bevor wir zur untersten Milliarde kommen, sind die Wahlkampfausgaben der neuen Demokratien schon erstaunlich. Betrachten wir Russland. Dort kostet eine Wahlkampagne viermal so viel wie in den USA, obwohl Russlands Bruttoinlandsprodukt nur etwa ein Zehntel des amerikanischen beträgt. In relativen Zahlen ist sie vierzigmal teurer als in den USA. Nun betrachten wir Nigeria. Blicken wir nicht auf die Präsidentenwahl – schon zum Senator gewählt zu werden, kostet etwa eine halbe Million Dollar. Bei solchen Ausgaben ist es kein Wunder, wenn die Politik korrupt ist. Um diese Summen aufzubringen, müssen die Kandidaten ihre Häuser verkaufen, borgen und betteln, und wenn sie gewinnen, haben sie nur vier Jahre Zeit, um ihre Investition wieder hereinzuholen.

Wie wird das Geld während der Wahlkämpfe ausgegeben? Oft werden die Wähler buchstäblich bestochen, um eine bestimmte Partei zu wählen. Transparency International hat die verschiedenen Arten der Bestechung untersucht: Geld, Nahrungsmittel und Kleidung. All das verhindert offensichtlich, dass Kandidaten aufgrund ihrer Qualität gewählt werden. Es gibt keine ideale Art der Wahlkampffinanzierung, aber Wählerbestechung jeglicher Art halten wir für nicht hinnehmbar. Wahrscheinlich sollten die Parlamente auch eine Obergrenze für die Spenden bestimmen und eine gewisse Transparenz der Parteifinanzen fordern. Das ist keine sehr ehrgeizige Agenda, aber sie würde zumindest das Thema der Wahlkampffinanzierung ins Blickfeld rücken.

Eine Charta für Haushaltstransparenz

Die Ausgaben einer Regierung stehen im Zentrum ihrer Funktionsweise. Im Moment ist die Ausgabenpolitik der Regierungen der ärmsten Länder oft katastrophal. Erinnern wir uns an den Bericht über die Verwendung des Geldes für Krankenhäuser im Tschad – 99 Prozent davon erreichten nicht seine Bestimmung. Gegen ein solches Versagen kann man etwas tun. Praktische Maßnahmen zur Kontrolle und Verantwortlichkeit können einen großen Unterschied ausmachen. Hier ist eine ermutigendere Geschichte. Ihre Helden sind Emmanuel Tumusiime-Mutebile, inzwischen Direktor der Zentralbank Ugandas, aber Mitte der neunziger Jahre Staatssekretär im Ministerium für Finanzen und Planung, und Ritva Reinikka, eine ehemalige Studentin von mir. Die Geschichte beginnt damit, dass Ritva eine Untersuchung zum Nachweis öffentlicher Ausgaben erarbeitete (dieselbe, die zuvor im Tschad durchgeführt wurde). Sie entwarf sie zunächst für Uganda, wo sie zu recht deprimierenden Ergebnissen führte: nur etwa 20 Prozent des Geldes, das über die Lehrergehälter hinaus vom Finanzministerium für Grundschulen bestimmt war, kam bei den Schulen an. In manchen Gesellschaften hätte die Regierung eine solche Information zu unterdrücken versucht, aber in Uganda benutzte Tumusiime-Mutibele sie stattdessen als Sprungbrett zum Handeln. Ein Weg wäre gewesen, das System der Prüfung und Kontrolle von oben nach unten zu straffen, aber das hatte man schon versucht, und es funktionierte nicht besonders gut. Also beschloss Tumusiime-Mutibele einen völlig anderen Ansatz: Kontrolle von unten. Jedes Mal, wenn das Finanzministerium Mittel freigab, informierte es die lokalen Medien und schickte auch ein Poster an jede Schule, auf dem stand, was sie bekommen sollte. Tumusiime-Mutibele ist ein praktischer Mann, der wissen wollte, ob die Dinge funktionierten, also wiederholte er die Untersuchung über die öffentlichen Mittel drei Jahre später. Jetzt erreichten die Schulen 90 statt 20 Prozent der Gelder. In detaillierten statistischen Studien über dieses Experiment konnten Reinikka und ihr Kollege Jakob Svensson nachweisen, dass die Medien der entscheidende Punkt gewesen waren, in diesem Fall Zeitungsberichte. Also bedeutete die Kontrolle einen Anstieg von 20 auf 90 Prozent – eine wirksamere Methode, als immer wieder die Entwicklungshilfe zu verdoppeln. Man kann Kontrolle und Entwicklungshilfe aber nicht gleichsetzen. Wenn Kontrolle die Ausgaben effektiver macht, wird es sinnvoller, die Entwicklungshilfe zu steigern.

Tumusiime-Mutibeles Strategie der Veröffentlichung von Mittelzuweisungen wurde von Ngozi Okonjo-Iweala übernommen, als sie 2003 ugandische Finanzministerin wurde. Eine ihrer ersten Amtshandlungen war die monatliche Veröffentlichung der staatlichen Ausgaben. Am ersten Tag der Publikation schossen die Zeitungsauflagen in die Höhe: die Bürger wollten wissen, was mit ihrem Geld passierte. Das und die Todesdrohungen zeigten ihr, dass sie auf dem richtigen Weg war.

Eine Charta über Haushaltstransparenz könnte also Kontrolle von unten nach oben wie auch von oben nach unten ermöglichen. Es gibt noch eine dritte Form der Kontrolle, die sozusagen von der Seite kommt: der Vergleich mit anderen. Ich lernte das zuerst als wirksame Strategie für die Länder der untersten Milliarde kennen, als es von dem jungen nigerianischen Wissenschaftler Charles Soludo propagiert wurde, damals ein untergeordneter Afrika-Berater der Europäischen

Kommission, inzwischen aber der reformwillige Direktor der Zentralbank Nigerias und gerade zum Zentralbankdirektor des Jahres gewählt. Die Idee wurde zu einem Prozess mit dem Namen «African Peer Review Mechanism» (APRM), bei dem afrikanische Staaten sich nach dem Vorbild der OECD freiwillig gegenseitig bewerten. Das ist auch innerhalb von Ländern nützlich, wo lokale Verwaltungen miteinander verglichen und eingestuft werden können. Verwaltungen hassen solche Ranglisten, weil sie nachhaltigen Druck erzeugen, sowohl durch die Beschämung innerhalb einer Bezugsgruppe als auch durch den Zorn der Bürger. Performance-Messung kann natürlich in die Irre führen, aber die Lösung dafür ist, sie zu verbessern.

Jede dieser drei Kontrollrichtungen kann ex ante und ex post durchgeführt werden. Bei der Ex-ante-Kontrolle geht es um die Autorisierung der Ausgaben, bei der Ex-post-Kontrolle um die Evaluation, wie in Verwendungsberichten. Schließlich müssen noch zwei sehr unterschiedliche Aspekte der Ausgabenpolitik kontrolliert werden: ihre Ehrlichkeit und ihre Effizienz. Reformer konzentrieren sich meistens auf die Ehrlichkeit, aber Effizienz kann noch wichtiger sein, und ihre Kontrolle erfordert eine völlig andere Kompetenz. Ich stelle es mir bildlich als Doppelhürde vor.

Eine Charta für Haushaltskontrolle braucht nicht sehr komplex zu sein. Sie könnte einfach diese drei Kontrollrichtungen, die beiden Zeitrahmen und die beiden Kriterien festlegen. Die Einführung von Kontrolle in den Ländern der untersten Milliarde wird immer Mut erfordern, aber vielleicht würde die Existenz einer internationalen Charta die Hemmschwelle etwas senken.

Eine Charta für Postkonflikt-Situationen

Wo eine internationale Charta für die ärmsten Länder sich wahrscheinlich am stärksten auswirken würde, wäre die Situation nach dem Ende eines Bürgerkriegs. Denken wir an Afghanistan, Sudan und Burundi. Obwohl all diese Situationen typischerweise mit sehr schlechter Regierungsführung und Wirtschaftspolitik beginnen, sind sie sehr instabil: Veränderungen sind einfach. Allerdings ist das Spektrum der Umstände nach einem Konflikt extrem breit. Manche Länder wachsen rasch und bleiben friedlich, andere zerfallen wieder. Dieses Spektrum ist viel breiter als bei normalen Unterschieden zwischen Ländern. Gerade diese Diversität legt nahe, dass einige Standards nützlich sein könnten – wenn wir die schlimmsten näher an die gegenwärtig besten heranbringen könnten, wäre schon viel gewonnen. Standards brauchen nicht abstrakt zu sein, sondern können auf dem aufbauen, was gut funktioniert hat.

Eine Postkonflikt-Charta sollte Verhaltensregeln für Geber und für internationale Sicherheitsinstitutionen enthalten. Die Geber sollten verpflichtet werden, sich für ein ganzes Jahrzehnt zu engagieren, nicht nur für die ersten glamourösen Jahre. Internationale Sicherheitskräfte sollten sich ebenfalls langfristig engagieren. Im Gegenzug sollten Postkonflikt-Regierungen ihre Militärausgaben reduzieren – wie wir gesehen haben, sind sie wenig effizient. Sie sollten einen sehr transparenten Haushalt haben, damit staatliche Macht nicht privaten Profit bedeutet. Außerdem sollten Oppositionsgruppen an der Macht beteiligt werden, etwa durch Dezentralisierung. Außerdem müssten konkurrierende und undurchsichtige Besitzansprüche rasch geklärt werden. Diese grundsätzlichen Schritte könnten in einer internationalen Charta festgelegt werden. Die internationale Gemeinschaft hat ein sehr starkes Interesse daran, dass Postkonflikt-Situationen sich gut entwickeln, und sie wendet dafür gewaltige Summen auf. Regierungen nach einem Konflikt sind typischerweise sehr abhängig von anderen, und es ist nur vernünftig, dass sie in den ersten zehn Jahren sozusagen unter Bewährung stehen, nämlich durch Regeln, die das Minimum an notwendigem Fortschritt definieren, bevor die uneingeschränkte Souveränität erlangt werden kann.

Eine Charta für Postkonflikt-Situationen könnte auch von den erfolgreichen Erfahrungen von Wahrheits- und Versöhnungskommissionen profitieren; die bekannteste ist vielleicht die in Südafrika, aber es gab auch andere. Weder eine rachsüchtige Siegerjustiz noch ein Schleier des Vergessens ist zu wünschen. Eine internationale Norm würde die dringend notwendige Unvoreingenommenheit fördern, die häufig fehlt, wenn die Regeln ad hoc von den jeweiligen Machthabern entworfen werden. Manche Postkonflikt-Prozesse haben eine rasche Verfolgung der Hauptschuldigen auf beiden Seiten und eine weitgehende Dokumentation der übrigen Tatsachen ermöglicht.

Ein Aspekt der Postkonflikt-Politik fehlt auffällig bei den oben genannten Vorschlägen: Wahlen. Im Moment ist die politische Entwicklung nach einem Konflikt oft von Wahlen dominiert, die häufig als Schlüssel zur Wiederherstellung des Friedens gelten. Wenn das wirklich der Fall ist, gehören Wahlen in eine Postkonflikt-Charta. Aber sind sie wirklich so wichtig? Zu dem Team, das an dieser Frage arbeitete, gehörten Anke Hoeffler, Måns Söderbom und ich. Mit einiger Mühe bauten wir einen Datensatz über alle Länder mit Postkonflikt-Erfahrungen auf – über sechzig. Dann betrachteten wir, welche Wirkung Wahlen auf das Risiko eines Rückfalls in Konflikte hatten. Der Artikel ist mittlerweile publiziert. Die Frage ist umstritten. In der Konfliktforschung gibt es zwei Lager: die einen glauben, dass Wahlen die Situation verbessern, die anderen, dass sie sie verschlechtern. Jedes Lager kann auf bestimmte Wahlen verweisen, die seine These zu belegen scheinen, aber beide können nicht recht haben. Beide können aber unrecht haben. Soweit wir sehen können, ist dies der Fall. Wahlen im ersten Jahrzehnt nach einem Konflikt scheinen das Risiko zu *verschieben*. Im Jahr vor der Wahl sinkt das Risiko eines neuen Konflikts steil ab, vielleicht weil die verschiedenen Gruppen ihre Energie auf den Wahlkampf konzentrieren. Im Jahr nach der Wahl steigt es ebenso steil an; vermutlich gefällt dem Verlierer das Ergebnis nicht, und er möchte andere Optionen erproben. Wahlen können also aus allen möglichen Gründen zu wünschen sein, aber sie scheinen die Gesellschaft nicht sicherer zu machen. Vielleicht sind sie als Lösung etwas überbewertet worden.

Eine Charta für Investitionen

Die unterste Milliarde braucht privates Kapital. Obwohl die Welt im Kapital schwimmt, ziehen die ärmsten Länder es nicht an und verlieren stattdessen ihr eigenes. Erinnern wir uns, dass ein Hauptproblem im Mangel an Glaubwürdigkeit der Reformen besteht. Glaubwürdigkeit spielt eine große Rolle, weil Investitionen vor dem Zeitkonsistenzproblem stehen, dem wir schon mehrfach begegnet sind. Wenn sie erst einmal gemacht sind, sind Investitionen weit schwieriger und kostspieliger rückgängig zu machen als politische Maßnahmen, darum haben Investoren Angst, auf eine Politik hereinzufallen, die vielversprechend aussieht, aber keine Kontinuität besitzt. Die einzige Option, die reformwilligen Regierungen im Moment offen steht, ist die kostspielige und gefährliche Strategie, ihren wahren Charakter zu zeigen, indem sie zu schnell zu weit gehen. Kann eine internationale Charta da helfen?

Was würde eine Investitionscharta tun? Sie würde einige einfache Regeln festschreiben, zu denen jede Regierung sich in ihrem Umgang mit Investoren verpflichten würde. Viele Regierungen tun dies bereits durch nationale Chartas, aber diesen fehlt es an Glaubwürdigkeit genau aus dem Grund, aus dem das Problem überhaupt existiert. Die Regeln sollten sich auf nationale wie auf ausländische Investoren beziehen, andernfalls würde sich die Kapitalflucht verschärfen. Im Prinzip würde eine Charta Regierungen von Enteignungsstrategien abhalten.

Eine Regierung, die Enteignungen vornehmen will, hat viele Optionen – sie braucht gar keine formalen Enteignungen vorzunehmen. Sie kann Steuern manipulieren, den Wechselkurs und die Preise für öffentliche Leistungen. Das heißt, sie kann politische Instrumente gebrauchen, die jede Regierung gebraucht, aber sie so weit treiben, dass sie für eine bestimmte Firma oder Industrie ruinös sind. Das ist unvermeidlich eine juristische Frage, deshalb ist das Kernstück einer wirksamen Charta ein System der Schiedsgerichtsbarkeit. Natürlich haben Regierungen ihre eigenen Rechtssysteme, aber es ist für Investoren kaum beruhigend, wenn ihre einzige Verteidigung vor jenen Gerichten stattfindet, die ihre Investition konfisziert haben. Es gibt zwei einander ergänzende Lösungen, internationale Schiedsgerichte und Investorenversicherung. Internationale Schiedsgerichte sind kein Angriff auf staatliche Souveränität. Sie erkennen einfach an, dass eine Regierung es sehr nützlich finden kann, sich in eine Lage zu versetzen, wo sie ihre Position vor einer neutralen Instanz vertritt, statt frei zu sein, ihre Verpflichtungen zu ignorieren. Die Regierungen, die eine solche Instanz am nützlichsten finden würden, wären die, die große Probleme mit ihrer Glaubwürdigkeit haben und diese überwinden möchten. Schiedsgerichtsbarkeit hat ihre Grenzen, denn auch wenn das Schiedsgericht für den Investor entscheidet, kann die Regierung die Entscheidung ignorieren. Hier kommt die Versicherung ins Spiel. Die reichen Länder, deren Firmen große Investitionen im Ausland besitzen, haben schon vor langer Zeit Versicherungsmechanismen für sie entwickelt. In den USA heißt diese Organisation Overseas Private Investment Corporation (OPIC), in England Export Credits Guarantee Department (ECGD), und in Deutschland werden Exportkreditgarantien durch die Hermesdeckung abgesichert. Natürlich gewähren sie nur Firmen aus ihren Ländern Versicherungsschutz. Schließlich etablierte die Weltbank eine Versicherung, die globaler handeln konnte. Sie heißt Multilateral Investment Guarantee Agency (MIGA). Wenn eine bei der MIGA versicherte Firma enteignet wird, zahlt die MIGA. Sie versucht das Geld von der betreffenden Regierung wiederzubekommen, was oft Jahre dauert, aber die Firma braucht sich keine Sorgen mehr zu machen. Da die ärmsten Länder private Investitionen brauchen, und dies eine Regelung des Investorenrisikos erfordert, war es völlig richtig, dass eine globale Entwicklungsorganisation wie die Weltbank dies übernahm.

Die MIGA hat aber einen gravierenden Mangel. Sie sichert nur ausländische Investitionen ab, und das schafft zwei große Probleme. Inländische Investoren sind wichtig – hinter ihnen liegt all das Kapital, welches das Land verlassen hat, teilweise wegen des Risikos, und zurück ins Land gelockt werden muss. Indem MIGA nur ausländische Investoren absichert, verletzt sie die Chancengleichheit, die man von Regierungen immer für Investoren verlangt. Wenn man darüber nachdenkt, ist es natürlich widersinnig, dass eine globale öffentliche Institution ausländische Investoren gegenüber den Bürgern armer Länder bevorzugt. Die neue Kommission für Afrika hat vorgeschlagen, MIGA solle sich öffnen.

Die Welt hätte beinah eine Investitionscharta bekommen. Ende der neunziger Jahre schlug die OECD ein multilaterales Abkommen über Investitionen vor. Die OECD war wahrscheinlich nicht die ideale Institution, um eine solche Charta voranzutreiben, da dort keine Entwicklungsländer vertreten sind, so dass sie leicht als bloße Interessenvertretung der reichen Länder dargestellt werden kann. Angesichts der wenigen Institutionen, die das Problem des Trittbrettfahrerverhaltens überwinden können, das mit so einer Charta verbunden ist, war die OECD aber entschieden besser als nichts – doch nun haben wir nichts. Zwei Gruppen leisteten der OECD Widerstand. Die eine waren Regierungen der ärmsten Länder, die von Gaunern und Populisten regiert werden. Berüchtigte Staatsführer wie Idi Amin, Mobutu Sese Seko und Robert Mugabe haben davon profitiert, nicht von denen unterschieden zu werden, die ernsthaft versuchen, ihre Länder zu entwickeln. Der ganze Sinn einer Investitionscharta liegt darin, dass Regierungen, die neue Reformen anschieben, sich von dieser üblen Bande billiger absetzen können als durch die Signalstrategien, die im Moment existieren.

Während diese Art der Opposition unvermeidlich war, aber überwindbar gewesen wäre, war die andere Art nicht unvermeidlich, aber entscheidend. Die Nichtregierungsorganisationen in der Entwicklungspolitik machten gegen das multilaterale Abkommen über Investitionen auf ähnliche Art mobil wie die britische Hilfsorganisation Christian Aid kürzlich gegen die Liberalisierung des Handels in Afrika, wie wir noch sehen werden. Der Grund war ihr Missverstehen des Zwecks der Charta. Sie meinten, die reichen Länder würden den armen etwas aufzwingen, um ihre Investitionen zu schützen, und erkannten nicht, dass es in den ärmsten Ländern kein Kapital zu schützen gab, weil die Risiken die Investoren abgeschreckt hatten. Eine Investitionscharta und auch die Welthandelsorganisation (WTO) kann den Regierungen der untersten Milliarde ein Mittel geben, sich an Bestimmungen zu binden die sie selbst festlegen. In der Sprache der Wirtschaftswissenschaft nennt man dies «Selbstbindung». Für die Länder der untersten Milliarde fehlen diese Mechanismen, und das daraus folgende Glaubwürdigkeitsproblem lähmt private Investitionen. Ohne radikal gesteigerte private Investitionen werden die Reformländer keine mittlere Einkommen erreichen, sondern im Schwebezustand bleiben und riskieren, in eine der Fallen zurückzufallen. Indem sie das Problem als das einer habgierigen reichen Welt darstellten, die den schwachen armen Ländern ihre Regeln aufzwang, malten die Nichtregierungsorganisationen einen befriedigend einfachen moralischen Kampf, in dem sie sich engagieren konnten. Aber es war eine Phantasiewelt, die leider genau den Menschen einen Bärendienst erwies, denen diese Organisationen so leidenschaftlich zu helfen versuchen. Das Herz handelte ohne den Kopf.

Änderungen unserer Gesetze und Förderung internationaler Chartas sind öffentliche Güter

Das ist eine pathetische Art zu sagen, dass ihre Durchsetzung problematisch sein wird. Globale öffentliche Güter sind sehr knapp, weil niemand großes Eigeninteresse hat, sie zu schaffen. Da sie für alle gut sind, stehen sie vor dem extremen Trittbrettfahrerproblem. Das wahre Problem ist deshalb nicht, dass man nicht weiß, was zu tun ist, sondern dass man es wirklich tut. Ich werde in Teil 5 auf dieses Problem zurückkommen.

Kapitel 10

Handelspolitik zur Umkehr der Marginalisierung

Im Allgemeinen halte ich nicht viel davon, dass Menschen in reichen Ländern tiefe Schuldgefühle wegen der Unterentwicklung in der Welt pflegen. Ich halte es für aufgesetzt, und es lenkt von einer praktischen Agenda ab. Bürger der reichen Welt sind an den meisten Problemen der untersten Milliarde nicht schuld; Armut ist die Standardoption, wenn Volkswirtschaften nicht funktionieren. Ich werde allerdings einige Schuld den Bürgern der reichen Welt für ihr Unwissen über Handelspolitik und ihre Folgen geben. Sie persönlich sind vielleicht gut über Handel informiert, aber dann gehören Sie zu einer Minderheit; im Allgemeinen ist die Wählerschaft der reichen Länder extrem desinformiert. Hier ist ein Beispiel.

Im Herbst 2004 startete Christian Aid – die britische Hilfsorganisation mit dem wohl größten Vertrauenskapital – eine große und teure Kampagne zur Handelspolitik für die ärmsten Länder. Unter dem Slogan «Freihandel: Manche lieben ihn» saß ein Kapitalist, tatsächlich als Schwein gezeichnet, auf dem Rücken einer afrikanischen Bäuerin. Dass eine christliche Hilfsorganisation die primitivsten Klischees des Marxismus verwenden sollte, mag einem seltsam vorkommen und wäre ein interessanter Untersuchungsgegenstand, aber diese ideologische Travestie ist hier nicht mein Thema. Wichtig ist, dass die Botschaft grotesk falsch war. Handelspolitik ist das Gebiet, das in der Welt der Nichtregierungsorganisationen am wenigsten verstanden wird.

Im Herbst 2005 verstärkte Christian Aid die Kampagne und erklärte die Handelsfrage zu ihrem wichtigsten Thema. Sie behauptete, Afrikas bescheidener Abbau von Handelsschranken habe die Region bereits erstaunliche 272 Milliarden Dollar gekostet. Diese Schätzung, die auf der Website der Organisation stand, stammte aus einer Studie, die sie bei einem «Experten für Ökonometrie» bestellt hatte, dessen Arbeit dann von «einer Gruppe wissenschaftlicher Experten» bewertet worden sei. Das überraschte mich etwas, also schickte ich Christian

Aid eine E-Mail und erhielt die Studie und die Zusammensetzung der Expertengruppe zugeschickt. Ich kam zu dem Schluss, dass die Organisation ein wenig sparsam mit der Wahrheit war – sicher etwas peinlich für eine unserer angesehensten Hilfsorganisationen. Der «Experte» stellte sich als ein junger Mann an der School of Oriental and African Studies der Universität London heraus, der einzigen standhaft marxistischen Wirtschaftsfakultät in England. Soweit ich bei Google Scholar herausbekam, hatte er nie einen Zeitschriftenartikel über Handelspolitik veröffentlicht, aber einen unveröffentlichten Aufsatz geschrieben, in dem er die internationale Handelspolitik angriff. Ich war aber beruhigt, als ich sah, dass sein Aufsatz beim CEPR erschienen war, was ich für das Centre for Economic Policy Research hielt, der wahrscheinlich angesehenste Wirtschafts-Thinktank in England. Man muss Fellow des CEPR sein, um dort ein Arbeitspapier zu veröffentlichen, und es setzt hohe Standards. Dann aber entdeckte ich, dass dieses CEPR nicht das international renommierte Londoner Institut war, sondern das Center for Economic and Policy Research, ein kleines Institut in den USA. Ich glaube keineswegs, dass dabei eine bewusste Täuschung im Spiel war; es führte mich nur in die Irre. Und es gab schließlich die «wissenschaftlichen Experten». Leider waren das zwei Herren, die der Autor selbst ausgesucht hatte und die nicht als Experten für internationalen Handel bekannt waren. Hier gab also die größte Hilfsorganisation in Großbritannien viele tausend Pfund aus, die von Christen im ganzen Land einer Organisation gespendet wurden, der sie fraglos vertrauen zu können meinten, und die Kampagne beruhte auf diesem unveröffentlichten Aufsatz. Ich beschloss, es sei Zeit, diesen Aufsatz richtig zu untersuchen. Zufällig habe ich über internationalen Handel promoviert; obwohl ich mich nicht als echten Experten bezeichnen würde, weiß ich wenigstens, wer einer ist. Also schickte ich den Aufsatz an drei der weltweit führenden Experten für internationalen Handel: Jagdish Bhagwati, Professor an der Columbia University und Handelsberater von Kofi Annan, ist wahrscheinlich der größte lebende Experte für internationalen Handel; Tony Venables, dessen Arbeit ich bereits in Kapitel 6 erwähnte, lehrt als Professor für internationale Wirtschaft an der London School of Economics und ist zur Zeit auch Chefökonom des britischen Ministeriums für Internationale Entwicklung; David Greenaway schließlich ist Professor an der University of Nottingham, Direktor des dortigen Zentrums für

Globalisierung und Herausgeber der Zeitschrift *World Economy*. Alle kamen zu dem Schluss, die Studie sei zutiefst irreführend. Schließlich schrieben wir gemeinsam einen Brief an die *Financial Times*, um eine Warnung auszusprechen.

Ich weiß nicht, ob das bloß ein Beispiel für das Herz ohne Kopf ist. Handelspolitik ist sehr schwer zu verstehen, und Christian Aid hatte vielleicht einfach nicht genug recherchiert. Es kann auch sein, dass ihre Kampagnenabteilung von Marxisten unterwandert wurde, wie es vorübergehend bei der Labour Party in den achtziger Jahren geschah. Die deprimierendste Erklärung, die ich gehört habe, stammt von einem Experten im Ministerium für Handel und Industrie, dessen Name besser ungenannt bleibt. Er sagte: «Die wissen, dass es Quatsch ist, aber die T-Shirts verkaufen sich gut.» Während ich das schreibe, kann man noch nicht sagen, welcher Fall es ist – verwirrte Christen, marxistische Unterwanderung oder professionelles Marketing –, man muss sich also auf der Website selbst ein Bild machen.

Ein anderer Regierungsinsider, der ebenfalls besser anonym bleibt, sagte mir, die Politiker hätten zuviel Angst vor Christian Aid, um zu widersprechen. Clare Short, die bald das Parlament verlässt und früher Ministerin für Internationale Entwicklung war, hätte als einzige den Mumm dazu, sagte er, und sie ist weg. So seltsam es klingt, inzwischen sind es die Nichtregierungsorganisationen, die Macht ohne Verantwortung besitzen, und zwar, weil die meisten Menschen nichts von Handelspolitik verstehen, aber darauf vertrauen, dass Christian Aid recht hat. Damit stellt sich die Frage, was eine verantwortungsbewusste Nichtregierungsorganisation fordern sollte.

Die Handelspolitik der reichen Länder ist Teil des Problems

Wie jeder weiß, gibt es nicht zu rechtfertigende Aspekte der OECD-Handelspolitik. Am wenigsten zu rechtfertigen sind wahrscheinlich die Agrarsubventionen, sowohl aus der Sicht der Bürger der OECD-Länder als auch der Menschen in den Entwicklungsländern. Wir verschwenden unser Geld, um die Produktion von landwirtschaftlichen Gütern zu subventionieren und versperren dadurch Menschen Möglichkeiten, die kaum Alternativen haben. Als die Unterhändler von

USA und Europäischer Union gemeinsam vorschlugen, statt einer Senkung dieser Subventionen in den OECD-Staaten könnten arme Länder doch auf andere Produktionszweige ausweichen, hatte ich das Gefühl, sie hätten die Linie überschritten, jenseits derer der normale diplomatische Akt des Lügens für sein Land zu schamlos sei, um noch hingenommen zu werden. Der Süden der USA hat Alternativen zur Baumwolle; seine Baumwollpflanzer leben in der reichsten Volkswirtschaft der Erde. Aber wie ist es mit den Baumwollpflanzern im Tschad? Ein weiterer negativer Aspekt der Handelspolitik reicher Länder ist die Zollsteigerung: die Zölle auf verarbeitete Materialien sind höher als die auf Rohstoffe. Das erschwert es den Ländern der untersten Milliarde, ihre Exporte zu diversifizieren, indem sie ihre Rohstoffe vor dem Export verarbeiten. Es schadet uns und hemmt die Entwicklung von Ländern, die ohnehin genug Schwierigkeiten haben.

Dies sind Beispiele für «wirtschaftspolitische Inkohärenz», bei denen eine Maßnahme der anderen entgegenwirkt. Es ist dumm, Entwicklungshilfe zu leisten, um die Entwicklung zu fördern, und gleichzeitig eine Handelspolitik zu machen, die dieses Ziel verhindert. Das geschieht, weil die Handelspolitik *ausgehandelt* wird. Die Welthandelsorganisation (und ihr Vorgänger GATT) beruht darauf, dass der Abbau unserer Handelsbeschränkungen etwas ist, das wir nur billigen, wenn andere dasselbe tun. Die ärmsten Länder spielten keine Rolle im GATT – die meisten waren nicht einmal Mitglieder. Als aber 1995 die WTO gegründet wurde, traten alle bei, denn die Mitgliedschaft zu diesem Club bedeutete, zur modernen Welt zu gehören. Sie spielen aber so gut wie keine Rolle in einer Organisation, die dem Aushandeln dient. Die ärmsten Länder haben keine Märkte, die für den Rest der Welt interessant sind, darum sind ihre hohen Handelsschranken ebenfalls uninteressant.

Handelsschranken der ärmsten Länder sind ebenfalls ein Teil des Problems

Wie sieht es mit dem Protektionismus in den Ländern der untersten Milliarde aus? Ihre Märkte sind winzig und stagnierend, also führt die Konzentration auf den eigenen Markt, die alles ist, was Protektionismus leisten kann, nirgendwohin. Trotzdem ist dies seit vierzig Jahren die Strategie der Regierungen der untersten Milliarde, obwohl das Hauptmotiv des Protektionismus wahrscheinlich gar keine Rolle spielte. Die hohen Zölle führten zu einer kostenintensiven, parasitären Industrie, die wusste, dass ihre Profite eher auf Lobbyismus als auf effizienter Produktion beruhten. Im globalen Maßstab wissen wir jetzt, was den Produktivitätszuwachs in der Industrie erzeugt: Konkurrenz. Firmen hassen Konkurrenz, weil sie dadurch zu schmerzhaften Veränderungen gezwungen sind, und schmerzhafte Veränderungen erzeugen Produktivitätszuwachs. Die Firmen in den ärmsten Länder haben sehr wenig Konkurrenz gehabt. Sie waren vor ausländischer Konkurrenz durch Handelsschranken geschützt und vor inländischer, weil der Binnenmarkt oft zu klein ist, um mehr als ein oder zwei Firmen in einer Branche zu tragen. Das ruhige Leben der Firmen in diesen Länder wurde von den normalen Menschen bezahlt, die wegen des Protektionismus Preise bezahlen mussten, die über den Weltmarktpreisen lagen. Das bedeutet Protektionismus. Dieses ruhige Leben hat sich in der Wachstumsrate niedergeschlagen. In der Industrie der ärmsten Länder lag sie bei etwa 0 Prozent, im Gegensatz zum globalen Trend des raschen Fortschritts. Nach und nach haben sich Regierungen in den letzten beiden Jahrzehnten überreden lassen, die Handelsschranken zu senken. Wenn sie Konkurrenz von außen ausgesetzt sind, gehen diese unproduktiven Firmen unweigerlich zugrunde. Ich bin allerdings kein glühender Anhänger der «Big Bang»-Handelsliberalisierung. Wo Hoffnung besteht, dass Firmen global konkurrenzfähig sein können, ist es vielleicht besser, ihnen das Schwimmen beizubringen, als sie ins Wasser zu stoßen. Handelsliberalisierung hat die Menschen von parasitären Firmen befreit, aber keine anderen Aktivitäten gefördert. Dafür müssen Regierungen viele wirtschaftspolitische Maßnahmen ändern, die alle zusammen die Kosten von Firmen bestimmen.

Warum errichten die Regierungen der untersten Milliarde meistens hohe Handelsschranken? Zum Teil deshalb, weil sie eine Hauptquelle von Korruption sind. Aus diesem Grund haben politische Reformer wie Marc Ravalomanana in Madagaskar, Emmanuel Tumusiime-Mutibele in Uganda und Ngozi Okonjo-Iweala in Nigeria die Liberalisierung des Handels zur Priorität gemacht. Die durch Handelsschranken erzeugte Korruption gibt es im großen und im kleinen Rahmen. Im großen Rahmen schützen Regierungen die Firmen ihrer

Freunde und Verwandten oder derjenigen, die für dieses Privileg bezahlen. Im kleinen Rahmen kann das tägliche Funktionieren des Protektionssystems lukrativ sein. Zollbeamter ist einer der besten Berufe, den man in diesen Ländern haben kann. Um zum Beispiel in Madagaskar Zollbeamter zu werden, muss man eine spezielle Schule besuchen. Die Aufnahme in die Schule ist also eine Lizenz zum Wohlstand. Das Bestechungsgeld, um einen Platz zu bekommen, ist fünfzigmal so hoch wie das durchschnittliche Jahreseinkommen eines Bürgers. Mehr braucht man über den Zoll in Madagaskar nicht zu wissen. Der Vizepräsident von Nigeria war früher Zollbeamter. Er hatte Talent, und man bot ihm die Beförderung an, aber er lehnte ab; der Grund ist nicht schwer zu verstehen.

Die Begeisterung der Schurken für die Gelegenheiten zur Korruption, die in Handelsbeschränkungen liegen, und der Kampf der Reformer für den Abbau dieser Schranken wird von Nichtregierungsorganisationen wie Christian Aid missverstanden. Da sie alles durch die Brille der Unterdrückung der armen Länder durch die reichen sehen, geben diese Organisationen Spendengelder aus, um gegen den Abbau von Handelsschranken in Afrika zu kämpfen. Lenin nannte jene Menschen im Westen, die ihn unterstützten, ohne seine wahren Ziele zu kennen, «nützliche Idioten». Die nützlichen Idioten von heute kämpfen für Handelsschranken.

Entwicklungshilfe verschärft das Problem der Handelsschranken

Obwohl Christian Aid möchte, dass Afrika hohe Handelsschranken beibehält, will sie auch eine starke Erhöhung der Entwicklungshilfe. Diese Positionen sind katastrophal unvereinbar. Zusätzliche Hilfe muss von afrikanischer Handelsliberalisierung begleitet sein, oder sie könnte die Armut noch steigern. Entwicklungshilfe ist nur für Importe zu gebrauchen. Ich weiß, das klingt etwas seltsam: man denkt doch, Entwicklungshilfe finanziert Schulen und Ähnliches, aber Entwicklungshilfe besteht aus Devisen – Dollars, Pfund, Euros. Wenn Regierungen dieses Geld für Schulen ausgeben, müssen sie die Devisen verkaufen, um nationale Währung zu erzeugen. Leute kaufen die Devisen, um Importe zu bezahlen. Also ist Entwicklungshilfe nur soweit wertvoll, wie Menschen Importe kaufen wollen. Wenn Importe ausgeschlossen sind oder hohe Zölle auf ihnen liegen, ist die Nachfrage nach Devisen gering, und die Entwicklungshilfe reicht nicht für viele Schulen. Es kommt noch schlimmer. Außer durch Entwicklungshilfe bezahlen Gesellschaften für Importe auch durch Exporte. Exporteure verdienen Devisen und verkaufen sie denen, die Importe kaufen wollen. Importeure haben also die Wahl, ihre Devisen von Exporteuren oder von der Entwicklungshilfe zu bekommen. Anders gesagt, Entwicklungshilfe steht in Konkurrenz zu den Exporteuren. Mehr Hilfe bedeutet weniger Bedarf an Exporten, also verdienen die Exporteure weniger. Der Mechanismus, der diesen Effekt erzeugt, ist der Wechselkurs. Entwicklungshilfe steigert den Wechselkurs und macht einen vom Exporteur verdienten Dollar in nationaler Währung weniger wert. Exporteure werden dadurch geschädigt, und einige gehen kaputt. Das ist wieder das Problem der holländischen Krankheit. Die holländische Krankheit ist für Verfechter der Entwicklungshilfe besorgniserregend. Wenn eine große Steigerung der Hilfe die Konkurrenzfähigkeit der Exporte zerstört, betont sie ungewollt genau das Problem, das die Länder der untersten Milliarde lösen müssen – neue Exportaktivitäten konkurrenzfähig zu machen.

Zum Glück ist Handelsliberalisierung eine der Arzneien gegen die holländische Krankheit. Zusätzliche Entwicklungshilfe steigert das *Angebot* an Importen, darum ist eine parallele Steigerung der *Nachfrage* nach Importen notwendig. Nur bei einer parallelen Steigerung der Nachfrage entsteht Exporteuren durch die zusätzliche Entwicklungshilfe kein Nachteil. Handelsliberalisierung steigert die Nachfrage nach Importen, indem sie sie billiger macht, ohne den Wechselkurs verändern zu müssen: die Steuern auf die Importe werden gesenkt. Wie viel Handelsliberalisierung ist notwendig? Das hängt davon ab, wofür die Entwicklungshilfe verwendet wird. Wenn sie verwendet wird, um ausländische Kompetenz zu kaufen, steigert sie direkt den Devisenbedarf, denn ausländische Experten werden in Dollar bezahlt. Wenn die Entwicklungshilfe aber für die Bezahlung heimischer Lehrer verwendet wird, hat sie wenig direkte Wirkung auf den Devisenbedarf, denn Lehrer werden in heimischer Währung bezahlt und geben wahrscheinlich nicht viel von ihrem Gehalt für Importe aus. Darum erfordert die Art von sozialen Zwecken, die die Nichtregierungsorganisationen meist favorisieren, mehr Handelsliberalisierung als wachstumsorientierte Zwecke wie Kompetenz und Infrastruktur. Christian Aid sollte für Handelsliberalisierung in Afrika mit zusätzlicher Entwicklungshilfe eintreten. Ich weiß nicht, ob die Kampagnenplaner bei Christian Aid diese Verbindung zwischen Entwicklungshilfe und Handelspolitik einfach nicht verstanden haben. Es ist nicht der Fehler von Christian Aid, wenn sich mit Handelsliberalisierung nicht so viele T-Shirts verkaufen lassen wie mit Bildern von Kapitalistenschweinen, aber von populären Missverständnissen zu profitieren, das ist ihr Fehler.

Was sind die Antworten?

Ist Fair Trade die Antwort?

Die Fair Trade-Kampagne versucht höhere Preise für einige der gegenwärtigen Exporte der untersten Milliarde wie Kaffee zu erzielen. Der höhere Preis bei Fair Trade-Produkten ist eine Art Wohlfahrtstransfer, und daran ist natürlich nichts Schlechtes. Das Problem gegenüber anderen Formen der Hilfe ist aber, dass es die Empfänger bestärkt, weiterhin das zu tun, was sie tun – Kaffee zu produzieren. Ein wirtschaftliches Schlüsselproblem der untersten Milliarde ist, dass die Produzenten nicht über eine kleine Zahl von Produkten hinausgekommen sind. Die Preiserhöhung (auch wenn sie unendlich klein ist, denn Fair Trade hat einen sehr kleinen Marktanteil) macht es für die Menschen schwieriger, in andere Bereiche zu wechseln. Sie bekommen Wohlfahrt, solange sie das anbauen, was sie in der Armut festhält.

Ist regionale Integration die Antwort?

Vierzig Jahre lang war regionale Integration die politisch korrekte Lösung für die Handelsprobleme der untersten Milliarde. Der Erfolg der EU als wirtschaftliche Freihandelszone (praktisch eine Zollunion) gab einer bereits attraktiven Strategie zusätzlichen Impetus. Länder konnten hohe Handelsschranken gegenüber den reichen Ländern beibehalten, aber sie untereinander abbauen. Dieser Ansatz enthält so viel Missverständnisse, dass man kaum weiß, wo man anfangen soll. Aber politisch sah es wirklich wie der Stein der Weisen aus. Regionale Integrationspläne waren so attraktiv, dass sie sich vervielfachten. Tatsächlich gibt es jetzt mehr regionale Handelsabkommen als Länder, also müssen manche Länder mehreren angehören; das typische afrikanische Land gehört vier verschiedenen an, die oft miteinander unvereinbar sind. Warum waren sie so beliebt? Nun, Präsidenten konnten in ihre Flugzeuge steigen, sich mit Nachbarn treffen, ein Handelsprotokoll unterzeichnen und ein Regionalsekretariat einrichten, in das sie ihre Freunde beriefen. Dann flogen sie wieder nach Hause und hatten eine Menge Publicity.

Solche Abkommen haben aber nicht viel zustande gebracht. Ein Grund dafür ist, dass sogar im günstigsten Fall die resultierenden Märkte winzig klein sind. Nach einer berühmten Statistik ist die gesamte afrikanische Wirtschaft südlich der Sahara etwa so groß wie die Belgiens. Ein zweiter Grund ist, dass die Kombination mehrerer armer, langsam wachsender Einzelwirtschaften eine arme, langsam wachsende Regionalwirtschaft ergibt. Handel entsteht durch Unterschiede, und die große Chance für Länder mit niedrigen Einkommen ist der Handel mit reichen Ländern, bei dem sie die Vorteile ihrer niedrigen Lohnkosten einsetzen. Innerhalb einer Gruppe von armen Ländern sind die Unterschiede einfach zu klein, als dass viel Handel entsteht. Schlimmer noch, die Unterschiede zwischen armen Ländern, werden dadurch eher größer als kleiner. Das Modell der Europäischen Gemeinschaft ist leider sehr irreführend.

Erinnern wir uns, dass der große Erfolg Europas die Angleichung war; die ärmeren Länder wie Portugal und Irland haben die reicheren Länder eingeholt. Der Freihandel in Europa hat ausgleichend gewirkt und wird das auch nach der jüngsten EU-Erweiterung tun. Tony Venables entdeckte jedoch, dass die regionale Integration armer Länder zu *Divergenz* statt Konvergenz führt. Der Grund liegt darin, dass regionale Abkommen, ob zwischen reichen oder armen Ländern, den Mitgliedern nützen, deren Merkmale dem globalen Durchschnitt am nächsten liegen. In einem Club reicher Länder ist das Mitglied, das dem globalen Durchschnitt am nächsten liegt, das ärmste Mitglied, in einem Club armer Länder ist es das reichste. Also gewinnt in den Clubs reicher Länder das ärmste Mitglied (Konvergenz), während in den Clubs armer Länder das reichste gewinnt (Divergenz). Warum nützt ein regionales Abkommen den Ländern, die dem globalen Durchschnitt am nächsten liegen? Denken wir an die EU. Ihr gemeinsamer Außenzoll hält arbeitsintensive Produkte aus armen Ländern fern. Das erzeugt Chancen für die ärmsten EU-Länder mit den niedrigsten Lohnkosten. Die Mitte mit relativ niedrigen Lohnkosten wird vor den sehr niedrigen geschützt. Stellen wir uns nun ein Abkommen zwischen den ärmsten Ländern vor. Der gemeinsame Außenzoll hält spezialisierte Produkte aus reichen Ländern fern. Das schafft Chancen für die Länder im Club, die die meiste Kompetenz besitzen, nämlich die reichsten Mitglieder. Die relativ kompetente Mitte wird von dem sehr kompetenten Extrem geschützt.

Wo regionale Handelsabkommen in der untersten Milliarde wirksam geworden sind, sehen wir die Kräfte der Divergenz. In Westafrika verlor Burkina Faso Marktanteile an die lokalen Führer Senegal und Elfenbeinküste. In Ostafrika verloren Uganda und Tansania Marktanteile an den lokalen Führer Kenia. Natürlich sind die Länder, die verlieren, damit nicht glücklich. In Ostafrika endete das Experiment regionalen Freihandels mit einer völligen Schließung der Grenzen und einem regionalen Handelskrieg. Üblicherweise werden die Abkommen nie verwirklicht. Damit regionale Abkommen innerhalb der untersten Milliarde sinnvoll sind, muss der Außenzoll niedrig sein. Ein hoher Außenzoll impliziert, dass gewöhnliche Menschen in Tansania und Burkina Faso eine ineffizient teure Industrie in Kenia und Senegal subventionieren. Diese Transfers sind regressiv und sinnlos. Nur niedrige Außenzölle können sie auf einem erträglichen Niveau halten.

Guter Zugang zu den Märkten der Nachbarn ist für Binnenstaaten ohne Ressourcen lebenswichtig – Länder wie Burkina Faso und Uganda brauchen ganz sicher regionale Integration. Sie sollten für diesen Marktzugang aber nicht mit großen Transfers an reichere Nachbarn bezahlen müssen. Uganda hat gutes und reichliches Ackerland. Es sollte Kenia ernähren. Wenn die kenianische Regierung die Importe erlaubt, tut es genau das. Aber Uganda hat keine Macht über Kenia. Daniel arap Moi, Präsident Kenias von 1978 bis 2002, war bekanntermaßen ein guter Freund der lokalen Geschäftswelt. Einmal spekulierten kenianische Geschäftsleute mit Getreide und füllten in Erwartung höherer Preise die Silos damit. Wegen der Importe aus Uganda stiegen die Preise aber nicht. Die Geschäftsleute wandten sich an Präsident Moi, und dieser verhängte tatsächlich ein totales Importverbot für Nahrungsmittel aus Uganda. Also mussten die gewöhnlichen Kenianer mehr für ihre Lebensmittel bezahlen, und die gewöhnlichen Ugander verloren die Möglichkeit, von ihren Exporten zu leben. Nur Präsident Mois Freunde aus der Geschäftswelt waren glücklich. Ich nehme an, sie zeigten ihre Dankbarkeit. Ich begegnete Moi kurz nach dieser Entscheidung und sprach ihn darauf an. Er sagte, er habe es für die Armen in Kenia getan, aber einer seiner Berater war über diese Antwort verärgert genug, dass er mich nach der Sitzung beiseite nahm und mir die Wahrheit erzählte. Regionale Integration ist also eine gute Idee, aber nicht hinter hohen Außenschranken.

Ein Teil der Antwort: Exportdiversifizierung

Die industrielle Produktion in der untersten Milliarde geht zurück. Dreißig Jahre Protektionismus schufen einen Parasiten mit stagnierender Produktivität, und ein Jahrzehnt bescheidener Liberalisierung hat ihn lediglich verkleinert. Wie könnte die industrielle Produktion ihre Produktivität steigern?

Seit über zehn Jahren gehöre ich zu einem großen Forschernetzwerk namens Industrial Surveys of Africa, das die industrielle Produktion in Afrika analysiert. Diese Gruppe hat herauszufinden versucht, was Firmen wachsen lässt. Wir haben etwa analysiert, wie Firmen sich in einer Situation mit hohem Risiko verhalten, warum sie so wenig investieren und wie sich der Kreditmangel auswirkt. Eines unserer erstaunlichsten Ergebnisse betraf den Export. Afrikanische Firmen können exportieren und tun es auch, aber es sind nicht viele. Diese Firmen hatten einen raschen Produktivitätszuwachs. Wie üblich bei so einer Korrelation liegt das Problem darin, die Richtung der Kausalität zu bestimmen. Sind die wenigen Firmen mit raschem Produktivitätszuwachs die, die exportieren können? (Wo liegt in diesem Fall das Problem?) Oder führt der Export zu Produktivitätszuwachs? Es hat ähnliche Studien über Firmen in den USA und über aufstrebende Marktwirtschaften wie China gegeben, aber unsere ist wohl die einzige über die Volkswirtschaften der untersten Milliarde. Bei den Firmen in den USA hat der Export keine Wirkung auf den Produktivitätszuwachs. Das überrascht nicht, denn Firmen können ebenso viel lernen, wenn sie darum konkurrieren, Produkte in Kansas zu verkaufen, als wenn sie sie in Frankreich verkaufen. Das gleiche gilt für China. Offenbar ist der chinesische Markt groß und umkämpft genug, dass Firmen produktiver werden müssen, um zu überleben. In Afrika sieht es aber anders aus. Dort scheint der Export tatsächlich die Produktivität zu steigern. Die heimischen Märkte sind zu klein, um viel Konkurrenz zu erzeugen, darum ist das Lernen durch den Export viel intensiver. Wir sahen, dass es große Wirkung hatte; während sonst in Afrika stagnierende Produktivität die Norm war, gab der Export einer Firma einen Produktivitätsschub.

Wenn Afrika und die anderen Volkswirtschaften der untersten Milliarde also eine dynamische Industrie bekommen sollen, wird sie eher von dem Sich-Behaupten auf Exportmärkten kommen als von der Rückkehr zu den Jahren der gemütlichen nationalen Monopole.

Das Problem ist, wie man Firmen zuerst konkurrenzfähig macht und ihnen diesen Schub ermöglicht.

Wie man die Exportdiversifizierung beginnt: Schutz vor Asien
Die Länder der untersten Milliarde brauchen Hilfe durch wirtschaftspolitische Maßnahmen der OECD, aber diese sind kein Fair Trade und lassen sich auch nicht als Handelsgerechtigkeit bezeichnen. Noch viel weniger passen sie zu den marxistischen Slogans von Christian Aid. Die unterste Milliarde muss ihre Exporte hin zu arbeitsintensiven Produkten und Dienstleistungen diversifizieren, dem Bereich, wo Asien bereits aktiv ist. Erinnern wir uns, dass hier das Problem liegt – nachdem die Billiglohnländer Asiens in diese Märkte eingebrochen sind, haben sie jetzt den gewaltigen Vorteil etablierter Agglomerationen, wo die Kosten niedriger liegen als bei Neugründungen an anderen Orten. Als Asien auf diese Märkte drang, brauchte es nicht mit etablierten Billigproduzenten zu konkurrieren, weil es zuerst kam. Wenn es den ärmsten Ländern gelingen soll, auf diese Märkte zu drängen, müssen sie vorübergehend *vor Asien* geschützt werden.

Das bedeutet, für Waren und Dienstleistungen aus den Ländern der untersten Milliarde würden beim Export auf die Märkte der reichen Welt niedrigere Zölle gelten als für dieselben Waren aus Asien. Egal, wie man es verpackt, man kann das nur schwer mit den Begriffen «fair» oder «Gerechtigkeit» verbinden. Privilegien für die unterste Milliarde gegenüber den Billiglohnländern Asiens sind weder gerecht noch fair; ein besseres Wort wäre vielleicht «zweckmäßig». Ohne eine solche Anschubstrategie ist die unterste Milliarde wahrscheinlich dazu verdammt, solange zu warten, bis Asien reich wird und wegen spürbar höherer Löhne gegenüber der untersten Milliarde im Nachteil ist. Sogar bei hohen asiatischen Wachstumsraten wird es mehrere Jahrzehnte dauern, bis ein Lohnabstand entsteht, der so groß ist, dass Firmen ihren Standort wechseln. Schließlich machen die Löhne bei arbeitsintensiven Gütern nur etwa 16 Prozent der Kosten aus. Wenn also die Löhne der untersten Milliarde ein Sechzehntel der asiatischen Löhne betragen würden, ergäbe das erst einen Kostenvorteil von 15 Prozent. Wenn man dann die anderen Kostennachteile wie Transportkosten, Rechtssystem, Korruption, Elektrizität und Vorhandensein von ausgebildeten Arbeitskräften und Dienstleistungen kalkuliert, ist man sehr schnell bei 15 Prozent. Der Lohnabstand zwischen Asien und den OECD-Ländern war sehr groß, bevor Asien mit der OECD konkurrieren konnte.

Es ist natürlich unvorstellbar, dass die OECD neue Zölle für asiatische Produkte einführen würde, um die unterste Milliarde auf OECD-Märkten zu schützen, und das sollte sie auch nicht. Sie sollte vielmehr Zölle für die unterste Milliarde dort abschaffen, wo für Asien welche bestehen. Daraus folgt aber, dass die Strategie dringend ist. Die Zölle sinken weltweit. Die WTO verhandelt gerade über Zollsenkungen zwischen der OECD und den erfolgreichen Entwicklungsländern, die offensichtlich eine große Verhandlungsmasse haben. Das ist die Kernfunktion der WTO, und in den nächsten zehn Jahren wird es wahrscheinlich gelingen. Etwa um 2015 werden also die OECD-Zölle gegenüber Asien nicht mehr so hoch sein, dass es viel Spielraum zum Schutz der untersten Milliarde gibt. Wir müssen die Gelegenheit dieser Maßnahme jetzt ergreifen, weil sie später nicht mehr zur Verfügung steht. Dasselbe Merkmal, das die Strategie dringend macht, macht sie aber auch akzeptabel und wirkungsvoll. Die Maßnahme ist dringend, weil die Zölle gegenüber Asien zeitlich begrenzt sind. Das macht den Schutz für die unterste Milliarde viel akzeptabler für Asien – die Maßnahme wird auslaufen. Tatsächlich könnte sie für Asien sogar einen Vorteil darstellen. Sobald die protektionistischen Interessen innerhalb der OECD erkennen, dass ihre Lobbyarbeit der untersten Milliarde mehr nützt als ihnen selbst, werden sie sich weniger gegen die Liberalisierung stemmen, die Asien mit aller Kraft anstrebt. Die zeitliche Begrenztheit verstärkt auch die Wirkung. Wenn die Regierungen der untersten Milliarde wissen, dass sie ein Zeitfenster von nur wenigen Jahren haben, um auf die Märkte der OECD zu kommen, ist es wahrscheinlicher, dass sie die ergänzenden wirtschaftspolitischen Maßnahmen ergreifen, als wenn sie glauben würden, die Gelegenheit wäre dauerhaft vorhanden.

Ist ein vorübergehender Schutz für die unterste Milliarde gegenüber Asien auf den OECD-Märkten politisch unmöglich? Sicher nicht – tatsächlich praktizieren wir ihn schon. Die USA haben den sogenannten «African Growth and Opportunity Act» (AGOA), der genau das tut. Produkte aus Afrika kommen zollfrei auf den amerikanischen Markt. Die EU hat ein Abkommen namens «Everything but Arms» (EBA), das für den europäischen Markt genauso funktionieren soll. Und in Singapur verpflichteten sich im Dezember 2005 die Regierungen aller reichen Länder in der OECD zu einem freieren Zugang für die am wenigsten entwickelten Länder. Wenn wir es also schon praktizieren, warum dann die Aufregung? Weil diese Abkommen nicht funktionieren. Nicht, weil sie eine schlechte Idee wären, sondern weil der Teufel im Detail steckt, und die Details sind falsch, wahrscheinlich mit Absicht – solche Pläne wurden nicht entworfen, um wirksam zu sein, sondern um Lobbys zu besänftigen. AGOA wurde angenommen, weil 60 000 Afroamerikaner Briefe an ihre Kongressabgeordneten schickten, um es zu unterstützen.

Auf welche Details kommt es also an? Das erste und wichtigste sind die Herkunftsbestimmungen. In der modernen Produktion werden Einzelkomponenten aus der ganzen Welt geholt und zusammengesetzt, und das Ergebnis wird exportiert. Herkunftsbestimmungen beziehen sich auf diese importierten Komponenten, woher sie stammen dürfen und wie viel Wert sie im Verhältnis zum Endprodukt haben dürfen. Herkunftsbestimmungen sind nicht geheimnisvoll. Wenn die Volkswirtschaften der untersten Milliarde wirklich alles frei von Handelsbeschränkungen in die reichen Länder exportieren dürften, ohne Herkunftsbestimmungen, würden alle chinesischen Exporte durch Länder der untersten Milliarde geleitet werden und dort kleine Schildchen «Made in X» bekommen. Dann kämen sie zollfrei auf unsere Märkte. Es würde China helfen und nebenbei auch uns, aber der untersten Milliarde würde es nichts nützen. Im Moment haben wir aber das andere Extrem: Die Herkunftsbestimmungen sind zu restriktiv. Wenn auf einem ugandischen Fischerboot auf dem Viktoriasee ein Kenianer beschäftigt ist, sind die Fische vom EU-Plan ausgeschlossen. Das gleiche Problem gab es zunächst bei AGOA, aber dann wurde eine besondere Ausnahmegenehmigung hinzugefügt. Wenn also ein kenianischer Kleidungsfabrikant billige asiatische Stoffe verarbeitet, kann das Produkt jetzt trotzdem in die USA importiert werden. Infolgedessen hat AGOA die afrikanischen Kleidungsexporte um über 50 Prozent gesteigert, während EBA völlig unwirksam war. Herkunftsbestimmungen lassen sich koordinieren, um den bevorzugten Marktzugang wirksam oder nutzlos zu machen.

Ein weiteres wichtiges Detail ist der Zeitrahmen. AGOA erteilt die Ausnahmegenehmigung immer nur für ein Jahr, und AGOA selbst hat nur eine Laufzeit von drei Jahren. Dieser Zeitraum ist einfach zu kurz, damit Firmen Investitionsentscheidungen treffen können, die auf dem Marktzugang beruhen, den AGOA bietet. So exportieren etwa Textilfirmen aus Madagaskar inzwischen hochprofitabel in die Vereinigten Staaten, aber sie expandieren nicht, weil sie nicht wissen, was künftig passiert. Bei einem längeren Zeitrahmen wäre es anders. Wenn die Entwicklungshilfe die Millenniums-Entwicklungsziele für 2015 anpeilt, sollte die Handelspolitik das auch tun. Der EU-Plan leidet sicher nicht an einem zu engen Zeitrahmen, er scheint sogar für die Ewigkeit gemacht. Aber etwa so lange würden die Firmen auch brauchen, um alle Bestimmungen zu verstehen – er ist überaus kompliziert, und viele Firmen machen sich einfach nicht die Mühe, ihn zu benutzen.

Ein letztes wichtiges Detail sind die einbezogenen Länder. EBA ist auf die am wenigsten entwickelten Länder beschränkt, also sind Somalia und Liberia dabei, aber Senegal, Ghana und Kenia ausgeschlossen. AGOA ist umfassender. Den Zugang auf die am wenigsten entwickelten Länder zu beschränken, scheint auf den ersten Blick richtig, ist aber in Wirklichkeit idiotisch. Welche afrikanischen Länder haben eine größere Chance, auf die Weltmärkte für Industriegüter zu kommen, Länder wie Somalia oder Länder wie Ghana? Es ist wieder das Herz ohne Kopf, wohlmeinende Gesten statt gut durchdachter Aktionen.

Was gebraucht wird, ist ein einfacher Plan – der in der gesamten OECD gilt – mit großzügigeren Herkunftsregeln, panafrikanischer Geltung und einem Zeitrahmen bis 2015. Seine Details müssen so flexibel sein, dass sie sich solange anpassen lassen, bis er funktioniert. Das Ziel sollte sein, der untersten Milliarde neue Exportmärkte zu erschließen.

Der andere Teil der Antwort:
Eine neu bestimmte Rolle der untersten Milliarde in der WTO

Was tun die Länder der untersten Milliarde in der WTO? Sie ist die Nachfolgeorganisation des GATT, und ihre Grundlage sind gegenseitige Übereinkünfte: ich öffne dir meinen Markt, wenn du mir deinen öffnest. Sie ist keine internationale Organisation wie etwa die Weltbank, der IWF oder das Entwicklungsprogramm der UN. Sie hat keine Mittel, die sie an Länder auszahlen kann, und kein Ziel, das sie durch diese Mittel erreichen will. Es ist keine zielgerichtete Organisation, eher ein Marktplatz. Das Sekretariat der WTO ist nur dazu da, jeden

Tag die Stände zu öffnen, abends auszufegen und die Öffnungszeiten zu regeln. Was passiert, hängt von den Übereinkünften ab. Das war sinnvoll, solange diese zwischen den USA und der EU stattfanden. Mit den Jahren fielen beim Handel mit Industriegütern zwischen USA und EU nahezu alle Schranken. Die WTO holte die aufstrebenden Entwicklungsländer mit herein: Indien, Brasilien, China und Indonesien, die einander und den reichen Ländern beim Abbau von Handelsschranken eine Menge zu bieten haben. Im Gegenzug können sie über einen besseren Zugang zu den Märkten der reichen Länder verhandeln. Aber die Märkte der untersten Milliarde sind so winzig, dass sie auch dann, wenn ihre Regierungen die Handelsschranken abbauen wollten, keine Verhandlungsmasse hätten. Wenn die US-Regierung zu dem Schluss kommt, dass der politische Nutzen des Schutzes der Baumwollproduzenten größer ist als die politischen Kosten hoher Subventionen durch die amerikanischen Steuerzahler, wird das Angebot eines besseren Marktzugangs im Tschad keinen großen Unterschied machen. Bis jetzt hat die WTO schlecht funktioniert. Die gegenwärtige Runde der Handelsgespräche wurde als «Entwicklungsrunde» bezeichnet, aber solche Etiketten müssen in einer Organisation, die für das Feilschen gegründet wurde, inhaltsleer bleiben. Genauso gut könnte man die morgigen Geschäfte auf eBay eine «Entwicklungsrunde» nennen. Die Vertreter der einzelnen Länder wollen den besten Handel für ihr Land herausholen, letztlich die minimale Öffnung des eigenen Marktes bei maximaler Öffnung der anderen. Die Länder der untersten Milliarde traten der WTO bei, weil sie auf Transfers in irgendeiner Form hofften, genau wie bei den anderen internationalen Organisationen wie Weltbank, IWF oder UN. Aber dafür ist die WTO nicht da. Solange sie bloß ein Marktplatz zum Aushandeln ist, hat die unterste Milliarde dort keinen Platz. Ihre einzige Macht liegt darin, die Legitimität der ganzen Organisation zu bedrohen. Das hat sie bereits getan, wodurch die Runde an den Rand des Scheiterns geriet. Der Ausweg für die WTO liegt darin, nicht mehr nur eine Verhandlungsrolle, sondern auch eine Transferrolle zu übernehmen. Damit meine ich nicht den Transfer von Geld. Es wäre sinnlos, die WTO zu einer weiteren Entwicklungsorganisation zu machen; es gibt schon zu viele. Mit Transfer meine ich einen *einseitigen* Abbau der Handelsschranken gegenüber der untersten Milliarde: ein Geschenk, keinen Handel. Ich meine, das Sekretariat der WTO sollte mit dem Aushandeln eines solchen Geschenks als erste Phase jeder Runde beauftragt werden. Die Weltbank hat sich ähnlich entwickelt. Ursprünglich war sie eine Organisation zur gegenseitigen Hilfe: die International Bank for Reconstruction and Development (IBRD). Sie bot Anleihen auf dem New Yorker Markt an und gab sie zu einem niedrigen Zinssatz an kreditwürdige Länder. Das war keine Hilfe für Länder mit niedrigen Einkommen, da sie als Borger zu riskant waren, also übernahm die Bank eine weitere Funktion: die Internationale Entwicklungsorganisation (IDA). Im Gegensatz zur IBRD, die die reichen Länder nie einen einzigen Cent gekostet hat, ist die IDA ein Transfer. Alle drei Jahre bittet das Sekretariat der Weltbank die Regierungen der reichen Länder um Geld für die IDA. Wie viel jede von ihnen gibt, hängt davon ab, wie gut sie im Verhältnis zu den anderen Gebern aussehen will. Dann verteilt die Bank die Beiträge. Sie entwickelte sich also weiter, indem sie neben ihrer ursprünglichen Rolle der gegenseitigen Hilfe für reichere Länder auch noch eine Transferrolle für die armen Länder übernimmt.

Diesen Schritt sollte auch die WTO tun. Das Sekretariat könnte an einem einseitigen Angebot arbeiten, genau wie das Weltbankpersonal gelernt hat, eine IDA-Runde zu organisieren. Der wesentliche Schritt ist die Quantifizierung der Handelszugeständnisse aller reichen Länder in einer gemeinsamen Einheit – etwa die erwarteten zusätzlichen Exporte der Länder der untersten Milliarde. Dann beginnt der Druck. Warum bietet Japan so wenig im Vergleich zu Europa an? Warum bieten die USA in dieser Runde nicht mehr an als in der letzten? So hat IDA funktioniert, und die WTO könnte das Gleiche tun. Erst wenn die Transferrunde abgeschlossen wäre, sollte die Verhandlungsrunde beginnen dürfen, und das würde Druck auf die reichen Länder ausüben, akzeptable Angebote zu machen. Die Beschlüsse der Transferrunde würden aber erst nach dem Abschluss der Verhandlungsrunde in Kraft treten, und das würde Druck auf die ärmsten Länder ausüben, den Verhandlungsprozess zu erleichtern, statt ihn zu blockieren. Wenn sie außerdem mehr wollten, als sie am Ende der Transferrunde erhalten hätten, müssten sie es durch Verhandlungen erreichen. Die beiden kontrastierenden Kulturen des Transfers und der Verhandlung würden nicht verwechselt, so wie es gegenwärtig geschieht.

Teil 5

DER KAMPF UM DIE UNTERSTE MILLIARDE

Kapitel 11

Eine Agenda zum Handeln

Wir haben die Kosten betrachtet, die die Länder der untersten Milliarde sich selbst, einander und uns auferlegen. Ich habe versucht, die Kosten eines Bürgerkriegs und die Kosten eines scheiternden Staates in Zahlen zu fassen. Es sind große Zahlen. Man muss es aber gar nicht so kompliziert machen. Ich habe einen Sohn von sechs Jahren. Ich will nicht, dass er in einer Welt mit einem großen eiternden Geschwür aufwächst – einer Milliarde Menschen, die in verzweifelten Lebensumständen feststecken, während daneben nie gekannter Wohlstand herrscht.

Und sie werden feststecken. Natürlich gibt es mutige Menschen innerhalb dieser Gesellschaften, die versuchen, Veränderungen herbeizuführen. Wir haben die Fallen aufgezählt: Konflikt, natürliche Ressourcen, Abgeschnittensein vom Meer, schlechte Regierungsführung. Diese Länder stagnieren dadurch seit vierzig Jahren, und ich sehe keinen entscheidenden Grund, warum es in den nächsten Jahrzehnten sehr viel anders aussehen sollte. Wird die Globalisierung die Lage verbessern? Wir haben gesehen, wie sie wahrscheinlich für die ärmsten Länder aussehen wird. Handel wird sie eher in die Abhängigkeit von Ressourcen treiben als ihnen neue Möglichkeiten eröffnen, und die internationale Mobilität von Kapital und Fachkräften wird ihnen vermutlich eher ihr geringes Kapital und ihre Talente entziehen, als einen Wachstumsmotor darstellen.

Wenn die Welt in zwei Jahrzehnten so aussieht, wird mein Sohn mich als Wirtschaftswissenschaftler fragen, was ich getan habe, um es zu verhindern. Für mich war es leicht, etwas zu tun: ich habe dieses Buch geschrieben. Aber glauben Sie nicht, dass Sie nichts damit zu tun haben, weil Ihre Arbeit nichts mit Entwicklung zu tun hat. Sie sind Staatsbürger, und das ist mit Verantwortung verbunden. In den dreißiger Jahren ging die Welt in die vermeidbare Katastrophe des Zweiten Weltkriegs wie ein Schlafwandler, weil die Wähler in den USA und

Europa zu träge waren, über die populistischen Rezepte von Isolationismus und Pazifismus hinauszublicken. Diese Fehler führten dazu, dass ihre Kinder starben. Jeder Staatsbürger ist dafür verantwortlich, dass wir nicht erneut wie Schlafwandler in eine vermeidbare Katastrophe stolpern, der unsere Kinder sich stellen müssten.

Und sie ist vermeidbar. Ich habe in diesem Buch vier Instrumente erörtert: Entwicklungshilfe, Sicherheit, Gesetze und Chartas, sowie den Handel. Jedes hat seine Wirksamkeit, aber im Moment benutzen wir das erste ziemlich schlecht und die anderen drei fast überhaupt nicht. Warum sind die Regierungen der reichen Länder so inkompetent gewesen?

Wähler bekommen, was sie verdienen. Das populäre Denken über Entwicklung ist voller stereotyper Bilder und Kontroversen: «Die Globalisierung wird es richten» gegen «Sie brauchen mehr Schutz», «Sie brauchen mehr Geld» gegen «Entwicklungshilfe nährt Korruption», «Sie brauchen Demokratie» gegen «Sie stecken in ethnischen Konflikten fest», «Zurück zum Empire» gegen «Respektiert ihre Souveränität», «Unterstützt ihren bewaffneten Kampf» gegen «Unterstützt unsere Verbündeten». Diese Polarisierungen sind unhaltbar, und ich hoffe, den Lesern ist annähernd deutlich geworden, wie sie durch quantitative Analysen in Frage gestellt werden können.

Es ist jetzt Zeit, das Ganze zusammenzufassen. In Teil 2 haben wir die Fallen erörtert und in Teil 4 die Instrumente. Nun müssen wir die Instrumente den Fallen zuordnen. Nicht alles passt überall. Welche Kombination ist im Einzelfall am wirksamsten?

Die andere Schlüsselfrage lautet, wer das alles tun wird. Es gibt keine Weltregierung, wie sieht also das richtige Gleichgewicht des Handelns zwischen den reichen Ländern und den Gesellschaften der untersten Milliarde aus? Welche gemeinsamen Anstrengungen müssen unternommen werden, und wie kann das geschehen? Da innerhalb jeder Gruppe die Kooperation so schwierig ist, was ist das Minimum, das wir anstreben müssen, und wie lässt es sich erreichen?

Was muss geschehen?

Gehen wir noch einmal zu den Fallen zurück, um zu sehen, wie sie mit den Instrumenten, die wir derzeit haben, überwunden werden können.

Überwindung der Konfliktfalle

Bei der Konfliktfalle kann man an zwei Punkten ansetzen: nach dem Konflikt und präventiv. Da etwa die Hälfte aller Bürgerkriege Rückfälle sind, und sich dies auf nur wenige Länder konzentriert, ist die Verbesserung einer Postkonflikt-Intervention ein guter Anfang. Es ist gerade jetzt besonders aktuell, weil es kürzlich eine Menge Friedensschlüsse gegeben hat.

In Postkonflikt-Situationen können wir von den vier Instrumenten den Handel wohl mehr oder weniger vergessen. Afghanistan wird bis auf weiteres nichts exportieren außer Drogen.

Die Entwicklungshilfe für Postkonflikt-Gesellschaften war meist zu wenig zu schnell. Das ändert sich bereits. Die Geber lernen, dass es Zeit braucht, bis sich die Situation nach einem Konflikt verbessert, und dass Entwicklungshilfe besser über ein Jahrzehnt verteilt als auf einmal gegeben sind. Die dringenden Bedürfnisse während der ersten Phase nach dem Bürgerkrieg können von der Regierung nicht erfüllt werden. Ein Ausweg hierfür ist es, die entscheidenden staatlichen Grundleistungen von einer unabhängigen Leistungsbehörde übernehmen zu lassen: konkurrierende Organisationen bieten die Leistungen an, während die Behörde ihre Arbeit finanziert und kontrolliert. Das würde den Gebern die Möglichkeit eröffnen, ihre Fonds in der Behörde zusammenzufassen. Natürlich könnten sie auch durch Budgethilfe kooperieren, aber viele Regierungen sind nach einem Bürgerkrieg zu schwach, als dass dies sinnvoll wäre. Es wird außerdem für Geber meistens sinnvoll sein, traditionelle Projekte zur Wiederherstellung der Infrastruktur zu finanzieren, aber sie brauchen eine außergewöhnlich gründliche Kontrolle, um den Erfolg zu garantieren und Korruption zu verhindern.

Sicherheit erfordert in Postkonflikt-Situationen normalerweise langfristige ausländische Militärpräsenz. Die gebenden wie die empfangenden Regierungen sollten diese Präsenz für mindestens zehn Jahre erwarten und sich dazu verpflichten. Wenn es sehr viel kürzer ist, spielen die inländischen Politiker möglicherweise eher auf Zeit, statt den Frieden aufzubauen, und Firmen schrecken vor Investitionen zurück. Wenn es sehr viel länger ist, wünschen sich die Bürger den Abzug der ausländischen Truppen. Um effizient zu sein, brauchen ausländische Truppen ein Mandat, zur Friedenssicherung kämpfen zu dürfen, sowie Regierungen, die bereit sind, Verluste zu akzeptieren. Im Gegenzug für diese ausländische Sicherheitsgarantie sollte die Regierung nach dem Bürgerkrieg verpflichtet werden, ihre Armee radikal zu verkleinern. Sie muss lernen, durch Konsens statt durch Unterdrückung zu regieren. Während das Militär reduziert wird, ist wahrscheinlich eine vergrößerte Polizei nötig, um mit einer Verbrechenswelle fertig zu werden, da gewalttätige Elemente sich vom Krieg aufs Verbrechen verlegen.

In Kapitel 9 habe ich eine Charta für die Regierungsführung nach einem Bürgerkrieg vorgeschlagen. Internationale Akteure haben in Postkonflikt-Situationen große Macht gehabt und sich meist gescheut, sie zu gebrauchen, weil es Vorwürfe gab, sie würden die staatliche Souveränität verletzen. Für die internationale Gemeinschaft steht in diesen Situationen so viel auf dem Spiel, dass sie lernen muss, mit Verletzungen der Souveränität zu leben. Es ist aber viel akzeptabler für internationale Akteure, eine vorher definierte internationale Norm durchzusetzen, als spontan neue Forderungen zu erfinden, wenn eine Situation sich verschlechtert. Es ist auch viel leichter für internationale Akteure, mithilfe einer bereits beschlossenen Norm zusammenzuarbeiten, als zu versuchen, bei jedem Problem eine Adhoc-Koalition zu bilden.

Drei der vier Instrumente sind also in Postkonflikt-Situationen wirklich wichtig. Die Entwicklungshilfe hat sich schon stark verbessert. Militärische Interventionen haben sich verbessert (zumindest bis zum Irakkrieg), nur Chartas hinken noch weit hinterher. Darum ist der dringendste Punkt, eine Charta durchzusetzen.

Wie ist es mit der Konfliktprävention? Prävention erfordert alle vier Instrumente, weil sie fast dasselbe ist wie Entwicklung. Erinnern wir uns, dass die langfristigen Risikofaktoren niedriges Einkommen, geringes Wachstum und Abhängigkeit von unverarbeiteten Rohstoffen sind. Konfliktprävention besteht also eigentlich darin, alle anderen Fallen zu überwinden.

Überwindung der Ressourcenfalle

Viele Länder der untersten Milliarde sind reich an Ressourcen und arm an guter Wirtschaftspolitik. In diesen Ländern geht höhere Entwicklungshilfe einfach am Ziel vorbei. Unsere Handelspolitik hat auch kein großes Potential, da es für diese Länder immer schwieriger wird, ihre Exporte wegen der holländischen Krankheit zu diversifizieren, egal wie viele Handelspräferenzen wir ihnen geben. Vielleicht brauchen sie von Zeit zu Zeit militärische Hilfe, da Ressourcenreichtum die Konfliktgefahr steigert, aber darüber habe ich im vorigen Abschnitt gesprochen. Das Schlüsselinstrument bei der Intervention sind also wahrscheinlich unsere Gesetze und die internationalen Normen. Wir brauchen eine Charta für Ressourcenreichtum – so etwas wie die überarbeitete Version der Transparenzinitiative für Ressourcenförderung. Es gibt eine Tendenz, diesen Ansatz abzulehnen, indem man auf ein paar schwierige Länder hinweist, in denen er wahrscheinlich nicht funktioniert. Als die Idee einer Transparenzinitiative erstmals diskutiert wurde, verwiesen die Skeptiker häufig auf Angola und sagten: «Vergesst es». Die jüngste Geschichte dieser Initiative legt nahe, dass diese Einschätzung zu pessimistisch war. Sowohl der Kimberley-Prozess als auch die Transparenzinitiative zeigen, dass auch sehr bescheidene Schritte eine Wirkung haben können. Zudem haben die Skeptiker keine bessere Lösung vorgeschlagen. Irgendwie existiert immer noch die koloniale Phantasie, wir hätten handfeste Macht. Die haben wir nicht, und wir werden sie nie haben. Nach dem Irak liegen die Chancen, dass ein reiches Land versucht, ein schlecht regiertes ressourcenreiches Land durch eine militärische Intervention zu verändern, bei Null. Wir können aber dabei helfen, die Reformer innerhalb der Gesellschaften der untersten Milliarde zu stärken – oder wir können nichts tun und zusehen, wie unsere Ölfirmen mit den Chinesen um die Wette bestechen. Unser öffentliches Nichthandeln bedeutet nicht, dass die reiche Welt passiv ist; es bedeutet, dass die mächtigen Kräfte der Globalisierung weiterhin auf der Seite der politischen Gauner in diesen Gesellschaften stehen.

Rettungsleinen für die Binnenstaaten

Wir haben keine Werkzeuge, die so stark sind, dass sie die Falle überwinden können, als Binnenstaat von schlechten Nachbarn umgeben zu sein. Letztlich hängen die Binnenstaaten davon ab, dass ihre Nachbarn das Beste aus ihren Möglichkeiten machen, darum müssen zuerst alle anderen Fallen überwunden werden. Dennoch können wir viel tun, um das Problem zu lindern.

Entwicklungshilfe – ja, sicherlich, und zwar auf hohem Niveau. Diese Länder werden noch lange arm sein, und sie brauchen unser Geld nicht nur, um sich zu entwickeln, sondern um menschenwürdig zu leben. Die Entwicklungshilfe muss aber wirksamer gegeben werden als früher. Es würde die Dinge sehr erleichtern, wenn Regierungsführung und Wirtschaftspolitik in diesen Ländern gut genug wären, dass wir ihnen problemlos Geld geben könnten. Malawi, Burkina Faso und Uganda sollten alle hohe Budgethilfe bekommen, weil die Regierungsführung dort bereits auf dem Weg der Reform ist. Länder mit schlechter Regierungsführung wie der Tschad und die Zentralafrikanische Republik brauchen aber einen anderen Ansatz, etwa Konditionalität und unabhängige Leistungsbehörden. Wir sollten auch den Nachbarländern etwas zweckgebundene Entwicklungshilfe für Transportkorridore geben.

Erinnern wir uns, dass hohe Hilfszahlungen an arme Länder das Risiko eines Staatsstreichs erhöhen, vermutlich weil die Armee das Geld wittert. Selbst wenn die Armee nicht putscht, führt schon die Putschdrohung die Regierung dazu, präventiv die Militärausgaben zu erhöhen – und ein Teil davon stammt aus der Entwicklungshilfe. Ausländische Sicherheitsgarantien gegen Staatsstreiche spielen in diesen Ländern also eine besondere Rolle. Wir können diese Garantien legitimerweise dazu benutzen, die Anreize für ordentliche Regierungsführung zu erhöhen. Eine Regierung würde erst dann eine Garantie bekommen, wenn sie sich der wirksamen Kontrolle ihrer Bürger unterzöge. Mit anderen Worten, eine Voraussetzung wäre, dass das Land sich an die internationalen Chartas über Demokratie und Haushaltstransparenz hält, die ich in Kapitel 9 vorschlug.

Unsere Handelspolitik hat wegen der natürlichen Barriere der Transportkosten keine große Wirkung auf die Entwicklung der Binnenstaaten. Vor allem für die Länder der Sahelzone allerdings, die zwar vom Meer abgeschnitten sind, aber nahe bei Europa liegen, ist die Luftfracht eine mögliche Rettungsleine zu den europäischen Märkten. Die Schlüsselexporte wären wahrscheinlich hochwertige Zierpflanzen, darum kommt es auf die europäische Handelspolitik an.

Überwindung des Reformstaus in scheiternden Staaten

Länder mit schlechter Regierungsführung und Wirtschaftspolitik wechseln manchmal den Kurs, aber allzu oft ist das wie ein Warten auf Godot. Reformen müssen in diesen Ländern von innen kommen, und sie erfordern Mut. Etablierte Einzelinteressen werden ihre Macht, ihre Mittel und ihre Schlauheit benutzen, um die Veränderung aufzuhalten. Obwohl die Reformer die Wahrheit auf ihrer Seite haben, ist auch die Wahrheit nur ein Einzelinteresse, und kein besonders machtvolles. Schurken, die lügen wollen, um die Veränderung zu stoppen, haben einen Vorteil gegenüber denen, die an ihre Ehrlichkeit gebunden sind. Reformer haben es nicht leicht.

Als Charles Soludo Chef der Zentralbank Nigerias wurde, war seine Priorität die Reform des Bankensektors, ein berüchtigtes Zentrum der Bereicherung. Es überrascht nicht, dass dies bei den Banken, die sich bereicherten, nicht populär war. Sie organisierten eine Kriegskasse von etwa 2 Millionen Dollar, um gegen ihn Stimmung zu machen. Unter anderem konnten sie damit Verbündete bei den Medien kaufen. Charles hatte keine 2 Millionen, um sich zu wehren; er hatte bloß Mut, Intelligenz und die richtigen Argumente. Zum Zeitpunkt, da ich dies schreibe, scheint er mit der Schließung und Zusammenlegung von 64 Banken gewonnen zu haben. Reformen sind schwer, aber sie können siegen.

Am Tag, nachdem Mwai Kibaki 2002 den sich bereichernden Daniel arap Moi als kenianischer Präsident ablöste, brachten gewöhnliche Kenianer die Polizisten, die ihre üblichen Bestechungsgelder forderten, zu den Polizeirevieren, um sie einsperren zu lassen. Die Menschen hielten endlich eine Veränderung für möglich. Präsident Kibaki ernannte John Githongo, den Chef der kenianischen Sektion von Transparency International, zu seinem Berater für Korruptionsbekämpfung. Als das neue Team aber Zugang zu den Büchern hatte, merkte es, wie gewaltig das politische Problem war, vor dem es stand. Die frühere Regierungspartei Kenya African National Union (KANU) hatte über die Jahre durch Korruption eine Kriegskasse von rund einer Milliarde Dollar aufgebaut, die natürlich im Ausland angelegt war und für künftige

Wahlkämpfe zur Verfügung stand. Als die Größenordnung der Schwierigkeiten klar wurde, wollten ein paar Mitglieder des Teams die KANU-Strategie der umfassenden Korruption kopieren. Der Britische Hochkommissar war vom Missbrauch der Entwicklungshilfegelder so schockiert, dass er sagte, die Schurken würden das Geld in ihrer Gier «wieder auskotzen». In dem späteren Kampf um die Kontrolle der neuen Regierung trat John Githongo zurück; die Geschichte seines Kampfes muss er später erzählen. Sieben Monate später, im Dezember 2005, unterlag die Regierung bei einer Volksabstimmung. Die Zukunft der Reform in Kenia ist noch nicht hoffnungslos, aber sie erscheint jetzt weniger vielversprechend als bei der Niederlage der KANU.

Dem ghanaischen Finanzminister Kwesi Botchwey, der den Umschwung in Ghana in den achtziger Jahren entscheidend bestimmte, gelang es bei einer Geberkonferenz in Paris, eine Zusage für Entwicklungshilfe zu bekommen. Als er zurückkam, erwartete er, von seinen Regierungskollegen als Held begrüßt zu werden, da die Lage im Land verzweifelt geworden war. Stattdessen waren sie sehr feindselig. Nach und nach wurde ihm klar, dass sie meinten, er habe das Geld eingesteckt, und deshalb eifersüchtig waren. Schließlich trat er zurück, als Präsident Rawlings' Neffe den Haushalt ruinierte.

Zwei dieser drei mutigen Männer leben gegenwärtig im Exil, der dritte hat seine Familie wegen Todesdrohungen nach Europa geschickt. Unsere Aufgabe ist es, solchen Menschen dabei zu helfen, ihren Kampf zu gewinnen. Entwicklungshilfe kann sicherlich helfen, aber sie kann auch hinderlich sein, darum sollte sie mit Verstand eingesetzt werden. In Kapitel 7 habe ich die neuen Ergebnisse dargestellt, wann Entwicklungshilfe Reformen unterstützt und wann sie sie behindert. Intelligente Entwicklungshilfe erfordert eine umfassende Reorganisation der Art, wie technische Hilfe gegeben wird. Es wird jedoch sicher Widerstand in den Entwicklungsorganisationen geben.

Wie steht es mit militärischer Intervention zur Unterstützung eines Umschwungs? Es ist wohl klar, dass nach dem Irak selbst die schrecklichsten Diktatoren vor militärischen Interventionen von außen sicher sind; statt einen Präzedenzfall zu schaffen, hat es die Tür zugeschlagen. Ein Regimewechsel wird auf andere Mittel zurückgreifen müssen. Die Garantie vor einem Staatsstreich ist möglicherweise während eines Umschwungs nützlich, aber weiter wird es wahrscheinlich nicht gehen.

In Hinsicht auf die Handelspolitik ist es in diesen frühen Reformphasen noch etwas zu früh, um die Diversifizierung des Exports als Wachstumslokomotive zu sehen. Neue Exporte kommen eher in Gang, nachdem Regierungsführung und Wirtschaftspolitik sich verändert haben, als während dieses Prozesses. Eine glaubhafte Aussicht auf Diversifizierung, die sich auf die Erfolge in Nachbarländern stützt, würde aber die Nachhaltigkeit der Reform wahrscheinlich unterstützen.

Wie steht es mit unseren Gesetzen und internationalen Normen? Hier liegen meiner Meinung nach unsere großen verpassten Gelegenheiten. Unsere Gesetze werden entscheidend für die Korruptionsbekämpfung sein. Internationale Chartas können Reformern als Instrument zur Kritik schlechter Regierungsführung dienen und zugleich ein Ziel liefern, um das sie sich sammeln. Aus diesem Grund wird es Widerstand gegen internationale Chartas geben.

Überwindung des Schwebezustands

Was ist schließlich mit dem Schwebezustand? Manchen ressourcenarmen Küstenländern gelang es in den neunziger Jahren, die Fallen zu überwinden, aber es war zu spät: China und Indien hatten sich auf den Weltmärkten bereits etabliert, was den Nachzüglern den Zugang sehr erschwerte. Wie können wir dabei helfen, diese Länder auf den internationalen Markt zu bringen? Und wie können wir Regierungen, die mit Reformen beginnen, dazu befähigen, ihre Verpflichtungen nicht nur gegenüber Ausländern, sondern gegenüber ihrem eigenen Volk glaubhafter zu machen und damit eine Zunahme privater Investitionen zu erreichen?

Erinnern wir uns, dass Entwicklungshilfe ein zweischneidiges Schwert ist, was den Export angeht, weil sie zur holländischen Krankheit führt. Die Lösung ist ein großer Anschub: hohe, aber zeitlich begrenzte Entwicklungshilfe, um die Exportinfrastruktur auf ein global konkurrenzfähiges Niveau anzuheben. Wie die intelligente technische Hilfe erfordert Anschubhilfe für den Export eine Transformation innerhalb der Entwicklungsorganisationen. Was die Bereitstellung eines Verpflichtungsmechanismus für Reformen angeht, sollten wir uns erinnern, dass Entwicklungshilfe in Form von Geberkonditionalität wahrscheinlich ein Teil des Problems gewesen ist.

Es ist schwer, sich Umstände vorzustellen, in denen eine militärische Intervention Ländern helfen könnte, auf die Weltmärkte zu kommen. Vielleicht hätte allerdings die katastrophale Art des politischen Übergangs zur Reform in Madagaskar bei entschiedenerer Unterstützung von außen für den demokratischen Prozess vermieden werden können. Erinnern wir uns, dass der bei den Wahlen unterlegene Präsident acht Monate lang den Hafen blockierte und dadurch die Exportförderzone zugrunde richtete.

Obwohl Gesetze und Chartas der Exportdiversifizierung nicht direkt nützen, würde eine Investitionscharta private Investitionen ermutigen. Schnelles Wachstum erfordert nicht nur eine massive Zunahme privater Investitionen, auch die neuen Aktivitäten, aus denen die Exportdiversifizierung besteht, brauchen Investitionen.

Die offensichtlich entscheidende Intervention für eine Exportdiversifizierung ist die Handelspolitik. Meiner Meinung nach ist sie absolut entscheidend. Ohne wirksamen vorübergehenden Schutz vor den asiatischen Riesen werden die Länder der untersten Milliarde nicht auf die Weltmärkte vordringen können. Ihre Regierungen werden es nicht einmal versuchen, weil ihnen das Selbstbewusstsein fehlt und sie ein Scheitern erwarten. Ich habe einem hohen Beamten im Handelsministerium eines dieser Länder einmal vorgeschlagen, sich auf die neuen Weltmärkte zu konzentrieren. Er antwortete: «Das ist, als ob man in die Sonne schaut.» Und wir sahen schon, dass bei Handelspräferenzen der Teufel im Detail steckt.

Wer soll es durchsetzen?

Es gibt keine Weltregierung. Das ist wahrscheinlich ganz gut, aber selbst wenn man sich eine wünscht, muss man sich der Tatsache stellen, dass keine kommen wird, zumindest nicht in dem Zeitrahmen, der für die Probleme der ärmsten Länder relevant ist. Die Lösung ihrer Probleme ist ein globales öffentliches Gut, darum wird sie so schwierig sein wie die Schaffung aller öffentlichen Güter.

Mobilisierung von Veränderungen in der Entwicklungshilfe

Das wichtigste Hindernis für eine Reform der Entwicklungshilfe ist die öffentliche Meinung. Den Verfechtern der Entwicklungshilfe ist Wachstum verdächtig, und den Verfechtern des Wachstums ist Entwicklungshilfe verdächtig. Darum steht der strategische Einsatz von Entwicklungshilfe, um das Wachstum in den ärmsten Ländern zu fördern, nicht an der Spitze der Agenda der Politiker. Die öffentliche Meinung treibt sie zu den Fototerminen des Mitgefühls, die die Entwicklungshilfe beherrschen. Zu ihrer großen Ehre widerstand Clare Short, die frühere britische Ministerin für Internationale Entwicklung, dieser Versuchung und trennte Hilfszahlungen prinzipiell von ihren Auslandsreisen. Aber nun sie ist in dieser politischen Arena keine starke Akteurin mehr.

Entwicklungsbehörden sollten sich in den schwierigsten Umgebungen konzentrieren. Das bedeutet, sie müssen größere Risiken akzeptieren und damit auch ein häufigeres Scheitern. Sie sollten dies kompensieren, indem sie ihre Projektaufsicht verstärken, was höhere Verwaltungskosten bedeutet. Sie sollten schneller reagieren und Reformgelegenheiten zu einem frühen Zeitpunkt ergreifen. Sie sollten strategisch intervenieren und Anschubstrategien für die Exportdiversifizierung finanzieren. Sie sollten eine Konditionalität der Regierungsführung etablieren. Gegenwärtig treibt die große Macht der öffentlichen Meinung die Hilfsorganisationen genau in die entgegengesetzte Richtung. Sie dürfen sich kein Scheitern leisten und müssen schlank sein, d. h., niedrige Verwaltungsausgaben haben. Sie müssen langfristigen sozialen Zielen Priorität gegenüber kurzfristigen Gelegenheiten für Reform und Wachstum einräumen. Sie müssen uneingeschränkten Schuldenerlass gewähren. Schuld daran sind die Normalbürger, die lautstarke Lobbys unterstützen, ohne sich die Mühe zu machen, sich selbst zu informieren. Kein Bereich der Innenpolitik wird so schlecht verwaltet. Bei den Entwicklungsorganisationen arbeiten keine Narren; sie sind voller intelligenter Menschen, die von dem, was die öffentliche Meinung erlaubt, stark eingeschränkt sind.

Mobilisierung von Veränderungen bei militärischen Interventionen

Die öffentliche Meinung ist auch für die richtigen militärischen Interventionen entscheidend. Wir haben die Extreme erlebt. Auf der einen Seite hat die Öffentlichkeit den Rummel um die ersten Invasionen in Somalia und Irak erlebt – die Fotografen am Strand in Somalia und «Shock and Awe» im Irak. Andererseits haben wir die Schwäche der Vereinten Nationen in Ruanda und der Holländer in Bosnien gesehen. Die öffentliche Meinung muss dazu gebracht werden, Interventionen wie die der Engländer in Sierra Leone zu unterstützen. Wenn man den Irak mit dem Ruf «Niemals intervenieren» zu einem zweiten Somalia werden lässt, werden die Folgen so schlimm sein wie in Ruanda. Es würde helfen, wenn viele Länder außer den USA, England und Frankreich einen größeren Teil der Last tragen würden. Deutschland und Japan zum Beispiel können sich nicht ewig mit ihrer Geschichte oder ihrem fehlenden ständigen Sitz im Sicherheitsrat für ihre Nichtbeteiligung entschuldigen. Sie sind große Länder, die eine wichtige Rolle zu spielen haben.

Das gilt aber nicht nur für die reichen Länder. Die südafrikanische Regierung war so mutig, ein Friedensabkommen für die Elfenbeinküste anzustreben. Sie scheiterte, aber ihr Ehrgeiz war richtig. Ich würde gern sehen, dass die führenden Staaten Afrikas noch mehr Ehrgeiz entwickeln, dem Kontinent Frieden zu bringen.

Mobilisierung von Änderungen unserer Gesetze und Verbreitung internationaler Chartas

Das große Hindernis beim Ändern unserer Gesetze ist das Trittbrettfahrerproblem. Erinnern wir uns, dass jedes Land lieber nicht allein handelt und dabei einen Nachteil für seine Firmen riskiert. Das ist die perfekte Rolle für die großen Nichtregierungsorganisationen. Da sie Mitglieder in allen großen Ländern haben, können sie das Trittbrettfahrerproblem überwinden, das jede Regierung fesselt. Tatsächlich brauchen wir eine Allianz zwischen den Nichtregierungsorganisationen und der OECD, die als Bürokratie für Koordination zwischen den Regierungen dient.

Internationale Chartas können starke Kräfte zur Verbesserung der Regierungsführung in den ärmsten Ländern sein. Chartas würden die Reformer innerhalb ihrer Gesellschaften stärken, und es Ländern in einer frühen Phase des Umschwungs auch ermöglichen, die Veränderungen unumkehrbar zu machen – sie würden einen verbesserten Verpflichtungsmechanismus schaffen. Wir müssen daran denken, dass die Reformer zur Zeit vor einem akuten Dilemma stehen: sie können sich nur durch Kamikaze-Reformstrategien überzeugend präsentieren. Wenn Chartas die Reformer stärken und es Regierungen erleichtern würden, sich von den Schurken zu unterscheiden, wären einige gegenwärtige Regierungen sicher nicht sehr begeistert von ihrer Verbreitung. Ich höre Robert Mugabe schon lautstark den Neokolonialismus anklagen. Wer soll sie angesichts dieser Opposition propagieren?

Die Verbreitung der Chartas kann auf mehrere Arten geschehen. Über viele verfügen wir bereits. Sie brauchen nicht durch die UN-Vollversammlung erklärt zu werden, und angesichts der Mugabes dieser Welt ist das auch unwahrscheinlich. Die Transparenzinitiative für Ressourcenförderung wurde von der britischen Regierung gestartet. Das war für den Anfang genug, und sie hat sich gut entwickelt. Ihre Nachfolgerin sollte wahrscheinlich einer internationalen Organisation übertragen werden, die für wirtschaftliches Management am geeignetsten ist. Die Direktionen dieser Organisationen wären die richtigen, um ein freiwilliges Abkommen zu autorisieren. In ähnlicher Weise würden Haushaltsprozesse am sinnvollsten beim IWF liegen, da dieser bereits nach Artikel IV seiner Statuten jährliche Konsultationen mit den Regierungen der Mitgliedsstaaten führt.

Die Charta für Regierungsführung nach einem Bürgerkrieg könnte von der neuen Kommission für Friedensschaffung der UN eingebracht werden. Sie wurde im September 2005 gegründet und muss noch eine Rolle bekommen, aber es ist offensichtlich, dass sie eher eine Koordinierungsinstanz als eine Organisation zur Durchsetzung ist. Eine Charta wäre der ideale Weg, Koordination zu erzielen.

Am schwierigsten sind die politischen Chartas über Wahlkampffinanzierung und Gewaltenteilung. IWF und Weltbank sind durch ihre Statuten an der Einmischung in politische Fragen gehindert. Die UN sind zwar offensichtlich politisch, sehen sich aber einem Veto Chinas gegenüber, das unbedingt jeden Vorschlag abwenden will, Demokratie zum internationalen Standard zu machen. Eine Organisation, die politische Standards vorschlagen könnte, wäre die EU-Kommission. Schließlich setzt die EU explizite Standards der Demokratie als Voraussetzung für eine Mitgliedschaft. Sie sollte bei der Übertragung dieser Standards auf eine größere Bühne als Europa nicht schüchtern sein. Die Verbreitung internationaler Standards, die für ihre Mitglieder und wichtiger noch für ihre Beitrittskandidaten gelten, ist das Kerngeschäft der EU-Kommission. Ihre finanzielle Rolle ist unwichtig, nur etwa 1 Prozent des europäischen Bruttoinlandsprodukts wird von ihr vergeben. Ihre Bedeutung liegt in ihrer regulativen Rolle. Bis jetzt jedoch hat die Kommission sich gegenüber der untersten Milliarde allein auf ihr Entwicklungshilfeprogramm verlassen. Sie hat ihre Stärke nicht ausgespielt.

Eine weitere mögliche Organisation für die Verbreitung politischer Standards ist der britische Commonwealth. Schließlich hat der größte Commonwealth-Staat Indien eine längere Tradition der Demokratie als viele Länder mit weit höheren Einkommen. Indien besitzt das Prestige, über den Commonwealth eine glaubhafte Charta der Minimalstandards für demokratische Prozesse vorzuschlagen.

Ein anderer möglicher Weg zur Verbreitung politischer Standards sind lokale Clubs. So haben etwa die vier lateinamerikanischen Mitgliedsländer von Mercosur beschlossen, Demokratie zum Beitrittskriterium zu erklären; anscheinend hat das bei der Verhinderung eines Staatsstreichs geholfen. Die großen Clubs, etwa die Afrikanische Union, funktionieren in dieser Hinsicht nicht allzu gut, weil ihre Mitgliedschaft nicht an Kriterien gebunden ist. Neue kleine Clubs gleichgesinnter Staaten sind nötig, deren Standards sich zu Chartas erweitern lassen – letztlich Clubs mit freiem Zugang bei Beachtung von Chartas.

Mobilisierung von Veränderungen der Handelspolitik

Bei der Handelspolitik treffen Einzelinteressen auf Unwissenheit und manipulieren sie. Der Protektionismus der reichen Länder verbündet sich mit Antiglobalisierungsromantikern und Gaunern aus der Dritten Welt. Die entscheidenden Veränderungen der Handelspolitik – vorübergehender Schutz der untersten Milliarde vor Asien auf unseren Märkten – sind nicht deshalb politisch schwierig, weil sie Interessen bedrohen (das tun sie nicht), sondern weil sie zu keinem der gängigen Slogans passen und darum nicht auf die Agenda kommen. Schutz vor Asien hat nichts mit Gerechtigkeit, Fairness oder Widerstand gegen die Globalisierung zu tun; er hat damit zu tun, die marginalisierten Länder an Bord zu holen. Wie wir gesehen haben, verstehen die Entwicklungslobbys, vor allem die großen westlichen Nichtregierungsorganisationen, oft nichts von Handel. Er ist kompliziert und spricht ihr Publikum nicht an, also wählen sie eine populistische Strategie. Sogar der frühere US-Präsident Bill Clinton, ein großer Kommunikator, sagte, die schwierigste Idee, die er den amerikanischen Wählern je vermitteln musste, sei der komparative Vorteil gewesen – jedes Land kann etwas produzieren, das sich zum gegenseitigen Vorteil exportieren lässt, und auf diesem Konzept beruht der Welthandel. Wenn man sich erinnert, was beim WTO-Treffen in Seattle 1999 geschah, als amerikanische Protektionisten sich auf der Straße mit Antiglobalisierungsorganisationen verbündeten, sieht man, dass es ihm nicht gelungen ist.

Noch fundamentaler als diese giftige Mischung ist aber das Problem, dass die Handelspolitik innerhalb der WTO von nationalen Vertretern bestimmt wird, die ihre Rolle darin sehen, eine vorteilhafte Übereinkunft auszuhandeln. In diesem Rahmen gibt es keinen Raum für Handelspolitik als Entwicklungsinstrument. Damit sie zu einem Entwicklungsinstrument werden kann, müssen die Handelsministerien angewiesen werden, ihre Prioritäten vom Aushandeln der vorteilhaftesten Übereinkunft auf die Förderung der Entwicklung der untersten Milliarde zu verlagern. Aber von wem? Damit verlassen wir den Ansatz der Einzelinstrumente und treffen auf vier letzte Probleme der Koordination und der Konzentration.

Probleme der Koordination

Innerhalb jeder Regierung liegen die vier Instrumente bei unterschiedlichen Ministerien. Nur die Entwicklungsministerien wie das englische Ministerium für Internationale Entwicklung haben Entwicklung als Hauptziel. Und das einzige Instrument, das sie kontrollieren können, ist die Entwicklungshilfe. Also verlässt man sich dort zu sehr auf Entwicklungshilfe, und die Entwicklungsministerien verstehen sich als Lobby für Entwicklungshilfe statt als Lobby für Entwicklung. Ein Entwicklungsminister redet lieber darüber, wie man 0,7 Prozent des Bruttoinlandsprodukts für die Entwicklungshilfe bekommt, das UN-Ziel, als über die Rolle militärischer Interventionen. Dadurch ist das Ministerium mit der nominellen Verantwortung für Entwicklung stark für eines der vier Instrumente voreingenommen. Und weil Entwicklungsministerien in der Hackordnung der Regierung ziemlich weit unten stehen, haben sie bei interministeriellen Diskussionen wenig Gewicht. Zu erwarten, dass das Entwicklungsministerium die Zentralbank überzeugt, sich für die Rückgabe von aus Korruption stammenden Bankeinlagen einzusetzen, ist, als erwartete man vom Generalstab, einen Schlachtplan zu übernehmen, der von der Küchenkompanie entworfen wurde.

Das Ziel «Entwicklung» muss über die Ebene des Entwicklungsministeriums hinausgehoben werden. Weil vier verschiedene Zweige der Regierung koordiniert werden müssen, ist wahrscheinlich allein die oberste Regierungsebene effektiv. Der Regierungschef muss die Entwicklung der untersten Milliarde zur persönlichen Priorität machen. Natürlich meine ich nicht, es sollte die einzige Priorität sein, das wäre unrealistisch. Da Entwicklung aber soviel Koordination politischer Maßnahmen erfordert, sollte sie als eines der Ziele anerkannt werden, die offiziell der Chefetage zugeordnet sind. Tatsächlich sind Regierungschefs überraschend interessiert daran, Entwicklung als staatliches Ziel zu übernehmen. Denken wir an den Eifer von George W. Bush, eine Bühne mit Bono zu teilen. Denken wir an Tony Blairs Anstoß zur Bildung der Kommission für Afrika. Es hat bis jetzt weniger am Engagement gemangelt als an ernsthaften Inhalten, die ihm folgen sollten. Bush benutzte den Fototermin mit Bono, um den Millennium Challenge Account zu verkünden. Die Kommission für Afrika erstellte einen weitreichenden Bericht, aber in der darauffolgenden Wahlkampfzeit schrumpfte sie zu einer Kampagne zur Verdoppelung der Entwicklungshilfe. Regierungschefs sollten nicht an der Spitze einer Hilfskampagne stehen; sie sollten vielmehr die politische Koordination der gesamten Regierung erzwingen. Dies ist die einzigartige Rolle von Regierungschefs, weil es sonst niemand tun kann.

Das andere Koordinationsproblem besteht zwischen Regierungen.

Es ist das globale Problem der Trittbrettfahrer bei öffentlichen Gütern – eine Lösung der Probleme der untersten Milliarde würde allen helfen, also hoffen wir, dass jemand anders es tut. Ohne die mythische Weltregierung müssen die Regierungen der großen Länder zusammenarbeiten, um das Problem anzugehen. Das einzige Forum dafür ist im Moment die G8. Wenn die G8 meint, sie hätte das Problem der untersten Milliarde gelöst, indem sie eine Verdoppelung der Entwicklungshilfe für Afrika beim Gipfel 2005 beschloss, sollte sie das in der Realität nachprüfen. Entwicklungshilfe allein wird das Problem nicht lösen. Angesichts des Beschlusses von Gleneagles ist es jetzt aber am drängendsten, die drei übrigen Instrumente Sicherheit, Handel und Standards voranzubringen. Diese drei wurden schon vor der Verdoppelung der Entwicklungshilfe gegenüber dieser vernachlässigt. Jetzt ist das Ungleichgewicht noch stärker. Koordination bei militärischen Interventionen, Handelspolitik und internationalen Standards wird wegen der jüngsten Geschichte schwierig sein; die Koordination bei militärischen Interventionen ist von den großen Meinungsunterschieden über den Irak belastet, die Koordination der Handelspolitik von den großen Meinungsunterschieden über Kohle und Stahl, und die Koordination bei internationalen Standards von den großen Meinungsunterschieden über den Klimawandel und das Kyoto-Protokoll. Die Bilanz der letzten Jahre ist also alles andere als vielversprechend. Dennoch hat die reiche Welt unabhängig von diesen Meinungsunterschieden in anderen Fragen ein großes kollektives Interesse an der Koordinierung ihrer politischen Maßnahmen zur Unterstützung der untersten Milliarde. Bei der richtigen Führung könnte die Koordinierung dieser Maßnahmen – wo es wenig Reibung geben sollte – den Geist der Zusammenarbeit auf anderen Gebieten erneuern. Der G8-Gipfel 2007 in Deutschland verpasste die Gelegenheit für koordinierte Führung, aber zu Recht steht Afrika wieder auf der Agend in 2008 in Japan.

Probleme der Konzentration

Die Millenniums-Entwicklungsziele waren in einer Hinsicht ein großer Schritt nach vorn. Vergleichen wir sie mit einem früheren UN-Volksfest, dem Sozialgipfel von Kopenhagen 1995. Der Sozialgipfel endete mit einer lauten Fanfare, wie viel für soziale Prioritäten ausgegeben werden sollte. Die Millenniums-Entwicklungsziele ermutigten dazu, die Agenda von den Ausgaben auf die Ergebnisse zu verlagern: Halbierung der Armut, Grundschulbildung usw. Aber trotz dieses Fortschritts haben die Ziele zwei Schwächen, und beide haben mit mangelnder Konzentration zu tun.

Der erste große Mangel an Konzentration besteht darin, dass die Millenniums-Entwicklungsziele den Fortschritt von fünf der sechs Milliarden Menschen auf unserem Planeten verfolgen. Natürlich ist es für die UN politisch einfacher, fast jeden einzubeziehen. Außerdem ziehen die Entwicklungsorganisationen eine breite Definition des Entwicklungsproblems vor, weil das ihren Mitarbeitern eine fast globale Rolle gibt. Wir zahlen den Preis dafür, dass unsere Anstrengungen zu weit gespannt sind und dass Strategien, die nur auf die ärmsten Länder zugeschnitten sind, im allgemeinen Gerede untergehen. Es ist an der Zeit, das Entwicklungsproblem so zu definieren, dass es sich auf die unterste Milliarde bezieht, die Länder, die in der Armut feststecken. Wenn ich das vor Zuhörern bei Entwicklungsorganisationen sage, rutschen die Leute unruhig auf ihren Stühlen herum. Manche denken vielleicht: «Aber was wird aus meiner Karriere?», denn dann wären sie nicht länger in Rio, sondern in Bangui. Und wenn ich die Botschaft vor einem NGO-Publikum vertrete, werden sie aus anderen Gründen unruhig. Viele von ihnen glauben nicht, dass für die Mehrheit der sich entwickelnden Welt der globale Kapitalismus funktioniert. Sie hassen den Kapitalismus und wollen nicht, dass er funktioniert. Die Botschaft, dass er für die Milliarde ganz unten nicht funktioniert, genügt nicht; sie wollen glauben, dass er nirgends funktioniert. Wir können aber nicht weiterhin die unterste Milliarde einem dieser beiden egoistischen Wünsche opfern.

Der andere entscheidende Mangel an Konzentration besteht bei den Strategien zur Erreichung der Ziele. Wachstum ist kein Allheilmittel, aber fehlendes Wachstum zerstört alles. Dieses Scheitern des Wachstumsprozesses ist das gewaltige Problem, das wir lösen müssen. Ich habe zu zeigen versucht, dass die Überwindung der Wachstumsfesseln eine dem Einzelfall angepasste Strategie erfordert. Derselbe Ansatz funktioniert nicht überall, aber auch nicht jedes Land ist völlig unvergleichbar. Die Regierungen der ärmsten Länder müssen Strategien entwickeln, die auf ihre Umstände passen. Im Prinzip tun sie das bereits – allerdings sind ihre «Strategien» in der Praxis meist Wunschzettel für die Geber. Diese Deformation des strategischen

Denkens rührt teilweise von der Überbetonung der Entwicklungshilfe her. Die Strategien werden zu Wunschzetteln, weil das Ziel nicht Wachstum, sondern Entwicklungshilfe ist. Die Regierungen der untersten Milliarde müssen ehrgeiziger werden.

Was können die Bürger tun?

Unser Handeln in Bezug auf die unterste Milliarde ist bis jetzt gescheitert. Viele dieser Gesellschaften entwickeln sich abwärts, nicht aufwärts, und gemeinsam geraten sie gegenüber dem Rest der Welt ins Hintertreffen. Wenn wir das so weiterlaufen lassen, werden unsere Kinder einer alarmierend gespaltenen Welt mit all ihren Folgen gegenüberstehen.

Das muss nicht so sein. Die unterste Milliarde ist nicht dazu verurteilt, von einem Krieg in den nächsten zu rutschen; sie hat ein Spektrum möglicher Zukunftsszenarien. Im Vergleich zum Kalten Krieg ist die Herausforderung, die unterste Milliarde zu entwickeln, keineswegs entmutigend, aber es ist nötig, dass wir uns ihr ernsthaft stellen. Dafür ist ein Mentalitätswandel der westlichen Wähler nötig, links wie rechts.

Die Linke muss sich von der Selbstbestrafung des Westens und idealisierten Vorstellungen über die Entwicklungsländer verabschieden. Armut ist nicht romantisch. Die Länder der untersten Milliarde sind keine sozialistischen Pionierexperimente; sie brauchen Hilfe auf dem bereits vielbeschrittenen Weg, eine Marktwirtschaft aufzubauen. Die internationalen Finanzinstitutionen sind nicht Teil einer Verschwörung gegen die armen Länder; sie sind überlastet mit Hilfsversuchen. Die Linke muss lernen, das Wachstum zu lieben. Entwicklungshilfe kann nicht bloß für die fotogenen sozialen Prioritäten gegeben werden; sie muss den Ländern dabei helfen, auf die Exportmärkte zu kommen. Im Moment ist der Fanfarenstoß der Linken Jeffrey Sachs' Buch *Das Ende der Armut*. So sehr ich mit Sachs' leidenschaftlichem Aufruf zum Handeln übereinstimme, glaube ich doch, dass er die Bedeutung der Entwicklungshilfe überbewertet. Sie allein wird die Probleme der untersten Milliarde nicht lösen – wir brauchen eine breitere Palette von Maßnahmen.

Die Rechte muss sich von der Vorstellung verabschieden, Entwicklungshilfe sei Teil des Problems – eine Sozialhilfe an Schmarotzer und Gauner. Sie muss den Glauben ablegen, Wachstum sei immer möglich, wenn die Gesellschaften sich nur zusammenreißen würden. Sie muss sich der Tatsache stellen, dass diese Länder feststecken, dass es schwer für sie sein wird, mit China und Indien zu konkurrieren. Sie muss sogar erkennen, dass private Aktivitäten auf dem Weltmarkt manchmal Probleme für die ärmsten Länder schaffen, die öffentliche Lösungen erfordern. Und weil nicht einmal die US-Regierung stark genug ist, um diese Probleme allein zu lösen, werden diese öffentlichen Lösungen meist kooperativ sein müssen. Im Augenblick ist der Fanfarenstoß der Rechten William Easterlys Buch *Wir retten die Welt zu Tode*. Easterly macht sich zu Recht über die Illusionen der Entwicklungshilfelobby lustig. Aber genau wie Sachs den Nutzen der Entwicklungshilfe übertreibt, übertreibt Easterly ihre Nachteile und vernachlässigt das Spektrum anderer Maßnahmen. Wir sind nicht so ohnmächtig und unwissend, wie Easterly zu glauben scheint.

Was hat das nun mit den Bürgern der reichen Gesellschaften zu tun? Wähler bekommen meist die Politiker, die sie verdienen. Ein klassisches Beispiel in den reichen Ländern ist der sogenannte «politische Konjunkturzyklus». Jahrelang gaben Regierungen routinemäßig direkt vor den Wahlen Geld aus, um die Wirtschaft künstlich anzukurbeln, und stellten sich dem daraus folgenden Durcheinander erst nach ihrer Wiederwahl. Schließlich erkannten die Wähler, was da passierte, darum brachte der Trick keine Stimmen mehr. Aus diesem Grund versuchen Politiker ihn jetzt nur noch selten. Dieser Lernprozess muss auch bei den politischen Maßnahmen einsetzen, die für die unterste Milliarde nötig sind. Ein solcher Wandel des Denkens hängt von den Bürgern ab – Menschen, die ein Buch zu Ende lesen können. Natürlich kann ich in einem Buch dieser Länge nicht alle Daten ausbreiten. Ich hoffe aber, dass ich die Leser von drei Positionen überzeugt habe, die alle leider recht neu sind und zeigen, wie das Denken sich wandeln muss.

Die erste Position ist, dass das heutige Entwicklungsproblem nicht das der letzten vierzig Jahre ist; es sind nicht die fünf Milliarden Menschen der sich entwickelnden Länder und die Millenniums-Entwicklungsziele, die deren Fortschritt messen. Es ist ein viel konzentrierteres Problem von etwa einer Milliarde Menschen in Ländern, die in der Falle sitzen. Dieses Problem müssen wir anpacken, und wenn wir bei den gegenwärtigen Versuchen bleiben, wird es wahrscheinlich unlösbar bleiben, auch wenn die Messwerte der Weltarmut insgesamt immer besser werden.

Die zweite Position ist, dass es innerhalb der Gesellschaften der untersten Milliarde einen heftigen Kampf zwischen mutigen Menschen gibt, die Veränderungen herbeizuführen suchen, und mächtigen Gruppen, die sich ihnen in den Weg stellen. Politik ist in den ärmsten Ländern nicht der nüchterne und geregelte Prozess der reichen Demokratien, sondern ein gefährliches Ringen zwischen moralischen Extremen. Der Kampf um die Zukunft der untersten Milliarde findet nicht zwischen einer bösen reichen und einer edlen armen Welt statt. Er findet innerhalb der Gesellschaften der untersten Milliarde statt, und bis jetzt haben wir weitgehend zugeschaut.

Die dritte Position ist die, dass wir keine Zuschauer zu sein brauchen. Unsere Unterstützung für den Wandel kann entscheidend sein. Aber wir brauchen nicht nur einen intelligenteren Umgang mit Entwicklungshilfe, sondern zusätzliche Aktionen mit Instrumenten, die bis jetzt nicht zum normalen Arsenal der Entwicklungspolitik gehören: Handelspolitik, Sicherheitsstrategien, Änderungen unserer Gesetze und neue internationale Chartas.

Kurzum, wir müssen das Ziel einschränken und die Instrumente erweitern. Das sollte die Agenda der G8 sein.

ANHANG

Forschungsbeiträge, auf denen dieses Buch basiert

Meine aktuellen Forschungsbeiträge sind auf meiner Website http://users.ox.ac.uk/~econpco nachzulesen.
Im Folgenden einige Publikationen, auf denen das Buch basiert:

Paul Collier:
«Is Aid Oil? An Analysis of Whether Africa Can Absorb More Aid», *World Development*, 34 (2006), S. 1482–1497. «Why the WTO Is Deadlocked: And What Can Be Done About It», *The World Economy*, 29 (2006), S. 1423–1449. «Implications of Ethnic Diversity», *Economic Policy*, 21 (2001), S. 127–155. «African Growth: Why a ‹Big Push›?», *Journal of African Economics*, 15, Suppl. 2 (2006), S. 188–211.

Paul Collier und Anke Hoeffler:
«Unintended Consequences: Does Aid Promote Arms Races?», *Oxford Bulletin of Economics and Statistics*, 69 (2007), S. 1–29. «Military Expenditure in Post-Conflict Societies», *Economics of Governance*, 7 (2006), S. 89–107. «Greed and Grievance in Civil War», *Oxford Economic Papers*, 45 (2004), S. 563–595. «Aid, Policy, and Growth in Post-Conflict Societies», *European Economic Review*, 48 (2004), S. 1125–1145. «On the Incidence of Civil War in Africa», *Journal of Conflict Resolution*, 46 (2002), S. 13–28. «Aid, Policy, and Peace: Reducing the Risk of Civil Conflict», *Defence and Peace Economics*, 13 (2002), S. 435–450.

Paul Collier und Stefan Dercon:
«The Complementarities of Poverty, Equity and Growth», *Economic Development and Cultural Change*, 55 (2006), S. 223–236.

Paul Collier und Catherine Pattillo:
Investment and Risk in Africa. New York 2006.

Paul Collier, Anke Hoeffler und Catherine Pattillo:
«Africa's Exodus: Capital Flight and the Brain Drain as Portfolio Decisions», *Journal of African Economics*, 13, Suppl. 2 (2004), S. 15–54. «Capital Flight as a Portfolio Choice», *World Bank Economic Review*, 15 (2001), S. 55–80.

Paul Collier, Anke Hoeffler und Måns Söderbom:
«On the Duration of Civil War», *Journal of Peace Research*, 41 (2004), S. 253–273.
«Post-Conflict Risks», *Journal of Peace Research*, angenommen.

Paul Collier, Lani Elliott, Harvard Hegre, Anke Hoeffler, Marta Reynol-Querol und Nick Sambanis:
Breaking the Conflict Trap. New York 2003

Paul Collier und Jan Willem Gunning:
«Explaining African Economic Performance», *Journal of Economic Literature*, 37 (1999), S. 64–111. «Why Has Africa Grown So Slowly?», *Journal of Economic Perspectives*, 13 (1999), S. 3–22. «Trade Shocks in Developing Countries», Vol. 1: Africa. Oxford 1999.

Paul Collier und David Dollar:
Globalization, Growth and Poverty. New York 2002.

Paul Collier, Arne Bigsten, Stefan Dercon, Marcel Fachamps, Bernard Gauthier, Jan Willem Gunning, Abena Oduro, Remco Oostendorp, Catherine Pattillo, Måns Söderbom, Francis Teal und Albert Zeufack:
«Do African Manufacturing Firms Learn from Exporting?», *Journal of Development Studies*, 40 (2004), S. 115–141.

Register